高校党支部
在基层工作中"唱主角"研究

顾继虎　岳　华◎主编

华东师范大学出版社

·上海·

图书在版编目(CIP)数据

高校党支部在基层工作中"唱主角"研究/顾继虎,岳华编著. —上海:华东师范大学出版社,2021
ISBN 978 - 7 - 5760 - 1723 - 6

Ⅰ.①高… Ⅱ.①顾…②岳… Ⅲ.①中国共产党—高等学校—党支部—工作—研究 Ⅳ.①D267.6

中国版本图书馆 CIP 数据核字(2021)第 086174 号

高校党支部在基层工作中"唱主角"研究

主　　编　顾继虎　岳　华
责任编辑　刘祖希　俞佳儒
责任校对　杨　丽　时东明
装帧设计　卢晓红　蒋　婷

出版发行　华东师范大学出版社
社　　址　上海市中山北路 3663 号　邮编 200062
网　　址　www.ecnupress.com.cn
电　　话　021 - 60821666　行政传真 021 - 62572105
客服电话　021 - 62865537　门市(邮购)电话 021 - 62869887
地　　址　上海市中山北路 3663 号华东师范大学校内先锋路口
网　　店　http://hdsdcbs.tmall.com

印 刷 者　上海龙腾印务有限公司
开　　本　787×1092　16 开
印　　张　15.75
字　　数　268 千字
版　　次　2021 年 7 月第 1 版
印　　次　2021 年 7 月第 1 次
书　　号　ISBN 978 - 7 - 5760 - 1723 - 6
定　　价　68.00 元

出 版 人　王　焰

目录

第三篇　生动实践

附录篇

序言

党支部在基层工作中"唱主角",是加强新时代党的建设的新要求,也是进一步推动基层党组织建设全面进步、全面过硬,确保我们党长期执政的本质要求,更是不断推进党的建设理论和实践创新的重大课题。

党的十八大以来,以习近平同志为核心的党中央高度重视党支部建设。习近平总书记在不同场合多次强调要大力加强党支部建设,发挥党支部的主体作用,让党支部在基层工作中"唱主角"。特别是 2018 年 10 月颁布的《中国共产党支部工作条例(试行)》,以党章为根本遵循,着眼提升组织力、强化政治功能,突出党支部担负直接教育党员、管理党员、监督党员和组织群众、宣传群众、凝聚群众、服务群众的职责,提出了党支部的基本任务和各领域党支部的重点任务,为党支部唱好主角提供了制度依据、明确了工作标准。《人民日报》为此先后发表了《建设坚强战斗堡垒的制度保证》《让党支部在基层工作中唱主角》的评论员文章,2019 年 10 月 9 日《人民日报》又在头版头条以《支部,如何在基层工作中唱主角》为题进行了综合报道。作为入党近 50 年并长期担任基层党组织书记和从事基层党的建设理论与实践研究工作者,我对此十分关注并在许多场合进行宣传推介,特别是在相关研究课题的交流研讨中反复强调这一报道的导向价值,并向上海市党建研究会申报、承担了"强化高校党支部在基层工作中'唱主角'研究"课题。同时,在负责制定的 2020 年市教卫党委系统党建研究会课题指南研究方向中明确提出了"让党支部在基层工作中'唱主角'的实践研究",在收到的 38 个相关课题申报中正式立项的就有二十多个,课题申报人大多为高校院(系)党组织和党支部负责人。当年 8 月在对市教卫党委系统党建研究会立项的课题负责人集中培训时,我在强调的重点研究方向中对这个课题研究的重点、难点、堵点和亮点进行了分析。随后在市教卫党委系统党建研究会秘书处和华东师范大学经济与管理学部党委共同组织的各课题负责人参加的"党支部在基层工作中'唱主角'专题交流研讨会"上又提出了要提高站位、聚焦主题、做出特色,尽可能出些精品。在研讨中,重点课题负责人、华东师范大学经济与管理学部党委书记岳华教授提出了将研究成果在建党100周年之际集结出版的建议并得到了大家的支持。

此后,如何切实提高课题成果质量和社会影响力,以高质量研究成果向建党100周年献礼便是我反复考虑的问题。其间多次和有关课题组进行沟通联系,特别是在市教卫党委系统党建研究会安排的立项课题中期检查交流中对每一个课题又提出了具体建议。从去年12月提交的有关课题成果看总体质量还可以,便汇集整理,听取岳华同志的意见,她和同事们很快将相关成果编印成册,并听取学校党委有关领导意见,同时联系了华东师范大学出版社。随后,我们就编著的有关问题进行了商讨研究,书名定为《高校党支部在基层工作中"唱主角"研究》,明确了全书的架构和主要内容,并对提交的课题成果如何紧扣主题、体现高校党支部的特点、彰显特色和亮点提出修改意见。全书按照党支部在基层工作中"唱主角"的时代价值、基本遵循、生动实践三个篇章进行选编,并以我负责完成的上海市党建研究会课题《强化高校党支部在基层工作中"唱主角"研究》报告为开篇,也可以说是整个研究的总报告,作为总论篇。考虑全书内容的整体性,对收入的课题成果在标题上进行了一定调整,既体现全书的特色,又保留各自的特点。同时,立足高校,观照全局,收入不同类型党支部在基层工作"唱主角"的调研成果及实践探索作为附录篇,以更好地展示党支部在基层工作中"唱主角"的理论和实践价值。

让党支部在基层工作中"唱主角",是党中央和习近平总书记对加强新时代党的建设的重要政治判断,也是我们党在长期实践中不断夯实组织基础的经验总结。高校中的党支部在基层工作中"唱主角",就是要牢固树立"主角意识",紧紧围绕党支部的基本任务和高校党支部的重点任务,坚持围绕为党育人、为国育才,落实立德树人根本任务,着力提升党支部的政治引领力、组织凝聚力,唱响主旋律。使党支部真正成为党性锻炼的熔炉、团结群众的核心、攻坚克难的堡垒,使党对高校的全面领导真正落实到位,使党建工作成为看得见的生产力,实实在在的竞争力,始终充满正能量,富有战斗力。随着全面从严治党的不断深入,特别是高校党委管党治党、办学治校主体责任的全面落实,相信党支部在基层工作中的领导、主导作用一定会充分体现,真正成为党在高校基层组织中的坚强战斗堡垒。

顾继虎

2021 年 3 月于上海

（顾继虎,长期在上海市党政机关、高校从事教育管理研究实践工作。现任上海市党的建设研究会特邀研究员,上海市教育卫生党委系统党的建设研究会顾问。曾获"全国党史部门先进个人"、上海市市级机关"优秀党务工作者"等荣誉称号）

总论篇

党的基层组织是党在社会基层组织中的战斗堡垒，是党的全部工作和战斗力的基础。

党支部是党的基础组织，担负直接教育教党、管理党员、监督党员和组织党员、宣传党员、凝聚党员、服务党员的职责。

——《中国共产党章程》

强化高校党支部在基层工作中"唱主角"研究报告

　　党支部是党的基础组织,是党组织开展工作的基本单元,是党在社会基层组织中的战斗堡垒,是党的全部工作和战斗力的基础。让党支部在基层工作中"唱主角",发挥主体作用,是习近平总书记对大力加强党支部建设,"使支部真正成为团结群众的核心、教育党员的学校、攻坚克难的堡垒"的明确要求。强化高校党支部在基层工作中"唱主角",对于深化落实高校党委办学治校主体责任,推动全面从严治党向基层延伸,实现高校党的建设高质量创新发展和立德树人根本任务具有十分重要的现实意义和深远意义。

　　课题组认真学习党的十九大以来党中央和习近平总书记关于加强基层党组织建设的重要论述和有关文件精神,结合对上海高校党支部在基层工作中"唱主角"的专题调研,组织华东师范大学、上海交通大学、东华大学、上海海事大学、上海师范大学、上海电力大学等16所高校的基层党组织负责人和有关党务工作者共同交流研讨,全面了解高校党支部在基层工作中"唱主角"的基本情况,对进一步健全完善不同类型党支部(机关、教师、学生等)在基层工作中"唱主角"的现状和工作机制进行专题研讨,并对20多位高校党委及有关部门领导专家进行书面征询意见。同时对形成的19个相关课题成果和上海高校中57个全国样板党支部进行综合研究,深入挖掘强化高校党支部在基层工作中"唱主角"的主要做法,特别是推动党支部建设全面进步、全面过硬工作机制的有效探索。在此基础上,形成研究报告和有关专题材料。

一、 强化高校党支部在基层工作中"唱主角"的重要意义

　　党中央和习近平总书记反复强调,要大力加强党支部建设,让党支部在基层工作中"唱主角",发挥主体作用。高校党支部是党在高校工作中战斗力的基础,是党团结

和联系师生的桥梁和纽带。强化高校党支部在基层工作中"唱主角",对于全面落实《中国共产党支部工作条例(试行)》(以下简称《条例》)提出的党支部的基本任务和高校中的党支部"保证监督党的教育方针贯彻落实,巩固马克思主义在高校意识形态领域的指导地位,加强思想政治引领,筑牢学生理想信念根基,落实立德树人根本任务,保证教学科研管理各项重点任务的完成和实施"的重点任务,具有十分重要的意义。

(一) 让党支部在基层工作中"唱主角",是推动高校全面从严治党向纵深发展的必然要求

党的力量来自组织,组织力量的根在支部。党的十八大以来,以习近平同志为核心的党中央高度重视党支部建设,突出强调全面从严治党落实到每一个支部、每一名党员,推动全党形成了大抓基层、大抓支部的良好态势。推动高校全面从严治党向纵深发展,必须把党支部建设放在更突出的位置,进一步增强党支部的政治功能和组织力,全面提高党支部建设质量,不断夯实党长期执政的组织基础。只有牢固树立"党的一切工作到支部"的鲜明导向,把思想政治工作落到支部,把从严教育管理党员落到支部,把群众工作落到支部,让党支部在基层工作中"唱主角",才能使支部真正成为团结群众的核心、教育党员的学校、攻坚克难的堡垒,高校党委管党治党的主体责任才能真正落实到位,牢牢掌握党对高校工作的主动权,使高校真正成为坚持党的领导的坚强阵地。

(二) 强化高校党支部在基层工作中"唱主角",是提升高校内部治理能力的内在要求

随着党的十九届四中全会提出的"要坚持和完善中国特色社会主义制度、推进国家治理体系和治理能力现代化"的全面贯彻落实,特别是我国现代大学制度、高校治理体系和治理能力现代化建设的不断深入,迫切要求全面加强党在高校治理中的领导作用,把党的领导和建设贯穿办学治校全过程。高校党支部是高校内部治理结构的基础力量和关键力量,是各项工作任务落地落实的执行者、实施者、反馈者和评估者。只有发挥好党支部在深化高校教育教学综合改革、全面推动依法治校和学校基层治理中的主体作用,引领和凝聚广大师生员工为完善学校治理体系、提升治理能力共同出谋划策、积极参与治理,才能全面落实好高校党委领导下的校长负责制这一制度基础上形成的以"党委领导、校长负责、教授治学、民主管理"为核心治理元素的治理制度,使党组织领导基层治理、推动改革发展落细落实。

(三) 强化高校党支部在基层工作中"唱主角",是落实立德树人根本任务的本质要求

习近平总书记强调指出,要把立德树人的成效作为检验学校一切工作的根本标准,把立德树人内化到大学建设和管理各领域、各方面、各环节。高校党建工作必须紧紧围绕立德树人,坚持为党育人、为国育才,着力提高人才培养质量,这是高校党建工作高质量创新发展的根本标志。高校中的党支部是党的组织体系中的"神经末梢",是高校师生了解党的窗口,是感受师生意见的前端触角,在组织育人中肩负更重要的使命和责任。落实立德树人根本任务是《条例》对高校党支部的明确要求,只有充分发挥党支部的思想政治引领作用,真正把党员组织起来,把师生发动起来,才能确保党的教育方针和决策部署全面贯彻落实,筑牢学生理想信念根基,保证教学科研管理各项任务的完成,使党支部始终充满活力、富有战斗力,确保实现培养德智体美劳全面发展的社会主义建设者和接班人、能担当民族复兴大任的时代新人的战略任务。

二、 上海高校党支部在基层工作"唱主角"的现状分析

据此前对上海高校党建进行的专题调研报告,上海高校共有 8820 个党支部,主要为教工和学生党支部。党的十九大特别是《条例》颁布以来,上海高校各级党组织根据新时代党的建设总要求和基层党组织建设的新要求,紧密结合高校实际,全面落实中央、市委明确提出的高校党建工作重点任务和市教卫工作党委关于加强高校教职工和学生党支部建设的意见,按照中组部、教育部党组提出的党支部建设"七个有力",即教育党员有力、管理党员有力、监督党员有力,组织师生有力、宣传师生有力、凝聚师生有力、服务师生有力的要求,着力加强高校党支部建设。党支部的政治功能和组织力都有了进一步增强,在基层工作"唱主角",发挥主体作用的意识和能力不断提升,并在实践中进行积极探索。据华东师范大学有关课题组和我们对上海入选全国高校党建工作样板支部中 57 个教工支部的支部概况、工作特色、典型案例等信息进行的综合深入分析显示,其共同特点主要有以下四个方面。

1. 班子坚强有力，支部书记"头雁"作用突出。上海大学通信与信息工程学院"特种光纤与光接入网"党支部书记庞拂飞教授热爱本职工作，乐于奉献，在高校的最活跃细胞——学术团队平台上，带领支部党员，把党务工作与学术团队中心科研工作相结合，引领学术团队全面发展，扎实开展创先争优活动，发挥了战斗堡垒作用和先锋模范作用。上海工程技术大学机械与汽车工程学院汽车工程系党支部邢彦锋教授已经担任支部书记5年，同时还担任原汽车工程学院党委委员，原汽车工程学院车辆工程系系主任。作为支部党员的"领头雁"，他倡导了"六步教学法"，帮助青年教师上好"三尺讲台第一课"，每月组织青年教师"科研圆桌会"，组织党员一点一点"啃"科研教学的"硬骨头"，在支部工作中很好地发挥了示范和引领作用。

2. 深度参与中心工作，党员先锋模范作用凸显。复旦大学信息科学与工程学院电子工程系教师党支部以"凝聚人心、创先争优、建设一个团结奋进的集体"为目标，围绕中心工作，以党的建设促进学科发展。党支部始终把工作着力点放在加强学科建设、深化教学改革和提高人才培养质量上，鼓励党员教师主动承担国家级和省部级重点课题，开设探索性实验课程，进行产学研深度合作和党建共建，每名党员都是学术骨干，在所在单位中党员的先锋模范作用突出。上海交通大学航空航天学院飞行器设计系党支部紧密结合学科建设和党的建设，服务于国家重大需求，积极投身国家首批的飞行器设计国防重点学科建设，承担了大飞机、高超、发动机等国家重大专项以及GF973、民口973、863等重大科研项目，科研经费每年1000万以上。支部党员在深度参与××飞行器和大型客机C919等国家型号项目的工作中，切身体会到国家对航空航天事业的高度重视和科研水平差距带来的行业需求，进一步增强了凝聚力、战斗力和为国育才的使命感、责任感。华东理工大学外国语学院大学英语教师党支部党员教师在教学、科研和其他工作上发挥先锋模范作用，不断追求卓越，连创佳绩。近三年来，支部教师主持教育部人文社科项目2项，校级课题7项，在CSSCI和核心期刊发表论文5篇，获批上海市重点课程2项，指导大学生创新创业和USRP课题17项，7位支部成员获得校级以上奖项，多名支部党员承担最具挑战的拓展班教改课程、模块课教改课程和公共选修课程，均取得显著教学成果。

3. 基础工作扎实，学习型、服务型、创新型导向明显。东华大学材料科学与工程学院高分子科学与工程系党支部以"围绕中心抓党建，抓好党建促发展"为宗旨，以学习型、服务型和创新型的基层战斗堡垒为建设目标，将党建工作落实到日常具体的教学和科研工作中,充分激发党支部"细胞"活力,发挥党员的先锋模范带头作用,做好服务国家战略需求的教学和科研本职工作。华东师范大学孟宪承书院教工党支部加强校内联动,构建"书院＋院系党组织"、"书院＋机关党组织"的组织体系,与学校机关党工委、教师工作部等联合推出"兼职班主任"项目,聘请12位机关优秀青年担任书院"兼职班主任",并聘请校党委副书记担任项目总导师,组织部长、学工部长等担任兼职班主任导师,召开启动会、学期总结会,抓实联动效果。依托长三角地区高校书院联盟,构建"书院＋其他高校党组织"组织体系,组织召开联盟理事会、联盟论坛等,探索书院制育人模式改革与发展规律,不断满足学生成长成才的需求,实现联盟书院多赢、共赢,共同发展。上海财经大学经济学院教工第一党支部,积极创新开展高校基层党建工作,通过"思想引领、教研融入、实践延伸、育人为本"构建了四位一体的特色党建体系。作为上海财经大学"对标争先"标杆支部,结合支部党员属性特点,坚持围绕在特色教学科研活动中开展"浸润式"思政教育促进基层党建,充分发挥教工党支部和党员教师在教学科研、立德树人中的引领作用。

4. 立足学科特色,凝练党建品牌。上海应用技术大学艺术与设计学院教工第二党支部以"聋聪合一,普特互渗"党建特色项目创建为抓手,努力打造支部建设与聋生教育相融合的党建工作品牌,不断拓展党支部和党员发挥作用的领域和空间。党支部17年来不断摸索,从无到有开创了针对聋生特点的教学模式、课程体系和教学方法,在全校范围内发挥了较好的示范效应和辐射作用。2017年该支部被评为市教卫党委系统"党支部建设示范点"培育项目。华东理工大学社会与公共管理学院社会学系教工党支部认真贯彻落实党中央提出的脱贫攻坚战略,结合社会学学科特有的实地调研基础,组织支部成员密切联系群众积极展开乡村调研,在上海郊区、安徽、江苏和云南等地建立多个调研基地,为乡村振兴献言献策。在党建引领下,利用社会学学科的科研特点和服务品质,探索反哺党建的新模式。上海理工大学传统文化工作坊党支部依托文创团队,开展"众志成城,以'艺'抗'疫'"——2020抗击"新冠肺炎"公益宣传征集活动,活动发起仅1天时间就收到100余副(件)作品,涵盖海报、手绘、剪纸、篆刻、书法等类型,用振奋人心的佳作展示战"疫"的决心和能量。传统文化工作坊的党员带领学生团队积极参与公益作品的创作,并将优秀的作品制作成视频,进行轮播和宣传。大家直面疫情,艺心抗疫,用文创提振精神,弘扬传播正能量,传递了上理人战"疫"的决心和精神。

但是,从上海高校党支部整体上看,按照基层党组织建设全面进步、全面过硬,把党支部建设成为坚强战斗堡垒的要求还有较大差距,突出反映在党组织"唱主角"的意识还不强,不会唱、不敢唱、唱不响的现象比较明显,党支部主体作用的发挥仍存在较大的局限性,主要反映在以下四个问题上。

一是对党支部在基层工作中"唱主角"的正确认识问题。党的十九大以来,高校各级党组织十分重视党的基层组织建设,坚持把抓好党支部建设作为组织体系建设的基本内容,作为管党治党的基本任务,作为检验党建工作成效的基本标准。据对上海高校党支部在基层工作中"唱主角"专题调研显示,无论教工党支部还是学生党支部,在基层工作中主体作用发挥的主观意识逐渐强化,但在实际工作中对在基层工作中"唱主角"的内涵理解还不全面,认为基层工作中的主角应该是院(系)领导,也有的认为"唱主角"就是对基层工作全面负责,还有的对唱什么片面理解为就是党内组织生活。在一些支部书记和支委中缺乏主角意识的现象还比较明显,部分教工支部书记甚至存在"不占用党员太多时间和精力,不给中心工作添乱"的思想,对于抓党建促进中心工作认识模糊,措施缺乏创新,效果不甚理想,与基层业务工作负责人往往行不成工作合力,很难充分发挥党建对业务的引领和支撑作用。部分学生支部书记和支委面临学业就业等压力,存在着开展党内政治生活积极性不高、消极应付应对等现象,影响了党员的积极性和主动性。同时,在部分党员中对"唱主角"的认识不足、参与意识不强,往往满足于"独善其身",先锋模范作用发挥不够,很难形成支部工作的有效合力。

二是党支部在基层工作中"唱主角"的能力有效提升问题。高校党支部书记是在基层工作中唱主角的"领唱人",其政治素质的强弱、业务能力的高低都影响着党支部建设的成效和支部在基层工作中主体作用的发挥。当前高校普遍注重选优配强党支部书记,落实教工支部书记"双带头人"制度,学生支部书记作为骨干队伍培养,但是部分支部书记还不完全符合"领唱""主唱"的角色要求,在守信念、讲奉献、有本领、重品行方面还存在一定差距。有的对党的工作理解不够深刻,对党建工作规律性、规范性、科学性的认识不足,未能很好地将党的工作意图贯彻在支部工作中,党务知识功底薄弱,党建实务工作不到位,也有的支部书记联系教师学生不接地气,服务党员群众不主动不走心;有的支部书记宣传贯彻党的主张和决定不够理直气壮,教育管理党员不够坚决有效,难以有效发挥"头雁"效应;还有的支部书记汇聚协调多方力量的意识不强,组织动员广大师生党员和群众的有效参与不力,往往出现支部书记唱"独角戏"

或支部工作"曲高和寡""油水分离"的情况,"合唱"水平不高,"齐唱"局面尚未有效形成。

三是党支部在基层工作中主体作用的充分发挥问题。高校基层党支部在基层工作中唱好主角,必须充分发挥主体作用并形成特色、塑造品牌,打造好"代表作"。但当前在高校党支部建设中,特别在促进中心工作、推动改革发展方面还缺乏特色、亮点和品牌的现象比较普遍,工作创新往往浮在表面,零碎而不系统,只抓"点"的选树,在"线"的延伸和"面"的拓展不够。有的只侍弄"盆景"、不培育"森林",整体效应发挥不明显;有的只注重形式、不注重效果,往往讲理念创新、实践载体没有配套;有的片面追求标新立异,提法过时、不准确,甚至还有明显错误;有的只搞自娱自乐,参与率不高,工作覆盖面和影响力不大,"代表作"不多、不突出,难以形成群众满意度高、可塑性强、拿得出、记得住、叫得响的支部党建品牌。有的同志在调研中指出这些现象既是源于对党建品牌的重视度不够,也是因为支部对工作的总结凝练不够、资源整合力度不强、开拓创新动力不足,更是因为支部自身建设与专业结合度不高、与师生的需求结合度不高,未能有效形成"代表作",或者"代表作"的"代表性"还不强。缺乏"代表作"的党支部往往陷于"无名化"的状态,在基层工作中作用发挥显示度不高,很难形成有效影响力和辐射力。

四是党支部在基层工作中"唱主角"的保障机制问题。高校党支部要在基层工作中唱好主角,离不开上级党组织和有关部门的指导和支持。但从目前情况看,党建工作和业务工作的深度融合机制需要进一步完善,使党支部在基层工作中更好地发挥主体作用。特别是上级党组织对不同类型党支部在基层工作中"唱主角"的指导还不够,有关部门支持的意识也不强,对党支部书记担当作为的有效激励机制亟需健全,教师党支部书记在干部人事、提职晋级、津贴待遇,学生党支部书记在评奖评优等方面尚未形成有效的制度体系,以致有的党支部书记工作的获得感及成就感不足。调研中不少同志反映对党支部委员的激励措施还不多,支委班子的活力及对党支部书记的支撑作用激发不够,导致部分支部书记工作任务重、时间长,影响"主角"作用发挥。还有在实际工作中,高校党支部在基层工作中"唱主角"的舞台搭建、经费保障以及资源拓展都需要进一步加强,尤其需要树立"开门搞党建"的意识,广泛拓展校内外资源,协调组织多元力量共同参与,形成合力。

三、 进一步强化高校党支部在基层工作中"唱主角"的对策建议

《条例》以党章为根本遵循,着眼提升组织力、强化政治功能,突出党支部担负直接教育党员、管理党员、监督党员和组织群众、宣传群众、凝聚群众、服务群众的职责,提出了党支部的基本任务和各领域党支部的重点任务,为党支部唱好主角提供了制度依据、明确了工作标准。进一步强化高校党支部在基层工作中"唱主角",必须按照《条例》要求,坚持以习近平新时代中国特色社会主义思想为指导,把政治建设摆在首位,紧紧围绕《条例》中所明确的党支部的基本任务和高校党支部的重点任务,坚持为党育人、为国育才,落实立德树人根本任务,着力强化"主角"意识,提升党支部政治引领力;突出能力建设,提升党支部组织凝聚力;加强资源整合,提升党支部内生发展力;完善保障机制,提升党支部创新创造力,把高校党支部真正建设成为党在高校基层组织的战斗堡垒。

(一) 强化"主角"意识,提升党支部政治引领力

高校各级党组织都要深刻认识习近平总书记提出的"让党支部在基层工作'唱主角'"的重要意义,坚持党建工作与中心工作深度融合的理念,在基层工作中敢于、善于"唱主角"。

高校党委要把加强党支部建设,将支部在基层工作中"唱主角"放在重要的位置。要加强党支部建设的顶层设计,将持续加强党支部建设列入党委年度工作要点,将基层党支部建设成效纳入院系二级党组织党建责任制考核指标,培育好专、兼职组织员队伍,加强对不同类型党支部在基层工作中"唱主角"的指导。要进一步推动建立健全校、院(系)党委领导和委员联系支部、深入支部抓支部的制度,定期参加支部组织生活,了解支部建设情况,开展好支部书记培训、支部书记沙龙,加强支部书记的日常培养,开展"样板支部""示范支部"的培育和评选,选树优秀典型。

二级党组织要加强对支部的指导监督与管理,做好党支部工作谋划。要统筹考虑教师党支部和学生党支部的特点,不断优化支部设置,完善和细化支部工作制度,促进院(系)党组织与支部之间、教师支部之间、教师支部与学生支部之间、教师支部与机关支部之间以及与校外单位的交流学习,以便互相促进。

教工和学生党支部都要紧密结合所在基层工作的特点,积极主动唱好主角。要围绕立德树人根本任务和学校中心工作全面落实党支部的基本任务,特别是在落实高校党支部的重点任务中,根据各个不同时期教学科研等工作的具体任务,在推进基层工作,加强基层治理中充分发挥党支部的主体作用。教师党支部要把师德师风建设、践行"四有好老师"要求作为首要任务;学生党支部要把引领青年学生思想、培养时代新人作为首要任务。要将基层党建和育人功能相结合,教育引导好广大学生坚定理想信念、厚植爱国主义情怀、加强品德修养、增长知识见识、培养奋斗精神、增强综合素质,担负起为党育人、为国育才的使命。

要进一步增强党支部的政治功能和组织力。要更加突出以党的政治建设为统领,坚持用习近平新时代中国特色社会主义思想武装广大党员和师生头脑。巩固深化"不忘初心、牢记使命"主题教育成果,坚持把"不忘初心、牢记使命"作为党的建设的永恒课题常抓常新,突出政治引领,坚持把政治引领具体化、形象化、"党味"浓。把学习党的创新理论同"四史"学习教育有机结合起来,做到学思用贯通、知信行统一。要更加注重党的组织体系建设,进一步落实党支部标准化、规范化建设要求,着力健全基本制度、落实基本职责,推动党支部工作实起来、强起来、硬起来。要更加压实政治责任,全面推行各级党组织书记抓党支部建设责任清单、问题清单、任务清单制度,探索逆向述评和反向测评等方式,建立党支部建设督查和巡回督查等制度,确保党支部在基层工作中"唱主角"落实到位。

(二) 突出能力建设,提升党支部组织凝聚力

党支部要在基层工作中唱好主角,"唱功"和"领唱"的能力是关键。只有把"唱功"提上去,支部在基层工作中才有引领力、凝聚力和战斗力。

要从根本上提升党支部的"唱功",进一步严格规范党内政治生活。严格规范的党内政治生活是解决党内问题的"金钥匙",是党员锤炼党性的"大熔炉"。高校党支部要严格落实制度加强自身建设,严格规范党内政治生活,严格用党章党规管理教育监督党员行为,严格规范落实"三会一课"制度,落实谈心谈话、主题党日等制度,做好党员工作、学习与政治生活安排的科学统筹,创新政治生活形式和载体,有效激发党员的主动性和积极性,不断提升党员的政治意识和党性修养。

要着力提高党支部书记"领唱"能力。支部"唱主角",支部书记"领唱"最关键,只

有"领唱"强起来,才能更好发挥"头雁效应"。要在支部书记培养过程中,坚持选准、育好、管住三管齐下,发挥好"领唱人"的作用。要在学校制定年度党员教育培训计划中,开展"领头雁"和支委成员培训,换届后新班子成员培训、轮训,实施党员干部履职能力提升、专业能力等提升工程中要突出加强对党支部书记的政治能力、治理能力、调查研究能力、群众工作能力和解决实际工作能力。要针对高校不同类型党支部的特点,选优配强党支部书记,坚持政治素养高、业务能力强、群众基础好等遴选标准,树立鲜明的用人导向。要建立健全支部书记培训体系,强调问题导向和目标导向相结合,分类实施教师支部书记和学生支部书记培训,强化精准施策和分类培养,搭建支部书记沙龙,促进交流研讨。要强化支部书记考核,建立与完善支部书记考核体系,以抓支部建设责任制落实为手段,坚持目标管理与定期考评相结合,探索支部书记津贴待遇等绩效管理办法,着力激发党支部书记履职尽责的热情。要提升支部书记发展空间,注重激励表彰,开展优秀支部书记评优,表彰在基层党建工作中肯奉献的支部书记,优秀教师支部书记纳入学校后备干部予以培养考察,优秀学生支部书记在评奖评优时予以优先考虑,激励支部书记进一步发挥"头雁效应"。

要注重利用重大任务考验,发挥师生党员先锋模范作用。要抓住疫情防控等重大任务对于党员的考验契机,搭建党员师生一线服务平台,发挥好"党员先锋岗"的作用,为师生党员群众立标杆、作表率。注重做好党内关爱和服务群众工作,既要关心关爱好师生党员,更要深入师生群众,多做聚人心、暖人心的工作,注重关心师生的实际困难,解决好师生的实际问题,方法要创新、工作要走心,吸引更多人参与到支部工作中来,形成"大合唱"局面,使党支部在基层工作中焕发生机和活力。

(三) 加强资源整合,提升党支部内生发展力

党支部要在基层工作中唱好主角,必须进一步整合资源,着力开发优势资源,充分彰显高校党支部在政治引领、规范组织生活、团结凝聚师生、促进学校中心工作等方面的主体作用。

高校各级党组织要积极拓展校外党建资源。要协同联动区域化党建,深化校企、校地合作,资源共建共享,发挥"党建+"的作用,带动党支部以更灵活更丰富的形式拓展校内外资源,更好地实现大学人才培养、科学研究、社会服务、文化传承创新功能,更好地服务国家战略。要加强对新形势、新对象的研究,党支部要对"90后"教师和"00

后"大学生思想行为特点开展研究,党组织要真正了解他们、融入他们、吸引他们、引导他们,不断创新平台、载体、形式与实践方式,增强活力。要真正推进"智慧党建""云党建",党支部要利用好新媒体平台,如积极推进党建进 B 站,党建上直播,在新媒体的平台建设、内容、形式和话语体系创新上下功夫,永葆生命力。注重"开放搞党建",广泛凝聚思想共识,通过组织开放主题党日、开放党课、党员联系群众、党组织向师生群众定期报告工作等形式,扩大党支部工作的覆盖面,使党支部的工作让更多的师生党员了解认同,吸引更多的党员群众参与到支部工作中来。要根据教师、学生党支部的特点,找准发挥作用的切入点和着力点,在攻坚克难、发挥作用的过程中,让支部逐步成长起来、威信树立起来、地位巩固起来。

高校党支部要在基层工作中"唱主角",关键还要有叫得响、立得住的"作品",尤其是广为人知、具有品牌价值的"代表作"。品牌具有无形的影响力、溢出价值和辐射力,高校党支部要注重"代表作"的塑造与实效,通过挖掘自身的特点与优势,拓展校内外资源,凝聚支部合力与精神,发挥好"示范支部""样板支部"效应,打造好"代表作",营造"一支部一特色""一支部一品牌"的氛围,尤其要重实际、出实招、有实效,只有切实有效的"代表作"才能推动基层党建高质量发展,如教师党支部要以专业学科建设为基础打造"代表作",而学生党支部的人员流动性决定了其党建品牌项目要在机制上下功夫,才能够让一批又一批学生党员可以通过成熟的机制接力推进开展工作。要注重"代表作"的深耕与迭代,"代表作"的形成需要一段较长的时间,不会一蹴而就,因此既要注重持续传承、不断深耕,形成具有历史根基的党建品牌文化,又要注重品牌升级迭代。

根据时代新的内容和要求给"代表作"注入新的活力,推进品牌面向未来可持续发展。要注重对"代表作"的宣传与推广,学校上下协同联动,对支部的特色代表作从全校层面进行宣传,如开展精品项目评选、精品案例征集、示范支部展示等,对品牌化的"代表作"进行校内外宣传推广,形成广泛而深远的示范效应,在更大范围内彰显党建工作的价值导向。去年人民日报 10 月 9 日在头版刊发的"支部,如何在基层工作中唱主角——对部分地区党支部建设的调研与思考"的综合报道在社会上引起了很好的效应。要进一步深化已在开展的新时代基层党建质量提升工程,突出加强党支部在基层工作中"唱主角"的典型案例的宣传和推广。

（四）完善保障机制，提升党支部创新创造力

支部要在基层工作中"唱主角"，保障必不可少。必须在高校党支部创新组织设置、健全经费保障、落实阵地建设等方面进一步保障党支部在基层工作中"唱主角"的有关制度和工作机制。

要加强顶层设计，构建与学校多个职能部门如组织部、教师工作部、学生工作部门等多部门协同合作、齐抓共管的工作机制。要着重**在组织设置创新上**，要着眼于高校内部组织形式的变化，及时完善党支部设置。对于教工党支部要进一步探索与教学、科研、管理、服务等工作职能的有机结合，坚持把党支部建在最活跃的细胞上，实现组织设置，以行政组织为依托和以学生组织为依托并重，对于学生党支部要在坚持按年级、院系或专业设置的基础上探索党组织与学生学习、生活和社会实践有机对接。**在健全经费保障上**，要根据党支部工作需要，充分体现在基层工作中"唱主角"的要求，确保必要的经费投入和资源支持，学校各级党组织要为支部工作开展提供充足的保障，便于支部有条件开拓资源打造平台，扶持支部勇于创新地开展工作。**在落实阵地建设上**，要为党支部在基层工作中"唱主角"搭建好舞台，提供必要的工作场所。要进一步提升支部书记工作室建设水平，要完善相关制度和工作机制，全面落实激励保障。可推广华东师范大学经济与管理学部党委以开展学校"党建工作创新创优"重点项目为契机，通过组织领导、"双带头人"培育、激励保障等举措，建立"双带头人"教师党支部书记工作室建设的长效机制的探索经验。要加强关爱激励，鼓励干事创业，给改革创新者撑腰鼓劲，让高校党支部"愿唱""敢唱"，为"愿唱"的人"开绿灯"，为"敢唱"的人"兜住底"。

为了保证党支部在高校基层工作中党组织"唱主角"的能力和水平不断提高，带领党员师生合唱、齐唱、唱响"主旋律"，上级党组织要积极鼓励党支部特别是支部书记加强对这方面的实践研究，及时丰富创新举措，从根本上提高基层党建工作质量，把党支部真正建成联系师生的桥梁、党性锻炼的熔炉、攻坚克难的坚强堡垒。

（上海市教卫党委系统党建研究会课题组

顾继虎　岳　华　王雅婷　张艳虹　何丹丹）

第一篇
时代价值

党的基层组织是确保党的路线方针政策和决策部署贯彻落实的基础。要以提升组织力为重点，突出政治功能，把企业、农村、机关、学校、科研院所、街道社区、社会组织等基层党组织建设成为宣传党的主张、贯彻党的决定、领导基层治理、团结动员群众、推动改革发展的坚强战斗堡垒。

——习近平总书记在中国共产党第十九次全国代表大会上的报告

高校党支部提升组织力的内在要求

党支部是党的组织体系的基本单元,是巩固党长期执政的坚实基础。《中国共产党支部工作条例(试行)》明确指出:"党支部是党的基础组织,是党组织开展工作的基本单元,是党在社会基层组织中的战斗堡垒,是党的全部工作和战斗力的基础,担负直接教育党员、管理党员、监督党员和组织群众、宣传群众、凝聚群众、服务群众的职责。"

当前,中国特色社会主义建设已进入新时代,对高校党建引领人才培养、科学研究、社会服务、文化传承与创新等组织功能提出了诸多新的命题。在全面从严治党的新形势下,高校要牢牢把握社会主义办学方向,切实树立"抓基层就要抓到支部,强基层就要强到支部"的鲜明导向,推动基层党支部充分发挥主体作用,指引广大师生党员撸起袖子、挑起大梁、唱好主角,为全面落实立德树人根本任务,努力完成教学科研管理各项任务提供有力的思想、政治和组织保证。

一、"双一流"高校教工党支部"唱主角"的背景和意义

(一) 焕发"双一流"高校教工党支部组织力的首要保障

党的十九大报告明确指出:"要以提升组织力为重点,突出政治功能,把企业、农村、机关、学校、科研院所、街道社区、社会组织等基层党组织建设成为宣传党的主张、贯彻党的决定、领导基层治理、团结动员群众、推动改革发展的坚强战斗堡垒。"政治功能是党组织的首要功能,"唱好主角"是焕发高校党支部组织力的首要保障。这就要求高校党支部强化政治建设、突出政治引领、坚守政治担当,以"唱好主角"作为行动自觉,让"力行践履"成为广泛共识,推动党的意志、党的声音、党的要求和党的各项决策部署在基层落地生根、开花结果。

(二) 强化"双一流"高校教工党支部凝聚力的有效抓手

习近平总书记在《之江新语》"打好团结牌"一文中提到:"懂团结是真聪明,会团结是真本领。团结出凝聚力,出战斗力,出新的生产力。"这就要求高校基层党组织通过倾听党员群众心声、畅通意见表达渠道、引导师生成长成才等方式来搭建"唱好主角"的组织平台,在党员师生中形成最大程度的组织认同和最广范围的价值共识,将广大师生的思想和行动统一到以提升质量为重点的高校内涵式发展上来,激发高校师生员工为高校事业发展目标而奋斗的热情和动力。

(三) 提升"双一流"高校教工党支部战斗力的重要举措

习近平总书记在全国组织工作会议上强调:"要以加强基层服务型党组织建设来指导党的基层组织建设,把基层党组织的工作重心转到服务发展、服务民生、服务群众、服务党员上来,使基层党组织领导方式、工作方式、活动方式更加符合服务群众的需要"。这就要求高校党支部加强"唱好主角"的群众观教育,使马克思主义群众观内化为广大党员及各级领导干部的内心信念,进而指导和规范党组织与党员的行为,把服务好师生群众作为一切工作的出发点和归宿点,持续激发基层服务型党组织建设的内生动力和战斗力。

二、"双一流"高校教工党支部"唱主角"的现状分析

围绕新时代高校基层党支部"七个有力"的建设目标,同时以人民日报关于"支部,如何在基层工作中唱主角"的专题文章为参考,本研究拟将基层党支部"唱主角"的四个维度归纳为"领唱"、"唱功"、"舞台"、"合唱",并设计了反映教工党支部"唱主角"现状的调查问卷,内容包括支部自身能力建设(领唱、合唱、唱功)、支部平台建设(舞台)以及支部活动效果等3个方面共60道题目,采用李克特五级量表,样本分布情况如表1所示。

表1 关于"双一流"高校教工党支部"唱主角"现状的问卷样本分布情况

年龄段		
21—30 岁	39	19.21%
31—40 岁	92	45.32%
41—50 岁	53	26.11%
51 岁以上	19	9.36%
党龄		
中共预备党员（党龄未正式起算）	1	0.49%
5 年以下	17	8.37%
5—10 年	53	26.11%
11—20 年	87	42.86%
20 年以上	45	22.17%
性别		
男	95	46.80%
女	108	53.20%
您在党支部的职务是		
党支部书记	19	9.36%
党支部副书记	6	2.96%
党支部委员	31	15.27%
党小组组长	1	0.49%
普通党员	146	71.92%
您所在的基层党组织是否获得过以下荣誉		
全国高校"双带头人"教师党支部书记工作室	0	0.00%
全国高校党建工作样板支部	0	0.00%
市教卫工作党委系统先进基层党组织	1	0.49%
上海市攀登计划	0	0.00%
校级"双带头人"教师党支部书记工作室	7	3.45%
曾获得过其他校级及以上荣誉	90	44.33%
未获得过荣誉	105	51.72%

您所在的党支部类型是		
专任教师党支部	70	34.48%
行政管理和教辅人员党支部	69	33.99%
离退休老师党支部	1	0.49%
专任教师和行政人员混编党支部	47	23.15%
科研平台或智库平台党支部	13	6.40%
其他类型党支部	3	1.48%
您所在的单位是		
工科学院	49	24.14%
理科学院	10	4.93%
生命科学学院	1	0.49%
人文社科学院	104	51.23%
国际化办学学院	24	11.82%
机关部处、直属单位、直管企业等	15	7.39%

此次问卷调查的对象是上海双一流高校的教工党支部,调查采取无记名方式,随机发放问卷 203 份,回收 203 份,回收率 100%,其中有效问卷 203 份,回收问卷的有效率为 100%。总体来看,针对"我对本支部的工作总体比较满意"一题,70.44%的人选择非常符合,29.56%的人选择比较符合及以下,表明教工党支部开展工作还有进一步提升空间。对问卷进一步分析可见,"双一流"高校教工党支部要"唱好主角"仍面临以下四个方面的问题。

(一) 支部书记的"领唱"作用有待提升

整体来看,"双一流"高校教工党支部书记专业水平较高,对待工作较为认真严谨,然而他们也经常处于党建业务连轴转的状态,对一些党建方面的工作存在一定的畏难情绪。此外,党支部书记的理论修养以及党务工作能力还有待提升。

(二) 支部成员的"唱功"发挥尚有改进空间

"双一流"高校教工党支部的党员基本上能够发挥其模范带头作用,但党支部整体建设的制度化和规范化程度还有改进的空间,执行"三会一课"制度和开展主题党日还需进一步严格规范,党支部委员的党务工作能力还有待进一步提升。

(三) 支部建设的"舞台"搭建有待改善

"双一流"高校对教工支部投入了一定的经费支持以及硬件支撑,但是部分单位对支部书记在干事平台、发展空间、待遇保障等方面的支持还不够到位,教工支部书记对于本单位工作规划、干部人事、年度考核、评奖评优等重要事项讨论决策的参与程度比较有限,部分单位提供的软硬件设施无法满足支部快速发展的需求。

(四) 党群联动的"合唱"成效尚不显著

"双一流"高校教工党支部的工作,整体来看较为扎实,但另一方面支部需要进一步挖掘先进案例,积极宣传正面典型。只有这样,师生群众在日常生活中才能切身感受到共产党员的存在,支部才能更好团结、凝聚、服务非党员同志,加强自身的战斗堡垒作用。

三、"双一流"高校教工党支部"唱主角"面临的困境

(一)"双一流"高校教工党支部建设中对党建工作的认识有待深化

在调研中发现,某些高校基层党支部的党员对党建工作认识还存在一些偏差,存在从形式主义角度来理解党建的误解。随着新时代党建工作的不断深化,党建不仅越来越成为党员增加个人修养、高校强化立德树人观念的重要方式,也是了解国内外发展大势以及党和国家大政方针,增强"观时明是"业务能力的重要途径。因此,需要继续在思想认识上端正和增强对党建工作重要性的认识,将党建工作中的学习和各项活动与自身综合素质提升更紧密相联,主动自觉开展党建工作、参与党建工作。

(二)"双一流"高校教工党支部建设的制度化和规范化程度有待提升

个别高校基层党支部的政治功能发挥不够到位,少数基层党支部把开展党内政治生活作为完成上级规定的任务来看待,缺少开展党内政治生活的思想自觉和实践自觉。有的党支部在政治思想工作中缺少主动性,不能准确及时掌握政治思想方面的新

情况,对一些错误思想缺乏敏锐性。个别高校党支部未能很好地尽到对党员的教育和管理职责,较少组织支部党员开展集体学习,发展新党员过程中存在培养工作程序化、思想工作浮于表面、不够细致深入等问题。

(三)"双一流"高校教工党支部"围绕中心抓党建"的能力有待增强

高校基层党组织必须紧紧围绕学校和本单位的中心工作来开展组织建设,要做到围绕中心抓党建,抓好党建促发展。然而,目前部分高校的基层党组织还一定程度存在党建工作和中心工作相脱节、学习教育和实际工作相脱节、党的组织建设和思想政治工作与学校教学行政后勤业务工作相脱节的"两张皮"情况。有些基层党支部统筹"低头拉车"与"抬头看路"的工作能力有待提升,对党建工作融入中心工作、相互促进发展的思考不深,办法不多,探索不够,基层党支部的"主体作用"和"堡垒作用"未能充分落到实处。

(四)"双一流"高校教工党支部书记的选育和激励机制有待完善

部分高校存在教师党支部书记选配机制尚不健全的情况,有部分同志把担任党支部书记看成是额外负担,对做好支部工作缺乏应有的积极性和主动性,在教学科研管理服务和党建工作之间不能做到统筹兼顾。部分党支部书记缺乏创新意识,难以找到党建工作的突破口、关键点和重要抓手。部分高校基层党组织在教工党支部书记的有效激励方面力度还不够、缺乏办法,在干部选配使用或各类表彰等方面也没有向支部书记适当倾斜的举措等。

(五)"双一流"高校教工党支部工作的考核评估体系有待健全

提高高校基层党组织工作的科学化水平是一项长期的系统工程。只有以科学的精神、创新的思维把基层党建工作融入规范、高效的评估机制,才能使高校基层党建工作找准方向、突出重点、有效落实。但目前部分高校对党建工作的考核评价尚未落实落细,对支部书记的考核评估停留在述职报告的层面,大都围绕成绩、问题和对策的固定模式展开,所述内容比较抽象和空泛;对支部整体的考核标准不够清晰,多停留于被动地完成规定动作和上级任务。考核评估工作未能对促使基层党建工作起到导向和标杆作用,存在一定的"重形式、轻实绩"的情况。

(六)"双一流"高校教工党支部凝聚党员群众助力"双一流"建设的举措有待创新

随着我国国际化程度不断提高,"双一流"高校党建工作难以得到党外知识分子参与的难题也愈发突出。目前大多数高校基层支部团结服务党外老师的意识还不够强,凝聚这部分力量助力"双一流"建设的举措还不多,树立、宣传推广支部内的典型人物、典型事迹的意识、效果不好,较难引起党外老师们的共鸣,在吸引优秀中青年人才加入党组织方面也缺乏办法。此外,支部缺少相关的党员与非党员结对子等活动,本支部党建活动的落脚点也往往在于服务支部党员,对于服务党外老师并调动他们积极性方面做得还不够。

四、"双一流"高校教工党支部"唱主角"的经验举措

课题组在教育部新时代高校党建示范创建首批和第二批示范高校、标杆院系、样板支部培育创建单位中进行案例选择。主要依据包括:(1)所在高校为世界一流大学建设高校;(2)所依托学科为"双一流"建设学科;(3)党支部属性为教工党支部。课题组通过"新时代高校党建示范创建和质量创优工作培育成果展示平台"以及相关高校网站,梳理出了部分"双一流"高校在教工党支部"唱主角"方面的经验做法。

表 2 "双一流"高校教工党支部经验做法的梳理维度

"唱主角"	"七个有力"		具体内涵
唱功 (含领唱)	舞台	教育党员有力	突出政治功能,党员教育扎实有效,认真开展"不忘初心、牢记使命"主题教育,深入推进"两学一做"学习教育常态化制度化,"三会一课"制度规范落实,支部主题党日严格规范。
		管理党员有力	党员发展、党员培训、党籍管理、党费收缴、党员激励关怀帮扶等工作扎实有效,党员先锋模范作用充分发挥。
		监督党员有力	坚持把纪律和规矩挺在前面,监督党员履行义务、遵规守纪及时到位。
合唱		组织师生有力	引领带动师生投入中心工作的动员力、实效性强。
		宣传师生有力	学习传达上级党组织决策部署及时到位,注重发现树立、宣传推广师生身边典型人物、典型事迹。
		凝聚师生有力	思想引领和价值观塑造有机融入教师教学科研、学生学习生活。
		服务师生有力	常态化了解师生困难诉求、倾听师生意见建议,师生有困难找支部、有问题找党员的帮扶机制健全有效。

(一)"双一流"高校党组织推动基层党支部"唱主角"的多元探索

在中共中央、教育部及地方教育部门的相关政策指导下,"双一流"高校积极开展高校基层党支部"唱主角"的多元探索,引领基层党支部"唱主角"落地生根。从探索的模式来看,主要有以下三个方面的特点。

1. 注重制度设计,全面夯实党支部"唱主角"基础保障

同济大学党委制定了《关于落实党支部工作保障的若干规定》,围绕"健全党支部书记参加系所等重要事项决策机制"等9个方面,全面夯实基层党建工作的各项基础保障,确保党支部书记干事有抓手,待遇有保障,发展有空间。

2. 注重人才支撑,精准助力党支部"唱主角"能力提升

中国人民大学党委通过"百名海归挂职计划"、"读懂中国"青年教师社会实践团等工作,教育引导高知识群体入党积极分子端正入党动机,先后培养发展多位"长江学者"特聘教授、青年长江学者等优秀骨干教师加入中国共产党。

3. 注重平台搭建,大力推动党支部"唱主角"实践创新

上海交通大学党委制定《关于进一步规范党支部主题党日活动的实施细则》,积极开展党建示范创建和质量创优工作、"双带头人"教师党支部书记工作室创建、优秀主题党日活动案例创建评选、"党课开讲啦"党支部书记微党课大赛等工作,并牵头举办"长三角'全国党建工作标杆院系'党组织书记抓基层党建论坛"等。

(二)"双一流"高校教工党支部提升"唱功"的经验举措

1. 善用"头雁"效应,激发"群雁"活力

"领唱"强起来,才能更好发挥"头雁效应"。中国科学技术大学党委开展教工党支部书记论坛,通过理论辅导、专题报告、经验交流、工作实务等模块,对教工支部书记进行全方位培训,并每年做到全覆盖;举办全校样板支部工作交流会,35个党支部书记进行支部建设情况和下一步创建思路汇报,校党委书记舒歌群逐一点评和把脉。

2. 教育党员有力,把准政治方向

党员教育是端正党员思想态度最重要的工作形式,也是对党中央决策部署形成认同的关键机制。中国人民大学法学院宪法与行政法教师党支部全程参与组织了"纪念许崇德先生诞辰九十周年学术研讨会暨许崇德宪法学发展基金第五届学术有奖征文

颁奖典礼"。支部老党员许崇德先生获评中共中央、国务院表彰之"改革先锋"称号,并被誉为"中国特色社会主义法律体系建设的积极推动者"。支部成员表示要以许崇德先生为榜样,扎根中国大地,为推动宪法全面贯彻实施,建设社会主义法治国家而持续努力。

3. 管理党员有力,规范组织生活

党员管理是支部建设的重要基础性工作,对于支部政治引领功能的发挥至关重要。管理有力则组织有力,组织有力才能形成带头唱主角的能力支撑。中山大学数学学院基础数学教师党支部逐步形成了发展高知群体入党的可复制、可推广的宝贵经验,即注重"三个环节":党委书记谈话、支部做好服务工作、发挥学术带头人作用,实现"三个一致":学术新秀和党组织新鲜血液一致、学术骨干与党建骨干一致、学术带头人与党建工作带头人一致。

4. 监督党员有力,严肃组织纪律

做好党员监督管理,是提升党支部战斗力的重要工程。只有时刻把组织纪律抓好,才能提升党支部"唱功"。中国人民大学哲学院马克思主义哲学教研室教师党支部的支部书记带头贯彻从严治党任务,带头落实党和国家的方针政策,不断提高学习能力,成为党组织的坚强领导;支部委员也能够做到重品行、作表率、业务精、评价高,成为带领支部发挥战斗堡垒作用的中坚力量。

(三) 教工党支部"唱主角"的"舞台"搭建经验

教工党支部既是高校与学生之间的中间主体,也是教学科研与社会服务的中坚力量。教工党支部"唱主角"要精准选择舞台,在可为有为的阵地上冲锋陷阵。

1. 在服务社会中积极"唱主角"

一是科技攻坚的舞台。清华大学计算机系高性能所党支部充分发挥模范带头作用,深度参与国家超级计算无锡中心建设与运营,充分发挥专业优势助力"神威·太湖之光"国产超级计算机的研发。

二是对口帮扶的舞台。清华大学计算机系高性能所党支部发挥学科优势,持续帮扶青海大学计算机系的课程教学、人才培养、科技创新,全方位助力青海大学计算机系高性能计算方向学科的发展。

三是院地合作的舞台。兰州大学化学化工学院有机化学教工党支部一直致力于寻找与地方经济发展的"契合点"。支部党员借助兰州大学"白银产业研究院"与地方政府合作，积极开展药用植物、葡萄籽、玫瑰精油等方面的研究。

四是精准扶贫的舞台。上海海洋大学水产种质与育种系党支部充分发挥水产学科优势，组建了"亚东鲑鱼人工繁育科技服务团"，开展了亚东鲑鱼的人工规模化繁育的科技服务与相关理论、技术培训，取得了显著成效，教育部网站以"一条鱼带动了三乡四镇 156 户 442 人脱贫——上海海洋大学组团攻坚助推西藏亚东县脱贫摘帽形成特色支柱产业"为题进行了专题报道。

五是公益活动的舞台。北京师范大学环境学院城市与区域生态研究所党支部积极参与公益活动，连续三年为敬老院、西城区儿童活动中心等捐赠衣物、书籍。

2. 在高校舞台坚守主角阵地

一是课堂教学的舞台。兰州大学马克思主义中国化研究所教工党支部担负着全校各院系学生的思政课教学任务。党支部教师通过集体备课的形式，定期选定一个主题，进行深入研究探讨。支部党员采用"大报告＋小课堂"、"互动式教学"、"思政慕课"等多种方式，拓展思政课的深度、探索思政课的形式、让更多学生参与其中，打造出学生喜爱的"思政金课"。

二是科研团队的舞台。哈尔滨工业大学土木工程学院钢结构与木结构学科组党支部秉承团队式建设、家长式管理、共建和谐大家庭的宗旨，贯彻落实以科研培养人、以事业激励人、以情怀感染人的原则，形成了独具特色的哈工大钢木结构研究团队和课程体系。

三是科创竞赛的舞台。西北农林科技大学农学院农学系教工党支部党员积极参与指导大学生创新创业训练项目，指导团队获 2018 年"创青春"浙大双创杯全国大学生创业银奖、第三届全国大学生生命科学创新创业大赛一等奖等。

（四）教工党支部引领"合唱"的经验举措

1. 组织师生有力，增强教工党支部组织动员能力

只有最大限度地动员师生，才是真正发挥教工党支部唱主角的优势。上海交通大学机械与动力工程学院振动冲击噪声研究所党支部组织全所讨论学科发展方向，抓住振动、冲击、噪声作为共性学科的特点，将共性学科融入国家、行业、国际发展大环境，形成了装备科技特色鲜明、创新能力突出的基础学科、应用基础学科融合的学科平台。

支部书记和所长带头通过国际学术会议和世界一流高校交流,近5年来吸引了11名海外一流大学博士或博士后加盟(其中党员10人)。

2. 宣传师生有力,增强教工党支部思想引领能力

教工党支部在思想文化上是大学精神的塑造者,更是新时代中国特色社会主义的宣讲者。北京师范大学环境学院城市与区域生态研究所党支部董世魁教授和刘世梁教授先后20余次前往青藏高原高寒草原等地开展野外调研,获取了数以千计的第一手实验数据,形成了数十篇科研论文和研究报告,获得教育部科技进步奖一等奖,政策建议上报中共中央和国务院办公厅,为"世界屋脊"——青藏高原的生态环境保护做出了重大贡献,获新华社、光明日报、北京日报等主流媒体宣传报道。

3. 凝聚师生有力,增强教工党支部的认同度

教工党支部若想唱好主角,就要不断强化自身的认同度。上海交通大学机械与动力工程学院振动冲击噪声研究所党支部支部坚持德才兼备的人才培养导向,组织研究生赴国防装备建设单位调研实习,鼓励他们服务国家重大需求;与学生党支部开展共建,介绍研究所发展历史和重要科技成果,激发学生的爱国主义情操。研究所培养的学生中,有7名博士生、16名硕士生获得上海市优秀毕业生,3名博士生获得"博士研究生学术新人奖",3名博士生获得上海市优博或上银优秀机械博士论文奖。

4. 服务师生有力,增强教工党支部的美誉度

教工党支部集聚高校中的先进分子,只有在服务师生的过程中才能将自身文化知识优势发展为党员的思想先进性。北京师范大学环境学院城市与区域生态研究所党支部坚持以支部党的建设带动所在单位团组织、工会组织建设,常态化做好联系服务师生工作,健全困难师生关心帮扶机制,把解决思想问题和解决实际问题相结合,推动支部建设与党员师生个人发展深度融合,实现组织需求与个人需求的有机统一。搭建交流平台,丰富服务载体,及时了解、听取、回应师生意见和诉求,把党支部建成党员之家、师生之家,增强师生归属感和获得感。

五、 推动"双一流"高校教工党支部"唱主角"的实践路径

"双一流"高校教工党支部"唱主角"必须是站在"双一流"的追求卓越角度开展党建工作,以最高标准、最好水平来要求党建工作,"双一流"建设需要"一流党建","一流

党建"促"双一流"建设,实现"双一流"高校教工党支部真正"唱出最强音、唱出最高音",为非"双一流"高校的党建引领"双一流"建设做出示范效应。

(一)加快"党建＋制度保障"的规范化建设

高校党支部的"唱主角"实践离不开党支部的制度化建设这一根本,需要以制度建设保障思想建党。持续开展标准化规范化建设,着力加强基础工作、基本制度、基本能力建设,规范落实"三会一课"、民主生活会、组织生活会等组织生活制度和支部按期换届等基本组织制度,精心设计主题党日活动,定期检查督促党员参加组织生活情况,开展支部会议记录抽查工作,建设党建氛围浓厚、功能齐全的党员活动室,加强党建工作档案资料的规范管理。制定科学规范、行之有效、操作性强的支部量化考核评价体系,要求党支部书记在年末结合工作计划和考评指标,分别向上级党委和本支部党员群众开展"双述职"工作,切实发挥考核"指挥棒"作用。创新基层党建工作模式,如开展优秀主题党日案例创建评优工作,安排党支部书记观摩非所在支部主题党日或组织生活,举办基层党务工作专题培训班和样板支部创建经验分享会,召开党建研究专题讨论会,建立上级党组织书记与党支部书记双向约谈以及党支部书记论坛等机制和载体,使党支部运行更加规范。

(二)优化"党建＋头雁效应"的带头人机制

党支部书记是高校基层党组织的"头雁",发挥着支部领路人和学科带头人的双重角色。探索构建科学的教师党支部书记人才管理体系,注重配备熟悉和热爱党务工作的青年党员学术骨干担任副书记或委员,作为支部书记后备人选进行培养锻炼,打造教师党支部书记人才梯队。整合教育培训资源,加大对党支部书记的教育培训力度。举办"双带头人"党支部书记经验交流会、书记沙龙,构建面向地市-高校-院系不同层级的支部书记培训体系,加强党章党规党纪、党史国史、习总书记重要讲话、高校党支部工作实务等方面的培训教育,结合攀登计划,打造市级示范培训班和校级特色培训班。健全教师党支部书记履职尽责激励保障制度,在职称评聘、干部选拔任用等方面将教师党支部书记经历作为重要条件,定期开展优秀教师党支部和优秀教师党支部书记的评选表彰工作。

(三) 夯实"党建＋中心工作"的双促进模式

高校教师党支部应积极探索党建与业务"双轮驱动"的协同推进机制,在学生思想政治教育、课程思政、系所中心工作上发挥政治功能,为"双一流"建设提供坚强组织保障。

高校党委要建立有效的压力传导机制和常态化联系基层党支部制度,结合庆祝中国共产党成立100周年,全面开展高校基层党建工作专项督察,建立党建工作督导制度,由校党委书记带队,各单位党政领导班子和经验丰富的离退休老同志组成党建督导组,对教师党支部的思想建设、组织建设和作风建设进行督导、检查和评估,定期召开情况反馈会,推进基层党建全面进步全面过硬。坚持把骨干教师培养成党员教师、把党员教师培养成教学名师、把党员教学名师培养成班子成员的培养路径,通过举办党员教师先锋论坛,推行党员老教师与青年教师结对传帮带、组织支部教师集体备课、举办教学研讨工作坊等形式,提升教师队伍整体素质。根据工作需要动态优化支部设置,在实验室、智库基地、跨学科团队上建支部,推动科研项目管理和党建工作同部署、同落实,把党建优势转化为加快科研攻关和推动学校综合改革优势。

(四) 强化"党建＋智慧互联"的创新性探索

智慧互联网为时时党建、处处党建、人人党建提供了技术保障,智慧党建是实现"双一流"高校党建的全覆盖、全流程、全融合的重要路径。要深刻认识推进双一流高校教工党支部"智慧党建"建设的重要意义,努力探索出一条以信息化赋能党建工作高质量发展的新路,逐步形成可复制、可推广的模式。打造集党员管理、学习、教育、交流、服务于一体的智慧阵地。高校应结合自身实际不断丰富智慧党建平台功能,实现与全国性党建信息平台有效链接,方便党组织和党员登录查询信息,办理符合权限的党务事务,打造互联共享、集约集成的高校党建信息平台和高素质专业化智慧党建工作队伍。利用虚拟现实、大数据等先进技术手段,开发情景式、互动式、创意式党课,策划丰富多彩、便捷实操的党建活动,推动高校教师党支部建设创特色、出亮点、见成效。整合共享优质电子教育资源,将线上学习成果作为党员年度考核评价的重要参考指标,通过开展"学习强国之星"月度评选、举办云端知识竞赛等方式,激励教师党员积极学、主动学。

（五）探索"党建＋共建共享"的共赢新格局

积极探索组织共建、资源共享、党员共管、多元共治的"共享党建"新模式。党建引领科企融合。以校企协同党建学术沙龙等为活动载体，合力解决关键技术"卡脖子"问题。通过在企业设立大学生实习实践基地、现场教学基地，聚合育人资源，形成提升"三全育人"工作合力。深入推进校地合作。通过与基层单位及社区街道结对共建，聚焦基层治理中的重点难点问题，发挥高校专家智库优势，主动融入城市基层党建整体格局；强化党员教师进社区"双报到"制度，引导教师党员积极参与志愿服务和社区建设，服务区域经济社会发展。推进支部结对共建。通过教师支部之间、师生支部之间"结对子"，充分发挥结对党组织各自优势，真正实现促进党建交流、促进服务师生、促进学科交叉、促进铸魂育人的工作目标。

（上海交通大学课题组 李振全 沈崴奕 贺 琳
陈咸济 吕晓俊 朱启贵 彭树涛 张东红 常河山）

发挥高校教师党支部主体作用的根本导向

　　党的力量来自组织,组织力量根在支部。2018 年 10 月中共中央颁布的《中国共产党支部工作条例(试行)》明确指出:"党支部是党的基础组织,是党组织开展工作的基本单元,是党在社会基层组织中的战斗堡垒,是党的全部工作和战斗力的基础,担负直接教育党员、管理党员、监督党员和组织群众、宣传群众、凝聚群众、服务群众的职责。"

　　高校教师党支部是教育、管理、监督和服务教师党员的基本单位,是把党的路线方针政策落实到高校基层的战斗堡垒,是党团结和联系广大教师的桥梁纽带,是办好中国特色社会主义大学的重要支撑。2017 年 8 月中共教育部党组印发的《关于加强新形势下高校教师党支部建设的意见》强调,要充分发挥教师党支部的主体作用。高校教师党支部作为新形势下全面贯彻党的教育方针的基本单位,必然要求其在高校教学科研、人才培养等基层工作中"唱主角"。

一、 高校教师党支部在基层工作中"唱主角"作用发挥的实践经验

　　高校基层工作以人才培养为中心,一体筹划教学、科研、社会服务、文化传承创新、国际交流与合作等内容,通盘谋划党的建设、思想政治工作和校园安全稳定,统筹规划学科专业建设、队伍建设以及体制机制改革等。简而言之,高校基层工作内容主要包括党的建设、人才培养、学科建设、教学科研、社会服务等五大类。《中国共产党支部工作条例(试行)》指出,高校中的党支部的重点任务是,保证监督党的教育方针贯彻落实,巩固马克思主义在高校意识形态领域的指导地位,加强思想政治引领,筑牢学生理想信念根基,落实立德树人根本任务,保证教学科研管理各项任务完成。这为高校教师党支部在基层工作中"唱主角"提供了制度依据、明确了工作标准。

(一) 高校教师党支部在基层工作中作用发挥的总体情况

为深入了解目前高校教师党支部在基层工作中作用发挥的基本情况,课题组采取查阅文献、深度访谈、问卷调查、个案分析等方式,广泛开展实证调研。

课题组围绕高校教师党支部在基层工作中作用发挥的现状、存在的问题、改善的路径等内容,对上海交通大学、同济大学等9所在沪高校的10位"双带头人"教师党支部书记进行一对一半结构式深度访谈。访谈发现,目前高校教师党支部在政治引领、规范党的组织生活、团结凝聚师生、促进学校中心工作等方面较好地发挥了"唱主角"作用,但仍存在主角意识有待加强、"唱主角"的能力有待提升、"唱主角"的保障机制有待健全等问题。

同时,课题组对上海市高校教师党支部书记、支部委员、普通党员、非中共党员等群体开展问卷调研,共回收有效问卷104份,了解他们对"高校教师党支部在基层工作中唱主角"的认知诉求、态度感受、意见建议等。调查数据显示,79%的被访者认为所在党支部在基层工作中发挥了"唱主角"作用,仅有6%的被访者认为所在党支部未发挥"唱主角"作用,另有15%的被访者表示不清楚所在党支部是否发挥了"唱主角"作用。

此外,课题组对上海市获评全国党建工作样板支部的57个高校教师党支部的概况、工作特色、典型案例等信息进行全面深入的搜集、梳理和分析。研究发现样板支部规模适中、依托学科实力较强、师资队伍雄厚,均配备"双带头人"党支部书记且支部书记兼任行政职务。样板支部在基层工作中发挥"唱主角"作用具有以下实践经验:一是班子坚强有力,支部书记"头雁"作用彰显;二是深度参与中心工作,党员先锋模范作用凸显;三是基础工作扎实,学习型、服务型、创新型导向明显;四是立足学科特色,党建工作品牌突出。

(二) 高校教师党支部在基层工作中"唱主角"的实践经验

课题组以实证研究为依托,梳理并挖掘高校教师党支部在基层工作中"唱主角"的实践经验。研究发现,上海市高校教师党支部通过选优配强支委班子、培育"双带头人"教师党支部书记,推进支部标准化、规范化建设等重点举措,在政治引领、团结凝聚师生、促进中心工作等方面持续发挥战斗堡垒作用,工作覆盖面不断扩大,取得明显成效。

1. 强化政治引领,班子坚强有力,支部书记"头雁"作用彰显

政治引领是各高校教师党支部高度重视与认真实践的首要任务。问卷调查结果显示,教师党支部强化政治引领的举措主要有:组织学习习近平新时代中国特色社会主义思想,开展"不忘初心、牢记使命"主题教育,推进"两学一做"学习教育常态化制度化,宣传执行党的路线方针政策和上级党组织的决议,推进师德师风建设,在教育教学、科研管理等重大事项中进行政治把关等。访谈发现,教师党支部在政治引领方面展现了极大的工作热忱,不仅在加强政治引领的方式上推陈出新,创新运用新科技、新平台,推出"微课堂""云生活""钉钉学习""学习强国"等线上学习新形式;同时,在工作内容上,回顾经典、紧跟时代步伐,如华东师范大学经济与管理学部统计学院教工党支部举办"读经典、悟初心"系列活动,上海海关学院海关与公共经济学院党支部推动课程思政元素进课堂、推动马工程材料进课堂、开展课程思政观摩教学、开展"四史"学习教育等。

政治引领作用的发挥,很大程度上取决于支部班子建设水平及党支部书记履职能力。支部班子建设是否扎实有力直接关系着党支部在基层工作中"唱主角"的实际效果。获评全国党建工作样板支部的上海市高校教师党支部全部设置了支部委员会,支委会人数一般在3—5人。问卷调查结果显示,97%的被访者认为所在党支部班子做到了履职尽责。

此外,教师党支部书记必须充分彰显"头雁"效应,方能带领"群雁"齐心协力"唱主角"。问卷调查显示,74%的被访者所在党支部选配"双带头人"教师党支部书记,党支部书记履职尽责能力是影响教师党支部在基层工作中"唱主角"作用发挥的主要因素。以上海工程技术大学机械与汽车工程学院汽车工程系党支部为例,支部书记邢彦锋教授作为"领头雁"和"主心骨",不仅个人业务能力突出,主持国家自然基金面上项目、发表十余篇国内外高水平论文、荣获"上海市五一劳动奖章"称号,更注重培养青年教师党员,党支部强基固本、特色鲜明,在党建基础、思想引领、服务师生、科研创新工作等方面持续突破。

2. 严格规范党的组织生活,基础工作扎实,学习型、服务型、创新型导向明显

高校教师党支部需要以提升基层党建工作质量和效能为抓手,全力促进人才培养和学科建设等基层工作。问卷调查显示,高校教师党支部的基础工作总体较为扎实,被访者对党支部在党员教育、管理、监督、服务、发展和"三会一课"制度落实等基

础党建工作评价普遍较高。在组织生活制度落实方面,"三会一课"制度、民主评议党员制度和组织生活会制度落实的比例分别为 96%、94% 和 91%;相比之下,谈心谈话制度落实仍有较大进步空间,落实比例为 69%。在开展组织生活的频率方面,89% 的党支部每月开展一次,尚有约 7% 的党支部每季度开展一次甚至每半年及以上开展一次。

同时,教师党支部普遍通过加强学习、服务群众、鼓励创新以实现学习型、服务型、创新型党组织的建设目标。如东华大学材料科学与工程学院高分子科学与工程系党支部以学习型、服务型和创新型的基层战斗堡垒为建设目标,将党建与业务相结合,做好服务国家战略需求的教学科研本职工作;上海财经大学经济学院教工第一党支部构建了"思想引领、教研融入、实践延伸、育人为本"四位一体的创新型特色党建体系,坚持在特色教学科研活动中开展"浸润式"思政教育,促进基层党建,发挥支部在教学科研、立德树人中的引领作用。

3. 充分团结凝聚师生,立足学科优势,培育党建工作品牌

问卷调查显示,在团结凝聚师生方面,高校教师党支部注重教育引导教师发挥"课程思政"育人功能;关心了解师生思想政治状况、防止各类错误思想文化侵蚀;把思想价值引领贯穿教师论文选题、科研立项、教学改革等工作中;带动所在单位工会等群团组织建设,常态化联系、服务师生;落实困难党员关心帮扶机制,开展服务、帮扶、慰问等活动,并获得支部成员较为广泛的认可。相对而言,教师党支部在搭建交流平台、及时了解听取回应师生意见和诉求,解决教师教学科研等实际问题、增强归属感获得感方面尚有进步空间。

与机关、企业、社区、村镇等其他类型的基层党支部相比,高校教师党支部具有较强的专业学科特色。学科特色是高校教师党支部的独特优势,学科建设是高校的核心基层工作之一。高校教师党支部团结凝聚师生,立足学科优势,培育党建工作品牌,将支部建设与学科建设相结合,真正实现在基层工作中"唱主角"。

一方面,高校教师党支部积极创建结合学科特色的党建工作品牌或项目,发挥党支部和党员在学科建设、服务社会等方面的先锋模范作用。如上海应用技术大学艺术与设计学院教工第二党支部以"聋聪合一,普特互渗"党建特色项目创建为抓手,开创了针对聋生特点的教学模式、课程体系和教学方法,发挥了较好的示范效应和辐射作用。另一方面,高校教师党支部探索以党建引领学科建设和科研发展,再以科研服务反哺党建的新模式。如华东理工大学社会与公共管理学院社会学系教工党支部认真贯彻落实党中央提出的脱贫攻坚战略,结合社会学学科特有的实地调研基础,组织支部成员密切联系群众积极展开乡村调研,为乡村振兴献言献策。

4. 紧紧围绕中心工作,推动党建业务融合,党员先锋作用凸显

高校教师党支部要想在基层工作中"唱主角",也必须围绕中心,找准党建与业务的结合点,实现两者的双融合、双促进。问卷调查显示,高校教师党支部在促进中心工作方面的举措主要有:带领教师落实立德树人根本任务、提高人才培养质量,贯彻落实上级党委各项决策部署,积极参与本单位重要事项讨论决议,引导教师党员在日常教学科研生活中亮出党员身份、带头攻坚克难,引导教师党员努力成为"四有好老师""四个引路人""四个相统一"的表率等。

研究发现,全国高校党建工作样板支部普遍深度参与中心工作,发挥教师党员在中心工作中的先锋模范作用。如华东理工大学英语大外党支部与学校励志明德班连续六年共建,每名党员教师结对辅导若干学生,推动卓越人才培养;华东师范大学统计学院教工党支部持续推行自学科建立延续至今的"讨论班"制度,师生共同研习,落实立德树人根本任务;上海交通大学航空航天学院飞行器设计系党支部服务于国家重大需求,积极投身国家首批的飞行器设计国防重点学科建设,承担了大飞机、高超等国家重大专项以及 GF973、民口 973 等重大科研项目。

二、 高校教师党支部"唱主角"作用发挥过程中的问题与不足

根据实证调查,近 80％的高校教师党支部在基层工作中发挥了"唱主角"作用,且已形成了可供借鉴的实践经验。但不容忽视的是,高校教师党支部在"唱主角"作用发挥过程中还存在一些较为共性的问题和不足,主要体现为:党支部定位不够明确、主角意识有待加强;党建与业务融合不够深入、促进中心工作能力有待提升;党支部自身建设不够完善、团结凝聚作用有待提升;"唱主角"的外部条件不够充分、激励保障机制有待健全。

(一) 教师党支部定位不够明确,"唱主角"意识有待加强

首先,院系级党组织对教师党支部在基层工作"唱主角"的定位缺乏正确认识。部

分院系级党组织把教师党支部简单看作一个党员集结的组织,仅要求教师党支部完成基础性规定动作,"不出岔子"即可,未意识到高校教师党支部应当是把党的路线方针政策落实到高校基层的战斗堡垒。访谈反映,个别院系级党组织把教师党支部看作"万金油",一些职责不明确的工作都丢给教师党支部做,导致支部定位不明、处境尴尬。

其次,高校教师党支部书记、委员缺乏主角意识。部分教师党支部书记、委员存在"重业务、轻党务"的思想,与基层业务工作负责人未形成工作合力,无法充分发挥党建对业务的引领和支撑作用。个别支部书记、委员思想认识上出现偏差,认为党务工作务虚过多、不容易出成绩,应付一下完成工作即可,不如将时间精力放在抓业务工作上。还有一些支部委员形同虚设,极少承担支部工作,导致书记成了"光杆司令",难以发挥作用。

最后,教师党支部党员的主角意识淡薄,先锋模范作用发挥不足。随着社会环境和社会思潮的变化,部分学术骨干和学科带头人对党的建设的重要性认识不足,不愿意承担党内工作。不少教师党员只是抱着完成任务的心态被动参与党内工作和组织生活,难以发挥主观能动性和创造性。访谈反映,即便是在全国党建工作样板支部,教师党员在党支部日常活动及教学科研等业务工作中消极躲懒、缺乏担当的现象仍偶有出现。

(二)教师党支部党建与业务融合不够深入,促进中心工作能力有待提升

教师党支部应当充分发挥主体作用,深度融入人才培养、教学科研、学科发展等基层工作,凝心聚力推动改革发展。目前,不少教师党支部尚未充分发挥党建对业务的引领作用,促进中心工作的能力有待提升。

首先,党建和业务之间的融合机制有待健全。党建工作和业务工作的内容和特点存在客观差异,"两张皮"的现象依旧存在。一些教师党支部未能将二者很好地融合起来,而是习惯于"各搞各的",使党建和业务工作越发脱离,甚至逐渐虚化了党建工作,让党建工作成了毫无意义的"花架子"。

其次,教师党支部书记"双带头人"履职尽责能力有待提升。近年来,"双带头人"培育工程成效显著,但"双带头人"同时兼顾教学科研与党建工作,精力和时间上捉襟见肘。在党务和业务难以兼顾的情况下,不少"双带头人"将主要精力投入在教学备

课、竞赛指导、职称晋升上，无法创造性地开展支部建设，更难以党建引领业务发展。因此充分发挥"双带头人"的头雁效应，推动党建与业务深度融合迫在眉睫。

最后，教师党支部书记或支委成员促进中心工作的能力和动力不足。部分教师党支部尚未选配"双带头人"支部书记，支部班子成员未承担行政职务，或者业务能力不够突出，话语权和发挥作用有限，导致党建与院系行政工作脱节，促进中心工作效果不佳。

（三）教师党支部自身建设不够完善，团结凝聚作用有待夯实

首先，教师党支部标准化规范化建设有待加强。《中国共产党支部工作条例（试行）》对党内生活的类型和频次做了明确的规定，但是没有对执行要求和监督机制做出相关规定。因此，支部书记们在访谈中普遍提及，高校教师由于教学科研任务重等原因，参加党内生活的积极性不高，无法调动党员的积极性和主动性。

其次，教师党支部在工作创新方面还有较大提升空间。一方面，支部活动形式和内容缺乏创新，在"人无我有，人有我优"上不够突出。支部书记们在访谈中坦言"基础工作都可以做好，但创新比较难"。另一方面，支部宣传创新能力有待提升。宣传工作缺位现象仍有存在，呈现出"说起来重要，干起来次要，忙起来不要"的局面；宣传方式也较为简单，利用"互联网＋"党建平台、新媒体等新方法尚不够成熟；缺乏专职党务宣传工作队伍，访谈中个别支部反映，党支部做了大量富有成效的工作，但宣传工作较为滞后。

最后，教师党支部团结凝聚党员群众及解决实际困难的能力不足。一方面，群众动员能力有待加强。访谈反映，教师党支部在团结发动群众这方面仍有欠缺，容易造成"独木难支"的"唱独角"局面。另一方面，解决教师教学科研等实际问题方面尚有进步空间。问卷调查显示，教师党支部在搭建交流平台、及时了解听取回应师生意见和诉求，解决教师教学科研等实际问题、增强归属感获得感方面，党员群众的认可程度相对较低。教师党支部组织生活制度中，谈心谈话制度的落实率相对较低。谈心谈话制度是密切党员联系、增强支部建设、体现组织关怀的重要途径，落实率较低直接反映了党支部对党员群众的关心关怀有限。

（四）教师党支部"唱主角"外部条件不够充分，激励保障机制有待健全

一是上级党组织对教师党支部的顶层制度设计有待完善。教师党支部"唱主角"作用发挥有赖于上级党组织的指导支持，通过顶层制度设计在明确功能定位、提供资源保障等方面为教师党支部在基层工作中"唱主角"保驾护航。访谈发现，上级党组织与教师党支部的互动大多停留在任务派发与政策通知层面，在制度层面对教师党支部的实际支撑仍有较大改进空间，被访者建议"要发挥基层党委和专职组织员的作用，不要把很多任务都直接派到支部书记头上"。

二是教师党支部书记的保障机制有待健全。教师党支部书记在干部人事、提职晋级、津贴待遇、评奖评优等方面尚未形成专门且有效的制度体系，党支部书记在工作中存在付出与收获不平衡的问题，工作的获得感及成就感不足。访谈反映，"希望能将支部书记的工作量明确，落实工作量与支部书记的业务挂钩，这样才能可持续发展"。

三是对教师党支部委员的激励措施较为缺乏。支委班子的活力及对党支部书记的支撑作用有待被激发。这导致支部书记工作任务重、时间长、耗费精力多，影响"主角"作用发挥。访谈反映，部分学校或院系对兼职党务工作人员津贴没有兑现，对支委的培训、津贴等方面保障措施落实不够到位。

三、 高校教师党支部在基层工作中"唱主角"的作用发挥路径

高校教师党支部要在基层工作中发挥"唱主角"作用需要"双轮驱动"：一方面需要党支部自身树立主角意识、苦练唱功，另一方面还需要上级党组织尤其是院系级党组织为党支部"唱主角"搭建平台、提供保障。要通过育"领唱"、强"唱功"、搭"舞台"等重点举措，着力把教师党支部书记队伍建设成为党建和业务双融合、双促进的中坚骨干力量，把教师党支部建设成为促进新时代高校事业发展的坚强战斗堡垒。

（一）强化"主角意识"，牢固树立一切工作到支部的鲜明导向

让教师党支部在高校基层工作中"唱主角"，要树立"主角意识"，找准党支部的功能定位。

1. 增强价值认同，牢固树立一切工作到支部的鲜明导向

《中国共产党支部工作条例（试行）》为全面加强教师党支部建设提供了基本遵循，为教师党支部唱好主角提供了制度依据。各级党组织要认真学习并遵照执行《条例》要求，牢固树立党的一切工作到支部的鲜明导向；把党支部建设作为最重要的基本建设，明确教师党支部在基层工作中"唱主角"的功能定位；院系级党组织会议每年至少专题研究一次教师党支部建设工作；院系级党组织书记及委员定点联系教师党支部，落实"双重组织生活"制度，经常性参与并指导支部建设；院系级党组织定期召开教工党支部书记例会，及时传达党的路线方针政策和决策部署。

2. 强化主角意识，找准教师党支部的功能定位

首先，教师党支部书记要树立主角意识，在实践中找准教师党支部的功能定位。访谈中，教师党支部书记普遍认可教师党支部应该在基层工作"唱主角"，认为教师党支部是党在高校的战斗堡垒，是党的全部工作和战斗力的基础。部分教师党支部书记提出，党建和业务要各有侧重、互为补充、深度融合，党支部该站位的时候不能缺位，该辅助的时候要提供辅助支持，不是所有场合都一定要绝对"唱主角"。其次，广大教师党员要有主人翁意识，担当教师党支部"唱主角"的主力。高校教师肩负着教书育人的神圣使命，立德树人和思想政治工作是高校的根本任务和生命线，教师党员要正确认识党建和业务的关系，努力成为"四有好老师""四个引路人"和"四个相统一"的表率，成为教师党支部在基层工作中"唱主角"的骨干力量。

（二）育"领唱"，通过"双带头人"培育促进党建与业务深度融合

1. 建设"主角阵地"，完善党建和业务的融合机制

一是探索成立"双带头人"教师党支部书记工作室。通过组织领导、"双带头人"培育、激励保障等举措，探索"双带头人"教师党支部书记工作室建设的长效机制；为"双带头人"引领带动教师党员投身学科建设、教学科研、社会服务等基层工作，为推动教师党支部发挥"唱主角"作用提供有力支撑，培育有成效、有特色的党建工作品牌。二是建立党建与业务工作的常态化沟通机制。一方面，教师党支部书记要主动积极与系主任等行政领导沟通，发挥党建对业务的引领支持作用；另一方面，要发挥党政联席会的作用，促进党建和业务真正深度融合。三是探索行政或业务领导兼任教师党支部书记模式。访谈中，部分教师党支部书记建议由行政领导来担任教师党支部书记。

2. 多措并举,构建和完善"双带头人"教师党支部书记培育机制

推动实现教师党支部书记"双带头人"全覆盖。加强"双带头人"教育培训,保障"双带头人"参加党支部书记轮训、党委理论中心组学习等各级各类培训。落实"双带头人"政治、经济、个人发展等方面的激励保障。政治上,保障教师党支部书记列席院系党委会扩大会议、党政联席会议,保障其参与学院、系所重要事项讨论决策,在人才引进、教育教学、科研管理等重大事项中发挥政治把关作用;经济上,保障教师党支部书记及支委享受津贴补贴待遇,将工作量计入课时费按月发放,并考虑将党建工作量纳入业务工作量;个人发展上,打通教师党支部书记专项晋升发展通道,对于学术相对较弱的"双带头人",要着重在课题申请、论文发表、科研团队组建等业务发展方面提供全方位的支撑,提升其学术影响力;生活上,通过定期调研走访,关心教师党支部书记的实际需求并帮助解决实际困难。

3. 选优配强支部班子,搭建党支部书记及支委双向提升平台

一是选优配强教师党支部班子。把热爱党务工作、教学科研能力突出的青年骨干教师党员选配为党支部委员;优化班子结构,综合考虑政治能力、专业素养、年龄层次等因素,部分教师党支部将专业教师及专职党建或行政人员同时纳入支委班子,以便在基层工作中发挥"唱主角"作用。二是加强支委及后备力量教育培训,激发支部班子活力。为支委提供津贴及培训教育机会,有意识地培养后备力量;切实按照职责分工发挥支委的支持作用,让教师党支部书记从基础性、常规性、事务性的工作中分出身来,更好地从宏观上思考做好支部建设的目标设定、实现路径和行动规划。三是畅通发展通道,支持支部班子全面发展。在职称评定、职务晋升、评优评先等方面优先考虑党支部书记及支委;支持鼓励其担任相应的行政或学术职务;推荐教师党支部书记及支委赴校内外挂职锻炼,提升综合能力,更好地促进党建和业务深度融合。

(三) 强"唱功",以提升组织力为重点加强教师党支部建设

1. 苦练内功,加强教师党支部标准化、规范化建设

一是优化教师党支部设置。要按照结构合理、规模适当、便于开展工作、便于发挥作用的要求,创新和完善教师党支部的设置方式,提升党支部与业务机构的匹配度,确保"支部建在连上";探索依托交叉学科平台、中外合作办学机构等创新党支部设置,设

立师生联合党支部;在教师党员超过 30 人的教师党支部设置党小组,推动教师党支部和党的工作全面覆盖。

二是严格规范教师党支部组织生活制度。每学期初下发组织生活安排要点,制定教师党支部工作计划及主题党日和组织生活设计方案,做到党支部活动年度有计划、季度有安排、每月有主题;建立主题党日和组织生活观摩交流常态化机制,组织开展支部间、院系间党建经验交流;院系级党组织书记、委员深入教师党支部,指导督促规范开展"三会一课",开展形式多样、内容丰富的组织生活;认真落实谈心谈话制度,党支部委员之间、党支部委员和党员之间、党员和党员之间,每年谈心谈话不少于 1 次;编制教师党支部工作手册,规范党支部工作记录本的填写等。

三是落实落细年度党支部书记抓党建述职评议制度。每年开展教师党支部书记抓党建工作述职评议考核,以"七个有力"为党支部考核评价标准,突出党建和业务工作双促进、共发展,对教师党支部书记工作及支部建设情况进行严格考核评议,将党支部建设落到实处。强化考核结果运用,将考核结果作为评先评优、干部选拔的重要依据。对评议结果好的教师党支部书记进行表彰激励,对评议结果差的进行约谈教育。

四是推动党建工作创新创优。通过开展经验交流、案例展示等方式,发挥样板支部和示范党支部"样板田""示范区"的辐射带动效应;对标全国党建工作样板支部要求,加强教师党支部建设,全面提升教师党支部的组织力;积极宣传教师党支部"唱主角"的实践经验,培育有特色、有实效的党建工作品牌。

2. 引领合唱,团结凝聚师生党员群众做好基层工作

一是发挥"双带头人"的头雁效应及党员先锋模范作用。设立党员先锋岗,教育引导"双带头人"及教师党员主动亮明身份,在日常教学科研学习生活中立先进标尺、树先锋形象,服务学部改革发展大局。重视在学术骨干、学科带头人、拔尖领军人才和优秀留学归国人员中发展党员,院系级党组织书记、委员、教师党支部书记定期与他们谈心谈话、沟通交流,增强教师党支部的吸引力和号召力。团结凝聚教学科研能力突出的党员群众积极投身学科建设、教学科研工作,真正做到党建与业务的同向发力、双向提升,真正让教师党支部在高校基层工作中"唱主角"。

二是提升关怀帮扶党员群众及解决实际问题的能力。搭建交流平台,定期开展调

研及谈心谈话,及时听取并收集广大师生党员群众的意见和诉求,积极与业务部门、职能部门进行沟通协调,帮助解决教学科研中的实际问题。健全党员群众关怀帮扶机制,在七一、元旦、春节等重要时间节点走访慰问困难党员群众,真心实意关爱,为党员群众排忧解难,如疫情期间,部分教师党支部为在海外访学的教师采购、邮寄防疫物资并帮助办理延期回国手续。完善评优表彰机制,对党建、业务方面表现优秀的党员群众进行奖励,并提供向上发展的渠道和机会,充分调动其参与基层工作、干事创业的积极性。党建引领团建,发挥工会、妇委会、团委等群体组织力量,为党员群众提供学习教育、文体活动、健康咨询、心理慰藉等服务,增强教师党员群众的归属感和获得感,团结凝聚党员群众共同唱好"主旋律"。

(四)"搭舞台",为教师党支部"唱主角"提供支持保障

让教师党支部在高校基层工作中唱主角,要积极搭建"舞台",充分发挥教师党支部主体作用。

1. 加强顶层设计,为"唱主角"提供制度保障

构建与学校多个职能部门如组织部、宣传部、教师工作部等多部门协同合作、齐抓共管的工作机制,在经费保障、提职晋级、津贴待遇、评奖评优方面为教师党支部建立系统有效的制度体系,并探索将教师党支部书记培育纳入学校储备人才培训、考核体系。完善并落实奖惩考核制度,对工作实绩突出的先进党支部、优秀党员及党务工作者进行表彰奖励,对党员先锋模范作用发挥不到位的支部及党员进行批评教育或监督处理。营造有利于教师党支部开展工作的政策环境、组织环境、思想环境,探索党建与业务工作有机融合的工作机制,保障教师党支部在高校基层工作中发挥"唱主角"作用。

2. 加大资源投入,为"唱主角"提供条件保障

提供经费保障,支持教师党支部创新探索。为教师党支部提供充裕的办公场地和会议场所,保障研讨、讲座、论坛等党建及业务活动顺利开展。完善党建工作队伍建设,发挥院系专职组织员作用,对教师党支部进行党务工作指导服务,帮助教师党支部完善工作目标、任务、措施。搭建教师党支部之间的校内外交流合作平台,举办教师党支部建设学习交流会,提供学习提升机会。牵线搭桥,鼓励引领教师党支部发挥专业优势融入区域化党建格局,在联建共建中提升党建工作水平,服务地方经济社会发展。

设立党建研究课题,调动党建专家力量,支持教师党支部不断提炼理论成果和实践经验。注重以点带面,依托校内外宣传平台,利用多种交流展示方式,及时将教师党支部"唱主角"的优秀经验辐射推广。

(华东师范大学课题组　岳　华　张艳虹　王　莹　吴剑飞　王　旭)

高校学生党支部引领育人工作的基本依据

党的十八大以来,以习近平同志为核心的党中央高度重视党支部建设,提出一系列新思想新要求,要求把全面从严治党落实到每个党支部。在全国高校思想政治工作会议上,习近平总书记指出:"要加强高校党的基层组织建设,创新体制机制,改进工作方式,提高党的基层组织做思想政治工作能力。"2018 年,中共中央印发《中国共产党支部工作条例(试行)》,作为一部关于党支部工作的基础主干法规,为全面加强新时代党支部建设提供了准则。为了深入学习贯彻习近平新时代中国特色社会主义思想和党的十九大以及十九届二中、三中、四中和五中全会精神,让党支部在基层工作中"唱主角",本课题从高校学生党建的视角出发,通过探索学生党支部在育人工作、人才培养工作中价值引领功能的工作实践,探究高校学生党支部在基层工作中"唱主角"的内涵,以及学生党支部如何"唱主角"等问题,以期为提升党支部组织力,突出强化党支部政治功能,充分发挥党支部战斗堡垒作用以及加强高校学生党建工作提供理论和实践上的参考。

一、 学生党支部在基层工作中"唱主角"的内涵及必要性

党的基层组织是落实党的路线方针政策和各项工作任务的战斗堡垒,是党开展各项工作的基础。在党成长的不同时期,基层党组织都发挥了重要的作用,我党也非常重视基层党组织建设。学生党支部是高校学生基层党建工作的有效载体,承担着落实党关于教育路线、方针、政策的重任,是高等教育培养合格人才的重要政治保证。从高校学生党建工作实践发现,学生党支部无论是在班级建设还是学风建设中都应当发挥战斗堡垒作用。在评判一个班级是否具有凝聚力、是否具有良好的学风班风时,党支部建设及其工作实效乃是重要的考察指标。学生党员和班级其他同学在知识储备等方面处于相当水平,但在政治品质、思想道德方面更为成熟。立德树人是教育的根本

目的,学生党支部便是落实立德树人根本目的的重要一环。因此,党支部的"主角"地位本质上是通过发挥党支部的政治功能,发挥党支部的政治引领作用,围绕立德树人根本任务实现对青年学生的价值引领功能。可见,学生党支部在育人工作和人才培养过程中的政治引领和价值引领是学生党支部在基层工作中"唱主角"的主要内涵。

榜样的力量是无穷的,一个好的榜样可以感召和带动一群人。根据《中国共产党章程》,只有"年满十八岁的中国工人、农民、军人、知识分子和其他社会阶层的先进分子……"才能申请入党,可见只有先进分子才具有申请入党的资格。而要成为一名合格的中共党员,还需要接受党组织的严格考验。青年是祖国的未来、民族的希望,而青年共产党员更应是其中的优秀分子。青年中的学生党员,都是经过党组织严格考验而吸收进党组织的,党员的身份本身就意味着其与普通群众在道德品质和纪律要求上更高,也意味着这个群体在政治素质和专业学习方面一般都是班级其他同学的学习榜样,这是其发挥价值引领功能的前提。

"先进"不仅是党员自身的品质,还应当体现在发挥引领带头作用方面。当今世界处于百年未有之大变局之中,国内外形势空前复杂,意识形态领域呈现多元化趋势,特别是信息网络的发达,青年学生对各种思潮的接触都更为便捷。青年学生是社会上最有活力和创造性的群体,但往往由于涉世未深,缺乏理性判断,难以对接收的信息进行有效甄别,容易被一些思潮误导,进而导致思想上的迷茫。高校是青年学生主要的聚集地,高校的主要任务在于立德育人,不仅涉及知识的传授,还有青年学生人格的培养,也是青年学生世界观、人生观和价值观形成的关键阶段,因此,高校如何健全育人机制,如何发挥育人功能,如何在人才培养中注重价值引领,是高校在新时期应当考虑的重要课题。在当前高校的育人工作中,强调"三全育人"工作机制,而党支部建设与思政育人工作的目标都在于立德树人,培养社会主义现代化的建设者和接班人,因此学生党支部在育人工作中承担的价值引领作用应当受到重视。

另外,十八大以来党员发展工作更为规范和严格,高校学生党员发展工作质量提升的同时,存在一定程度上数量较少的情况,部分班级学生党员人数不足以成立党支部,直接影响到学生党支部在班级工作中的政治核心功能的发挥。如何加强学生党支部建设,通过学生党支部的建设和卓有成效的党支部工作,吸引更多的优秀学生尽早加入到党组织中来,便是时代赋予学生党支部的新使命,也是党支部在基层工作中发挥"主角"作用的应有之义。

二、 学生党支部在基层工作中"唱主角"的现状分析

为了深入基层,了解高校学生对党支部建设现状的看法和评价,探索高校党支部建设的模式,加强学生党支部建设,本课题组以高校学生为调研对象,以问卷方式对党支部在基层工作中"唱主角"的实践进行了调查研究。

(一) 调查对象及方法

调查采用了问卷调查法,除了对受访者本身身份的调查外,问卷囊括了受访对象所在党支部的组织生活的开展情况、看法与评价、作用与意义等方面。调查对象为上海外国语大学各院系党支部成员,回收有效问卷共计 430 份。由于学校男女比例的客观因素,受访人员中女性占比较大,占总受访人数的 85.58%。

调研以党支部为单位进行,受访人员均为所在党支部成员,包含中国共产党正式党员和预备党员,其中,正式党员占据绝大多数,共计 389 人,占比超过 90%。超过一半的受访者党龄在 2 到 3 年之间;而党龄在 4 到 5 年的,以及党龄超过 6 年的,分别占总受访人数的 15.81% 和 12.56%;另有 18.6% 的受访对象党龄在一年以内。由上可知,参与本次调查的党员同学呈年轻化,入党的时间不长,但这并不影响他们积极组织或参加党支部活动。同时,年轻人思维活跃、文化背景多元的特点,更能给党支部注入新活力。参与调查的人员当中,绝大多数(78.37%)不在党支部委员会中担任职务。因此,绝大多数受调查人员不是党支部活动的主要策划、开展者,能够对党支部的工作有一个较为客观的评价,保证了本次调研的客观性、真实性。

(二) 党支部在基层工作中的作用分析

问卷调查了受访人员对"三会一课"这一概念的了解,"三会一课"即党员大会、支委会、党小组会以及党课。在调研中,只有 26.74% 的受调查人错选了党代会这一选项。说明受访的党员同学对党的组织生活形势了解得较为不错,证明了党支部将党的组织生活落到了实处,也体现了党支部在这一过程中发挥的宣传教育作用。

党的组织生活,是加强对党员的教育、管理和监督,是促进党员学习,提高党员素质,促使党员更好地发挥先锋模范作用的重要措施;是维护党员队伍纯洁性,保持党的

先进性和战斗力的重要手段。在受访人群中,有超过 85％的受访人能够按时参加党支部组织生活,而党支部开展组织生活的频率一般为每一个月一次或以上。由此可见,党支部组织生活具有参与度广泛、开展频率高的特点,是党的生活的重要组成部分。

(三) 党支部开展党的组织生活情况分析与评价

党的组织生活,就其形式来讲,则应力求生动多样、富有实效。由于组织生活的内容随时代不断地变化,其形式也应该不断地创新,使党的组织生活从传统形式逐步向多样化、现代化发展。对于组织生活的开展形式,30.93％的受访人员认为集体理论学习是其印象最深刻的开展方式。通过集体学习,党员能够在汲取理论知识的同时,充分交流思想,有效提高党员党性修养。55.12％的受访人员则认为印象最深刻的是外出考察学习。把党内组织生活搬到熟悉的校园之外,到社会实践第一线去感受,到先进基层组织去体验,让党员有对比、有感悟、有目标、有行动。就其内容来看,党支部开展的组织生活必须具有政治性、思想性、原则性和针对性。从调研结果来看,受访者对于党支部所开展的活动评价良好,对所在党支部发挥战斗堡垒作用状况有着较高的认可度。

通过调研发现,受访人员普遍认为党支部的组织生活内容有必要与党员专业学习或教学工作相结合。党的组织生活应当突出政治学习和教育,突出党性锻炼,但同时也要贴近党员成长需要,关注思想实际。在结合党员思想和工作实际的情况下,主题创新,方式新颖,做到形式多样。党的基层组织应适应新形势、新任务要求,创新内容方式,在开展活动上多做思考,积极扩大党员的参与面,以提高党组织的凝聚力、战斗力。

近年来,高校基层党组织建设取得了长足发展,但也必须清醒地看到,随着经济社会深刻变革,高校学生党员的需求存在多元化趋势,这也对基层党组织、党员队伍建设和工作机制等方面提出了新的要求。当下,党支部发挥作用主要受党支部的制度、支委会成员的投入、党员的思想觉悟、组织生活的吸引力这些因素的影响。经过调研发现,受访人员认为影响最大的因素是组织生活的吸引力。新时代的高校学生党员是较为活跃的群体,他们思维明锐,乐于接受新事物。如果党组织生活长期重复单调的活动,会对大家的积极性和创造性产生较大影响,降低参与组织生活的热情。因此,只有创新党组织生活方式,丰富党组织生活内涵,才能有效提高党组织生活的吸引力。

除此之外,将党员年龄与党支部职务两个问题的答案进行交叉分析可得知:具有4—5年党龄的党员仅占总比例的15.81%,而担任党支部职务的比例则分别占党支部职务总人数比例的23.33%与19.05%;而占18.6%比例的一年以下党员选择担任党支部职务比例人次则仅仅为3.33%与11.11%。由此可知,党龄越长,担任职务的概率就越大,主动承担责任的积极性、自觉性越高,党组织对党员的吸引力会随着接受党性锻炼的时间的增加而增加。

而将党支部职务与出席党员活动两个问题做交叉分析可知:即党支部书记(含副书记)出席率为100%,党支部委员为90.48%,一般同志为83.68%。由此可知,担任党支部职务越重要,出席活动的主动性越高,所具备的担当意识和责任感也越强。

最后,在对于党支部在基层工作中发挥战斗堡垒作用的建议上,绝大多数回答认为应进一步提高活动的多样性与实践性,进一步提高组织生活的吸引力,这与第八题中大多数人认为"印象最深的组织活动"为外出考察相印证。

综上所述,学生党员参与组织生活的积极性与政治觉悟普遍较高,其中担任党支部职务以及具有较长党龄的党员具有更高的主动性与责任感,证明相关党支部的组织工作与战斗堡垒作用发挥明显。同时,加强组织生活的多样性与实践性也同样值得重视。

三、 学生党支部在育人工作中"唱主角"的实践

为了对学生党支部在育人工作和人才培养环节中的"主角"作用进行具象考察,本部分以上外法学院法律硕士第一党支部(以下简称"上外法硕党支部")在育人工作中发挥价值引领功能的实践为样本,以期对学生党支部在基层工作中"唱主角"的实践进行个案研究。上外法硕党支部依托的班级为多语种法律硕士班,班级学生本科阶段所学习外语语种共达十余个。该党支部自设立以来,结合党支部的特色和党建工作要求,注重发扬"多语种 + 法律"的优势,依托"多语种 + 党建"模式,挖掘"多语种 + 法律 + 思政育人工作"的共同元素,以期在提升党员思想政治素养的同时,增强专业能力和外语技能。通过长期不断地实践与创新,该党支部探索出了符合多语种法律硕士党支部实际的工作机制,在人才培养环节的价值引领作用得到较好的发挥,该党支部目前正在参与教育部"全国党建工作样板党支部"的创建。

(一) 强化党支部组织建设,筑牢党支部工作基础

组织建设是发挥党支部功能的关键,党支部的组织建设要通过优化党支部管理模式、强配配强党支部书记,为党支部开展工作、发挥党支部的战斗堡垒作用打下扎实的基础。上外法硕党支部依据育人工作实际,在学院党总支的指导下成立,由党总支副书记和辅导员指导,党支部组织体系健全,运行规范。从调研的结果看,党支部书记在党支部基层工作中发挥着关键作用,党支部书记是否得力,决定着党支部的战斗力。对党支部的人选,不仅要考察其政治素养、工作的积极性,还要重点关注其工作思路及能力。因此,学院党总支以强配、配强为原则,提名支委会中更具领导力的同学担任党支部书记。党支部严格细节管理,充分发挥制度的规范约束作用。无论是党支部日常活动的组织、党费的收缴,还是对于党员的考察、发展,都强调规范化运行,力求将党员生活中的各项工作纳入规范化轨道。党支部根据党员发展工作实际,先后制定并修订了《法学院法律硕士第一党支部学生党员发展实施办法》与《法学院法律硕士第一党支部党员发展评分细则》,使党员发展工作更加规范。此外,党支部建立并强化了党支部监督员制度,定期对积极分子和发展对象进行谈话考察。党员发展坚持标准、严格程序,增强了党组织建设的严肃性。通过党支部建设,为发挥党支部的政治功能奠定了坚实的基础。

(二) 优化党支部工作机制,创新思政育人思路

新时期学生党支部工作面临着新任务和新问题,上外法硕党支部坚持问题导向和目标导向,在建立健全党支部各项工作机制的基础上,通过优化工作机制,强化党支部建设,增强党支部的战斗堡垒作用,发挥党员的先锋模范作用。党支部积极参与班级、年级、学生组织管理工作,通过党员承担具体的组织工作,引领优良班风学风校风建设,推进社会主义核心价值观培育与践行。党支部发挥"多语种＋法律"的专业特色优势,把专业学习与党建工作结合起来,形成了"多语种＋法律＋党建"的思政育人工作模式。一方面把党支部工作与学科专业相联系,利用党支部成员多语种的优势与特色,探索与多语种法律硕士人才培养模式相对应的组织生活形式,从多语种角度学习党的理论文件、探讨时政热点问题常态化,创新多语种背景下学生党支部建设的新模式,增强党支部工作的实效性,这也是党支部工作联系实践、党员联系群众的重要体

现;另一方面则发挥多语种特长,放眼看世界,开展中外对比,形成系统性分析问题的思维模式。特别是在本次疫情的防控方面,党支部党员通过发挥语言优势,了解和分享全球抗疫形势,经过中外防疫政策制度的对比,进一步坚定了"四个自信"。此外,不断丰富教工党支部以及其他学生党总支联动共建内涵,建立形式多样的党员交流平台,组织师生党支部共同举办习近平新时代中国特色社会主义思想学习专题组织生活会,共同学习贯彻习近平新时代中国特色社会主义思想以及党的最新理论成果,用习近平新时代中国特色社会主义思想武装党员头脑、指导实践、推动工作,教育党员牢固树立"四个意识"、坚定"四个自信"、做到"两个维护",突出党支部的政治功能。另外,组织师生党员从多语种角度共同研读党的经典文献、建立和完善师生党员谈心谈话制度、实现学生党员亮身份工作常态化等。"多语种＋法律＋党建"也是涉外法治人才思想政治教育模式的新探索,这不仅解决了组织生活形式单一、与学生党员专业脱钩的问题,也创新了思政育人的思路,在党员政治修养提升的同时,锤炼了党员们的多语种技能,提高了法律素养,为法律人争做时代先锋提供了新动力,同时也回应了新时代国家战略对德才兼备的涉外法治人才培养的新要求。

(三) 加强宣传平台建设,扩大党支部引领成效

党支部担负着直接教育党员、管理党员、监督党员和组织群众、宣传群众、凝聚群众、服务群众的职责。党支部的工作情况只有通过宣传才能被其他同学了解和支持,党支部的宣传工作不仅可以增强党员同志的凝聚力,而且还可以发挥党支部的辐射作用,增强党建工作的向心力,起到组织群众、宣传群众、凝聚群众、服务群众的作用,吸引更多的优秀青年向党组织靠拢。上外法硕党支部非常注重有针对性的宣传工作,能够较好地利用宣传平台,加强对党支部工作的宣传。在平台建设方面,主要依托"上外法硕""上外法学院""法意视线"等学院官方微信公众号,及时推送党支部活动预告、党支部活动新闻稿等党支部工作动态。在宣传文稿的审核工作方面,党支部形成了宣传委员撰写新闻稿、学院党总支审核新闻稿、学院新媒体中心发布新闻稿的党支部宣传工作机制。在党支部宣传工作方面,始终把统一思想、凝聚力量作为宣传思想工作的中心环节,不仅重视宣传的频率,更加注重党支部宣传的水平和效果,学生党支部政治引领、价值引领青年的功能得到充分的发挥。

四、 优化学生党支部在基层工作中"唱主角"的路径

(一) 坚定思想引领,增强党支部"战斗力"

学生党支部应当坚持党的领导,加强思想建设,用习近平新时代中国特色社会主义思想武装青年学生和指导实践,认真贯彻落实党的路线方针政策,宣传执行上级党组织的决议,党支部党员应当始终在思想上政治上行动上同以习近平同志为核心的党中央保持高度一致,这是突出党支部政治功能的前提。党支部是密切联系上级党组织与党员群众的枢纽,既作为教育服务监督党员群众的先锋站,又作为传达执行上级党组织决策的最后一站。从调研的情况可以反映出,有的大学生党员存在理论功底不够扎实,政治素养比较薄弱,政治信仰比较模糊的问题,因此党支部的政治学习应当常态化。在政治理论学习过程中,要落实党支部书记讲党课制度,发挥支委会的引领作用,还要让党龄较长的党员联系新发展的党员。党支部应当不断增强政治意识,完善谈心谈话工作,及时掌握学生党员以及发展对象、入党积极分子的思想动态。通过参与班级活动的组织,以及举办开放式的主题党日活动,及时了解学生思想动态,为学生发展把好方向。强化政治担当,在日常学习、生活中对班级同学进行思想倾向上的正面引导。只有坚定学生党员的思想,提升学生党员党性修养,才能增强党支部的"战斗力",进而确保学生党支部价值引领作用的发挥。

(二) 夯实工作基础,发挥党支部"凝聚力"

完善党支部组织体系和制度建设,规范组织生活会,建立标准化党支部。首先应当配强党支部书记,研究生党支部可以让学生担任党支部书记,以发挥青年学生的能动性,增强党支部工作的活力。本科生党支部由辅导员担任党支部书记,可设置学生党支部副书记。其次,依据党组织的相关文件,制定学生党支部工作的规则,确保党支部各项工作规范化运作,落实全面从严治党,为班级工作树立榜样,起到引领班级建设的作用。另外,严格落实"三会一课"制度,坚持一个月一次的组织生活会,严格考勤制度。特别是在疫情期间,通过线上方式召开党员大会、支委会等,使组织生活不中断,党员管理和党员教育不间断。及时总结党支部工作经验,探索有效发挥党支部功能的

路径和方法,比如基于疫情期间线上组织生活会的实践可以探索组织生活线上线下同步进行,特别是存在出国出境交流学生党员的学生党支部,远程参与的方式可以确保出国出境党员学习不掉线、不掉队,提高党员教育的实效,提升党支部的凝聚力。

(三) 突出党支部特色,提升党支部"辐射力"

学生党支部的辐射力是党支部在育人工作中发挥价值引领作用的重要体现。党支部仅仅落实具体工作,很难提升党支部的吸引力和战斗力。党支部和党员的先进性就体现在党支部工作的特色中。从调研情况看,学生党员对组织生活与专业相结合有较高期望,而实践证明,党组织的活动与学生专业相结合不仅会提升党支部工作活力,也有助于吸引其他学生的参与,切实发挥党支部的引领作用。因此,学生党支部基于学生党员的专业特色和优势,应当有针对性地创新工作形式和理论学习方式。要不断丰富"三会一课"的内涵,主动探索党支部活动与专业特色相结合的工作模式,充实组织活动内容,创新组织生活形式。学生党支部应当关注时事动态,立足理论热点,精心选取内涵丰富的主题开展"主题党日"活动,让党员们的理论学习形式更加多元,避免组织生活形式单一化。比如法学院学生党支部可结合"宪法日"组织开展"学宪法、讲宪法"专题活动,不仅吸引学生党员参加,也可以鼓励其他非党员同学参与。此外,实现师生党支部联动共建机制常态化,比如建立和完善师生实地党课制度。实地党课是创新党课形式,增强党课实效的重要举措。根据党课的实际需要,可选取相应的革命历史纪念地和纪念展览等,组织党员事先到参访地实地集体备课,以特定主题出发,结合自身工作、学习实际以及职业规划,说体会、谈感想。不仅可以提高师生党员参加活动的积极性,也能够强化学习教育的效果。党支部工作有亮点,就会有吸引力,党支部工作就会有辐射力,党支部在育人工作中的政治引领和价值引领作用才能得到充分实现。

(上海外国语大学课题组　孙宇伟　孔凡洲　周　莉　韩　骏　王　亮)

激发高校学生党建工作活力的关键举措

以习近平总书记为核心的党中央非常重视党支部的建设,提出把全面从严治党落实到每个支部、每名党员的新思想新要求。为此,中共中央专门印发了我党历史上第一部关于党支部工作的基础性法规——《中国共产党支部工作条例(试行)》作为党支部工作的基本遵循,形成了全党上下齐心大抓基层党支部建设的良好态势。大学生党支部是高校最基层的党组织,与大学生联系最密切,对大学生影响最直接。大学生党支部"唱主角",便于构建党联系广大青年学生的重要桥梁,促进大学生党员在高校思想政治教育中发挥先锋模范作用,发挥大学生党员在大学生的思想、学习、工作和生活中的"引领"作用,彰显高校党建工作的活力。

一、 大学生党支部"唱主角"是由党支部的主要任务决定的

高校是我们党新党员的重要来源,据中组部发布的 2019 年党内统计公报,当年发展的 234.4 万名党员中,有 106.8 万名是学生,占发展总量的 45.6%。大学生入党热情高涨,大学生党员队伍不断壮大,在这一新形势下党支部"唱主角"有利于落实党支部的工作职责。中共中央颁布的《中国共产党支部工作条例(试行)》指出:"党支部是党的基础组织,是党组织开展工作的基本单元,是党在社会基层组织中的战斗堡垒,是党的全部工作和战斗力的基础,担负直接教育党员、管理党员、监督党员和组织群众、宣传群众、凝聚群众、服务群众的职责。"联系高校党建实际,大学生党支部所承担的主要任务决定了党支部"唱主角"的定位,如学习、宣传、执行党的路线、方针、政策和上级党组织的决议、决定,增强党支部的凝聚力、战斗力和创造力;加强对大学生党员的教育、管理、监督和服务,定期召开组织生活会,开展批评和自我批评;督促大学生党员切实履行党员义务,遵守党的纪律并带头学好专业知识;加强对大学生入党积极分子的

教育和培养,尤其在当前抗击新型冠状病毒疫情情况下着重加强对入党积极分子的入党动机、政治觉悟、学业状况和现实表现等方面的考察;按照标准和程序发展大学生党员,落实"成熟一个发展一个"的原则,逐步扩大大学生党员队伍;经常了解大学生党员的思想状况,积极听取党员和党外群众的意见和建议,联系大学生的实际,开展有针对性的大学生思想政治教育工作。

党支部是党在高校全部工作的基础,其战斗堡垒的作用发挥关系到高校立德树人根本任务的落实。充分发挥基层党组织的作用,使基层党组织成为高校师生最贴心、最信赖的组织依靠,成为学校教书育人的坚强战斗堡垒。党支部"唱主角"有益于加强基层党组织建设,增强党组织的活力,使上级党组织的各项任务落到实处。

二、 大学生党支部"唱主角"问卷调查及访谈分析

课题组在上海立信会计金融学院、上海第二工业大学、同济大学和上海大学等4所高校对386名党员师生和入党积极分子进行了问卷调查和访谈,从中了解到,绝大多数师生了解大学生党支部在基层工作中"唱主角"的重要性:有98.9%的人认为这是深化高校党建工作的关键、是促进党组织制度建设的重要环节、是凝聚并增强党组织战斗力的基石、是抓好典型示范的必要途径。

在"您对大学生党支部的角色定位如何理解"的多项选择中,有92.2%的人选积极引领大学生的思想政治方向、85.82%的人选努力建设大学生党员队伍,有81.56%的人选扎实推进班级建设、84.4%的人选充分发挥大学生党员的表率作用,说明绝大多数师生了解大学生党支部的工作重心和任务,并认可身边的大学生党员的政治觉悟。

在"大学生党支部'唱主角'的作用在哪些方面得到体现"的多项选择中,选发挥大学生党支部的引领教育作用占89.36%;选完善大学生党支部的制度建设占82.98%;选有效开展大学生党支部的活动占83.69%;选发挥大学生党员先锋模范和朋辈示范作用的占80.14%。问卷结果充分说明广大师生对大学生党支部"唱主角"的作用在高校党建工作中的体现方式比较了解。

在"您认为大学生党支部与要求入党学生的沟通方式"的多项选择中,87.94%选面谈、80.14%选网络、51.77%选电话、34.75%选纸质书信。在通讯发达的微时代,师生们普遍选择面谈而没有选择网络或电话来沟通思想,这说明网络和电话虽然方便快

捷,但面对面的交流比网络和电话交流更能说得清楚,更容易产生情感的交流。语言是带有语调更带有温度的,有温度的语言学生更能接受,也更易被感动。

三、 高校党建工作的活力来自基层党支部"唱主角"

大学生党支部是党在高校的基层组织,担负着直接对大学生党员的教育、管理、监督和组织、宣传、凝聚、服务群众的职责。习近平在十九大报告中强调"以提升组织力为重点,突出政治功能,把各领域基层党组织建设成宣传党的主张、贯彻党的决定、领导基层治理、团结动员群众、推动改革发展的坚强战斗堡垒。"

(一) 大学生党支部"唱主角"有利于深化高校党建工作

党的十九大报告明确提出新时代党的建设目标是"不断提高党的建设质量,把党建设成为始终走在时代前列、人民衷心拥护、勇于自我革命、经得起各种风浪考验、朝气蓬勃的马克思主义执政党。"大学生是高校中最大的群体,大学生党支部是高校党与群众密切联系的最前沿组织,是贯彻落实党的路线方针政策的宣传员和组织者,也是党的路线方针政策的执行人和实践者,更是党的力量的源泉和战斗力的重要基础。

大学生党支部"唱主角",就是要充分发挥大学生党员在高校思想政治工作中的引领作用,尤其在抗击新冠疫情的当下,让大学生党员在基层中心工作中发挥先锋模范作用,树立起大学生党员的良好形象,传播正能量,影响并团结广大同学共同进步,以增强党组织的凝聚力和战斗力。

大学生党支部"唱主角",就是要联系广大学生,把大学生团结在党组织的周围,发挥大学生党支部的战斗力。按照新时期党章要求,大学生党支部有责任联系和宣传、组织和团结、影响和带动广大学生,有义务把党的各项路线方针政策落实到每个班级、每一位大学生。在大学生中贯彻落实学校党委的各项决策,使大学生党支部在深化高校党建工作中发挥应有的作用。

大学生党支部"唱主角",就是要坚持高校党委、院(系)党组织、党支部三级联动,充分发挥好高校党委的领导核心作用,发挥好院(系)党组织的政治核心作用,发挥好党支部的战斗堡垒作用,提升学生党支部组织力,凝聚广大学生坚定理想信念,刻苦钻研学业。

（二）大学生党支部"唱主角"有利于促进高校党的制度建设

通过全党开展"不忘初心、牢记使命"主题教育活动,更加凸显了中国共产党人的良好形象都是建立在注重制度的建设和有效执行上的。党支部是党组织基层工作的实施者,党支部"唱主角"有利于促进全体党员按照党规党纪规范自己的言行,对树立党在群众中的良好形象和发挥宣传群众引领群众具有重要作用。

在大学生党支部的工作中,要运用好制度的规范性、导向性、激励性和整合性功能。对党员的教育和管理、发展和转正、入党积极分子的培养和考核制度能否落实到位;"三会一课"制度是否贯彻实施;党的理论学习形式是否需要改进;党支部工作实效是否有待提高和完善等都会直接关系到党支部工作的正常运行,关系到高校党建工作的长远发展。由此可见,大学生党支部是党组织相应制度能否落实与践行的重要环节,让大学生党支部"唱主角",化被动工作为主动作为,能有效促进党组织制度的实施,使制度在基层党支部发挥应有的作用。

（三）大学生党支部"唱主角"有利于增强高校党组织的力量

党组织的力量来自基层党支部,党支部"唱主角"增强了党组织的力量。大学生党支部既是高校党的基层组织又是前沿阵地,能够最有效地凝聚和动员大学生党员,能够最广泛地引领和推动班级的建设与发展,能够最密切地联系和团结广大普通学生,发挥着战斗堡垒的重要作用。大学生党支部在思想上和组织上形成高度统一的有机整体,是联系学校各级党组织、党员以及群众的重要基石。通过大学生党支部"唱主角"进而有效贯彻执行党的路线、方针和政策,能够增强党组织的战斗力。尤其是面对重大和突发公共事件（如新冠肺炎疫情）时,大学生党支部勇当主角唱好主角,充分发挥应有作用,具有维护高校稳定、促进社会和谐发展等重要作用。

学生党支部要充分利用已有的组织和工作基础,落实高校立德树人的根本任务。一要遵循思想政治教育规律、学生成长规律,加强大学生党支部建设,让高校党建融入学生的课堂学习、课外实践和科学研究的全过程,让学生时刻感受到党组织的存在和温暖。二要拓展党建覆盖领域,在坚持按年级或班级设置学生党支部的基础上,按照学科相近、活动相邻和有利于发挥党支部作用的原则,探索按照"教学＋支部""项目＋支部"等设置模式,推动党的组织有效嵌入基层组织,发挥党支部在教学、科研中的思想引领作用。

(四) 大学生党支部"唱主角"有利于发挥典型示范的作用

新媒体时代,网络发展异常迅速,虚假信息无孔不入,侵袭着大众的传统意识形态,在增加了高校党组织工作难度的同时,也在一定程度上削弱了高校思想政治教育的效果,使有的大学生的价值观念发生变化甚至扭曲。一个党支部就是一面旗帜,通过大学生党支部"唱主角",加强与完善应对工作,发挥先进典型对大学生的价值观的示范引领作用,能够营造积极良好的宣传和学习的氛围,甚至能够起到引领社会思潮的作用。

大学生党支部"唱主角"就是要建立学生党支部与团支部、班级协同引领机制,推动团支部和班级的建设与发展。以学生党支部为核心,发挥大学生党员典型示范作用,将党支部的政治优势、思想优势、组织优势转化为学生管理、服务和思想政治教育的工作优势。切实发挥党建带团建、党建促班建的主要作用,着力将组织建设和教育引领结合起来,达到课堂内外、线上线下同频共振,承担起大学生思想理论教育和价值引领的重要职责。

四、大学生党支部"唱主角"面临的新挑战

党的十九大以来,在高校党委领导下大学生党支部战斗堡垒基础得到进一步夯实,工作覆盖面得到了进一步延伸和巩固。更多的优秀大学生积极要求加入党组织,高校学生党建工作不断规范化、制度化、程序化,大学生党支部建设取得了明显的成绩,积累了有益的经验。总体上学生党支部建设成效显著,呈现出欣欣向荣的局面。但随着互联网的产生和手机的普及使信息获取的途径由单一单向流动向开放互动的转变,出现了一些新情况、新挑战。

(一) 大学生价值取向多元化使大学生党支部"唱主角"增加了难度

大学生价值取向的多元化引起了入党动机的多元化。当今,东西方交流日益广泛深入,一些拜金主义、享乐主义、功利主义、实用主义思想蔓延,使有的大学生价值取向日趋多元化,注重个人利益、强调个人得失,使得入党动机也出现了多元化趋势。给高校大学生党建工作带来挑战,影响了大学生党支部"唱主角"的实效性。

（二）网络的飞速发展使大学生党支部"唱主角"受到了影响

互联网作为划时代的工具，推动我们进入全媒体时代，网络的飞速发展使信息可以瞬间实现传递、转换及扩散，但同时也增加了信息的不确定性，引发了信息泛滥、垃圾信息、网络安全和网络犯罪等问题。网络新媒体成为大学生获取新知识、新思想和新信息的重要途径，深刻改变了大学生的学习方式、生活习惯和思维模式。随手可得的良莠不齐的海量信息使大学生的理想信念受到冲击，使传统党建模式地位弱化，给大学生党支部引领大学生思想政治教育带来严峻的挑战。

（三）支部自身建设不适应新形势使大学生党支部"唱主角"受到了制约

随着当前世情、国情、党情发生的深刻变化，大学生党支部也面临着新环境和新任务。大学生党支部还存在一些与新形势不相适应的新情况和新问题，尤其是在支部作用发挥路径、制度建设、活动方式等方面的不够完善，在一定程度上制约着学生党支部战斗堡垒作用的进一步发挥。一些大学生党支部的作用存在弱化、虚化的问题，影响了学生党支部的战斗力、凝聚力和创造力。少数大学生党员宗旨意识淡薄，党员身份认同感缺失导致榜样示范作用难以生成，入党动机多样化导致榜样示范作用难以持续。

五、 大学生党支部在基层工作中"唱主角"的实践举措

习近平总书记强调："各级各类学校党组织要把抓好学校党建工作作为办学治校的基本功，把党的教育方针全面贯彻到学校工作各方面。"十九大报告提出的把党的基层组织建设成坚强战斗堡垒的要求，明确了高校大学生党支部开展思想政治教育的方向。

新形势下对大学生党支部建设情况进行分析，严格按照大学生党支部作用发挥目标要求，围绕大学生党支部在新时期、新阶段的新特点、新问题，着重从凝练工作经验、提升管理队伍素质、加强阵地建设、创新活动形式、发挥大学生党员先锋模范作用和朋辈示范作用等方面加强大学生党支部建设，提升大学生党支部组织力，确保大学生党支部在基层党建的工作中"唱主角"，筑牢中国共产党的执政根基。

(一) 注重"领唱"的头雁效应,提升大学生党支部书记素质

党支部书记是大学生党支部建设的核心,党支部书记的个人素质、能力、工作方法对党支部建设起着重要作用。大学生党支部"唱主角",支部书记是"领唱人","领唱"强起来,才能更好发挥"头雁效应"。所以大学生党支部书记队伍的培养与建设是高校大学生党建工作成败的关键。

一是要挑选优秀的学生党支部书记。将那些工作能力强、政治觉悟高、热爱党务工作、有亲和力、号召力、有良好的群众基础的党员选拔到支部书记岗位上来。支部书记是支部第一责任人,要严格落实并及时梳理各项制度,把党建目标任务进一步细化、量化,以规范的制度提升党员管理效果。要选拔组建一支政治觉悟高、战斗力强,能真正发挥先锋模范作用的大学生党支部书记队伍。

二是要加强对学生党支部书记的培训。要站在学校干部教育培训规划人才队伍建设总体规划的高位来重视学生党支部书记的培训,提升学生党支部书记的整体素质。建立党支部书记培训长效机制,坚持集中培训与理论教育、强化党性锻炼、增强党务工作能力相结合。培训的首要任务是对学生党支部书记们进行党的先进理论教育、理想信念教育,让他们更加坚定正确的政治方向,提升他们的党性修养、党务素质能力。同时针对特定专题进行专门培训,如开展毕业生党员组织关系管理等专题培训。

(二) 注重提炼"歌词"的内容,完善大学生党支部制度建设

大学生党支部"唱主角","歌词"很重要。"歌词"即制度,包括完善大学生党员教育培训、"三会一课"、组织生活会、民主评议党员、发展党员、党务公开、谈心谈话、主题党日、志愿服务、换届选举等基本制度。确保制度落地生根,做到制度上墙有展示,执行情况有记录。党支部在实践中加强制度建设,严格按照制度操作,做好党员教育管理工作,着重从以下三个方面推进:

一是深入推进"两学一做",严格落实"三会一课",促使学习教育常态化、制度化。突出政治学习和党性锻炼,坚持、加强和创新"三会一课"形式,防止表面化、形式化、娱乐化和庸俗化。同时结合时事热点和学校学院中心工作开展主题党日活动,开展谈心谈话、批评与自我批评等组织程序,做好民主评议党员工作。帮助党员树牢"四个意识",坚定"四个自信",做到"两个维护"。

二是严格强化政治监督,增强"两个维护"政治自觉,及时纠正偏差。把"两个维护"作为首要政治要求,对标对表,注重引导支部党员严格遵守廉洁自律准则等各项制度,坚持党中央重大决策部署到哪里,政治监督就跟进到哪里,推动广大党员干部在内心深处牢记党的初心使命。注重宣传与强大的组织体系是马克思主义政党的显著标志,是世界上任何其他政党都不具有的突出优势。

三是定期研判党员思想状况,创新党员监督与服务模式。每月一次支委会对全院学生思想政治状况进行研判,防止各类错误思想侵蚀,建立预警工作机制,确保支部党员不出现任何违反党规党章和学校规定的现象。党的十九大通过的新党章在基层党支部的任务中增加了服务党员这一条,做好党员服务工作成为当前学生党支部一项重要的工作内容。要将服务党员的工作贯穿于日常支部生活中,听取支部党员在学习工作中的各种诉求,提供相应的帮助。

(三) 注重强化"唱功"的实效,创新大学生党支部教育活动形式

大学生党支部"唱主角","唱功"须强化,"唱功"强化了,支部才有强大的组织力。只有党支部的教育发挥实效,青年学生对党和党的领导形成坚定政治认同、情感认同、行为认同,才能形成坚定的理想信念,才能在各种思潮、不良社会文化和负面消息的侵蚀下仍能坚定入党信念,树立崇高的政治信仰。大学生党支部在工作中要注重教育的政治性、实效性和灵活性。

一是结合上级党组织的部署安排,将相关精神融入支部活动,突出政治性。如习近平总书记在"不忘初心、牢记使命"主题教育总结大会上的讲话中指出,"要把学习贯彻党的创新理论作为思想武装的重中之重,同学习马克思主义基本原理贯通起来,同学习党史、新中国史、改革开放史、社会主义发展史结合起来。"从党史、新中国史、改革开放史、社会主义发展史的角度进行历史的学习教育,坚持以学思践悟习近平新时代中国特色社会主义思想为主线,引导大学生确立正确的价值取向。把"四史"学习作为党支部日常教育培训的重要内容和党性教育的重要组成部分,同学习马克思主义基本原理贯通起来,同新时代进行伟大斗争、建设伟大工程、推进伟大事业、实现伟大梦想的丰富实践联系起来,同学习贯彻习近平总书记考察上海重要讲话精神和对教育的重要论述统一起来,引导支部党员、学生干部和青年学生坚定理想信念、传承红色基因、永葆政治本色、勇于担当作为。

二是创新活动形式,运用党建理论指导大学生党员活动,突出实效性。大学生党支部可选择开展互动式、体验式、案例式等活动,赋予活动内容和形式的创新性,避免活动内容的过分理论化、空洞化。同时要贴近学生实际,并围绕青年大学生的特点来设计活动,开展志愿服务,创新活动载体,增强党支部的吸引力。如组建"党员督察队",党员挂牌交叉班级考勤,推动学风建设;又如结合大学生党员对时事的关注,并立足于学生党员的思想实际,开展时政辩论赛活动,引导他们对时事有正确的判断,更加坚定自身的政治立场。

三是善用线上平台,适应社会信息化和大学生年轻化的特点,突出灵活性。如建立党建微信公众号,充分运用传媒载体,在传统的思想政治教育中融入网络科技元素,把党建理论、重要精神讲解、红色电影和歌曲推荐等充实到网站内,发挥网上党建工作的优势。大学生思想活跃、思维敏捷、易于接受新鲜事物、喜欢通过网络接收资讯,对于枯燥的理论学习比较乏味,对于公式化、形式化的活动比较反感,要注重活动内容的新颖性,提升大学生党员学习兴趣,发挥他们的主观能动性,充分激发大学生党员的内在活力。

(四) 注重唱响主旋律,发挥大学生党员先锋模范和朋辈示范作用

党员的先进性是随着时代的主旋律来确定的。先进性随着时代的发展而发展,不同时代对党员的先进性赋予不同的内涵。不同的历史时期,我们党所面临的任务也不同,对党员的先进性不断提出新的要求。大学生党员的先进性也是如此,也是随着时代的发展而发展。

大学生党支部"唱主角",充分发挥大学生党员的先锋模范作用和朋辈示范作用有利于推动高校大学生的思想政治教育,有利于引领大学生坚定信念、弘扬正气、刻苦学习、团结进步、健康成长。大学生党员均是高校学生中的优秀者,他们生活在朋辈同学中,具有引领朋辈同学共同进步的条件和优势。

一是积极有效发挥大学生党员先锋模范作用。大学生党员是具有远大理想、信念坚定、志趣高雅、勤学上进、甘于奉献的群体,是大学生中的优秀分子,能从思想上、学习上、生活上、工作上发挥先进模范带头作用,是党建工作的基础,是大学生思想政治教育工作的骨干力量,也是培养学生党员工作的有效途径。习近平总书记强调:"只有基层党组织坚强有力,党员发挥应有作用,党的根基才能牢固,党才能有战斗力。"大学

生党支部发挥党组织的政治优势和组织优势,着力构建"一名学生党员"带动"二名预备党员",结对"三名积极分子"辐射"四名普通同学"的"一二三四""金字塔形"先锋模范带动体系,把广大青年学生紧密团结在党组织周围。在大学校园文化建设中注重发挥党组织的政治优势、组织优势,注重发挥大学生党员的积极性,将"全心全意为人民服务"这一宗旨根植于每一位学生党员的心中。通过大学生党支部的引导,唱响主旋律,充分发挥大学生党员的先进性,发挥大学生党员的先锋模范作用,让大学生党员成为引领大学生坚定信念、团结进步、健康成长的核心力量。当面对重大和突发公共事件时,这一点显得尤为重要,如此次抗击新冠肺炎疫情的战斗中,大学生党支部充分发挥战斗堡垒作用,引领学生党员认真学习贯彻习近平总书记关于疫情防控工作的重要指示精神,亮身份、走在前、作表率,用实际行动践行入党誓词。充分发挥学生党员先锋模范作用,建立有效的政治组织核心,是加强党建工作的必然需要,是实现中华民族伟大复兴的中国梦和全面建成小康社会的内在要求。

二是联系实际发挥大学生党员的朋辈示范作用。根据校园大学生朋友同伴关系提升大学生党员在同学中的榜样示范作用的影响力。一般年龄相仿具有相近的价值观念、生活背景、共同语言或者具有相同兴趣爱好的同学易于结成朋友同伴。为了使大一新生快速融入适应大学校园生活,学生党支部可组织高年级大学生党员深入宿舍了解大一新生的思想和生活适应状况,从而在课程学习目标制定、校园社团选择等方面给出有针对性的建议,设立"朋辈导师"岗位,其工作就是从大三年级党支部中选拔一批学习成绩优秀、动手实践能力突出、综合素质较高、责任心较强、有一定管理经验的学生党员,到大一新生班级中担任"朋辈导师",协助辅导员参与班级的日常工作管理和思想政治教育。利用大学生同辈群体之间的朋辈关系,以大学生党员的榜样示范作用为纽带,进而带动大学生整个群体能够自觉地培育和践行社会主义核心价值观。如可组织考研、考公成功的或已确定就业单位的毕业生党员和学弟学妹分享考试心得和简历制作、面试技能等方面的宝贵经验等。

办好中国特色社会主义大学,关键在党。习近平就高校党建工作作出重要指示:"加强党对高校的领导,加强和改进高校党的建设,是办好中国特色社会主义大学的根本保证"。并在北京大学师生座谈会上强调"古今中外,每个国家都是按照自己的政治要求来培养人的,世界一流大学都是在服务自己国家发展中成长起来的。我国社会主义教育就是要培养社会主义建设者和接班人。"基层党组织是党在高校全部工作的基础,让大学生党支部在基层工作中"唱主角"有益于保持高校学生党建工作的蓬勃生机,促进高校党的基层组织建设。从而激发高校党建工作的活力,落实高校立德树人根本任务。

（上海立信会计金融学院课题组　胡　亭　陈　林　程振强

王志军　王　亭　沈　丹　孟庆莉　李星星　金慧明　李扬帆）

彰显思政教师党支部在育人工作中的价值优势

党的十八大以来,以习近平同志为核心的党中央对高校思想政治工作高度重视,专门召开高校思想政治会议,教育主管部门出台一系列文件和政策对高校思政工作进行规范和指导。全国各高校纷纷成立"马克思主义学院"作为贯彻落实新时代高校思想政治教育的主阵地和主渠道。2017 年 2 月 27 日,中共中央、国务院印发了《关于加强和改进新形势下高校思想政治工作的意见》,提出"三全育人"理念。把思想价值引领贯穿教育教学全过程和各环节,形成课程育人、科研育人、实践育人、文化育人、网络育人、心理育人、管理育人、服务育人、资助育人、组织育人的长效机制,在此背景下,2018 年教育部启动"三全育人"综合改革。

一、 马院教师党支部在思政工作中"唱主角"的背景

(一)"三全育人"背景下思政工作得到前所未有重视

"三全育人"综合改革实施以来,各高校围绕思政工作采取了一系列切实的行动和措施,有高校提出"把思政工作作为学校工作的生命线",开展思政课创优行动、深化课程思政建设、建设"课程思政"示范课、组织开展"中国"系列学术和实践活动等等。

在各方参与高校思政工作的新条件下,思政工作出现你方唱罢我登台,各显神通各展亮点的局面。这固然使高校思政工作摆脱长期被冷落,少人问津的局面,但在热闹的背后,新问题也逐渐凸显。各条线开展思政工作时内容重叠,缺少系统性、整体性。问题的出现与实践时间短,各主体仍在摸索的发展阶段有关,更重要的原因在于思政舞台上缺了"台柱子",少了"唱主角"的。

（二）高校马院教师党支部应该在思政工作中"唱主角"

基层党支部作为基层党组织体系中的最基层组织，其不仅是贯彻落实党的路线方针政策的组织者和实践者，更是党的路线方针政策贯彻落实的推动者。习近平总书记强调，必须把抓基层打基础作为长远之计和固本之策，让党支部在基层工作中"唱主角"，成为团结群众的核心、教育党员的学校、攻坚克难的堡垒。

高校马克思主义学院作为马克思主义经典理论、马克思主义中国化理论和新时代中国特色社会主义理论的教学和研究中心，在高校思政工作中有着得天独厚的优势，马院教师党支部作为基层党组织，对马院党员和教师的思政工作起着主要的组织和管理职能，对意识形态掌控、政治理论学习与政策解读、教学科研方向指导等都扮演着第一责任人的角色。我们认为，在"三全育人"背景下，高校马院教师党支部能够并且也应该在思政工作中担起"唱主角"的责任。

二、 马院教师党支部在思政工作中的重新定位

（一）高校党支部是基层思政工作的战斗堡垒

习近平总书记在党的十九大报告中指出，党支部要担负好直接教育党员、管理党员、监督党员和组织群众、宣传群众、凝聚群众、服务群众的职责，引导广大党员发挥先锋模范作用。

2017年教育部党组在《关于加强新形势下高校教师党支部建设的意见》中指出，党支部是党最基本的组织，是党全部工作和战斗力的基础。高校教师党支部是教育、管理、监督和服务教师党员的基本单位，是把党的路线方针政策落实到高校基层的战斗堡垒，是党团结和联系广大教师的桥梁纽带，是办好中国特色社会主义大学的重要支撑。加强新形势下高校教师党支部建设，对于落实全面从严治党要求、全面贯彻党的教育方针、坚持社会主义办学方向、落实立德树人根本任务、培养中国特色社会主义合格建设者和可靠接班人，具有重大而迫切的战略意义。这份文件还特别强调，充分发挥教师党支部的主体作用，是推动全面从严治党向基层延伸的必然要求。把党支部建设作为学校党建工作最重要的基本建设，把思想政治工作落到支部。

(二)"课程思政"新常态下对思政"主角"的呼唤

曾有一段时间,一些高校教师思想政治工作相对薄弱;少数党员教师党的意识不强、先锋模范作用发挥不突出。课程思政着眼于教师育德意识和育德能力的提升,为高校教师党支部强化政治功能、落实意识形态工作主体责任、抓好教师思想政治工作提供了创新路径。课程思政也是将马克思主义理论贯穿教学和研究全过程,实现通识教育课程、思想政治理论课程和专业课程协同教育学生的教育教学模式,是实践高校各类课程与思想政治理论课同向同行的重要途径。

当前课程思政教育教学实践作为一种全新的、立体的育人理念,已经成为高校教学实践的新常态。与此同时,课程思政建设中面临的一系列挑战也日益凸现。

首先,专业课程教师面临深厚马克思主义理论修养和敏锐辩证思维能力的挑战。课程思政的实施关键在于教师的知识储备和教育理念,课程思政建设既需要教师具备丰富的专业知识与深厚的人文素养,又需要教师具备一定的马克思主义理论认知水平和运用能力。各个研究领域的专业教师由于学科差异,对马克思主义理论知识的掌握水平有限,对党的新政策、新思想和新理论的理解深度会有欠缺,特别是对内涵丰富的习近平新时代中国特色社会主义思想的理解,更是需要系统深入学习才能内化于心,而系统的政治理论学习深度不够是课程思政建设面临的重要挑战。

其次,课程思政在寻找专业课程与思想政治教育的"契合点"时面临挑战。各学科之间以及相应的各课程之间在内容上存在很大差异,如何寻找各专业课程与思想政治教育之间的"契合点",以实现它们之间的无缝对接就成为实施课程思政建设的重要环节。现实中随着学科专业的细化,知识性与价值性被割裂。由此形成专业教师对马克思主义理论深度欠缺,在寻找课程思政的"契合点"方面专业课程教师面临众多挑战。

第三,课程思政建设中协同育人机制面临挑战。课程思政建设是一项复杂的系统工程,需要所有教育主体携手共同努力,如教师、学校各单位各部门工作人员,以及其他与教育相关的人或组织应该形成教育学生的共识,共同服务于课程思政的建设。现阶段,虽然"三全育人"的要求已经提出,但是高校中协同育人的工作理念还比较淡薄,协同育人机制建设还有待完善。目前课程思政建设缺乏课堂评价机制、课堂监督机制和课堂实施机制的有力支持,还没有建构起完整坚实的协同育人机制。

（三）马院教师党支部在思政工作中"唱主角"的优势

马院教师党支部在高校推进以立德树人为目标的"三全育人"工作中具有独特的优势：

第一，具有政治优势。一直以来马院教师党支部都是党在高校基层贯彻思政理念的主渠道、主阵地。马院教师党支部一贯坚持把坚定正确的政治方向放在支部建设的首位，坚持用党章党规党纪规范党支部和党员行为，这就为课程思政的建设和实施提供了坚实的政治保障。以某中医院校马院教师党支部为例，该支部特别重视教师党员的政治理论学习，2019 年以来重点学习习近平新时代中国特色社会主义思想、党的十九届三中、四中、五中全会精神以及习近平"庆祝中华人民共和国成立 70 周年大会"上的讲话精神。通过系统规范的政治理论学习，教师党员政治理论水平得以提升。在教育教学和科学研究实践中，马院教师党支部能够起到监督和督促作用，及时帮助教师把学术自由与学术规范统一起来。

第二，具有思想优势。马院教师党支部既是教育党员的基层组织，又是团结凝聚师生的核心。马院教师党支部在组织开展教师政治理论学习的同时，还定期开展教师党员民主生活会，对党员进行党内思想教育、生活关怀和困惑疏解工作。教师党支部本身就是党在高校的末梢神经，是党的理论方针政策的执行者和传播者，能够引导教师正确认识教书与育人的辩证关系，在教育教学中实施对大学生的思想引领和价值观塑造，从而为课程思政建设提供坚定的思想基础。

第三，具有理论优势。马克思主义理论学科在高校育人工作中发挥着不可替代的作用。旗帜鲜明、理直气壮地宣讲传播马克思主义理论，探索更有效地将学科优势转化为育人优势，是马克思主义理论学科建设的重要职责。马院教师党支部在推动、引领"重大理论、重大现实、重大实践"问题研究方面拥有优势。例如，党的重要会议召开或文件发布之后，支部组织教师先学一步、学深一层，通过发表理论文章、举办研讨会、宣讲会等形式加强马学科建设与思政课程建设的互促互动。

第四，具有组织优势。各高校马克思主义学院教师中党员所占比例普遍高于其他学院或研究机构，这为马院党支部组织学院教师开展各方面的活动提供了组织优势。马院教师党支部是党员教师的集合体，也是教师队伍中政治意识、大局意识和德育意识的思想引领者。马院教师党支部具有明确的组织架构和严明的组织原则，可以影响和联系其他教师,有组织有计划地传播德育意识,促进全体教师一同围绕立德树人根本任务开展教育教学活动。

三、 马院教师党支部在思政工作中"唱主角"机制探索

我们认为,马院教师党支部在高校思政工作中发挥"主角"作用的机制主要有以下方面。

(一) 发挥马克思主义学院教师政治理论优势,引领大思政建设

马院教师党主部应积极主动帮助其他学院进行课程思政建设,切实在"三全育人""课程思政"等大思政建设中发挥"主渠道""台柱子""唱主角"的作用。比如马克思主义学院教师与其他学院的教师建立长期合作交流机制,帮助专业课程教师挖掘课程中的思政元素,为专业课程教师提供马克思主义理论解读;学校设立有关课程思政改革创新试点的科研教学项目,鼓励马克思主义学院教师和专业课程教师联合申报,在完成科研课题过程中,形成课程思政建设的学科具体方案;马克思主义学院在着力加强思想政治理论课建设的同时,发挥思政课教师在课程思政教学改革工作中的示范引领作用,积极参与协同育人和推进学校课程思政建设。

(二) 规范马院教师党支部政治理论学习制度

打铁还需自身硬,马院教师党支部在学校大思政建设中发挥"唱主角"的作用,需要进一步推动学院教师加强马克思主义理论学习,形成马院教师党支部内部规范的学习教育制度,为课程思政提供政治理论和思想信念的理论支撑。比如,对标全国党建工作样板支部,加强党支部建设的建设主线,以"三会一课"为基本形式,严格贯彻落实党员学习管理制度,坚持"学得最及时、学得最深入、学得最持久"的支部理论学习要求,树立思想政治理论课教师"政治要强""情怀要深""思维要新""视野要广""自律要严""人格要正"的工作目标,不断创新学习形式,坚持理论学习与实践学习相统一,第一时间学习党的创新理论,传达党的最新工作部署,引导支部党员先学一步、学深一层,牢固树立"四个意识",不断增强"四个自信",推动理论学习与行为内化相统一,实现党性修养与业务能力双提升。高校党委及马院党委应根据新时代教师党支部的建

设要求,建立教师党支部政治理论学习的严格制度,形成规范的学习常态。教师党支部通过会议、讲座等多种方式组织教师党员和专业课程教师学习马克思主义理论和党的相关政策精神,加强教师党员和专业课程教师的马克思主义理论水平,培育他们的马克思主义理论素养,从而产生内心深处实施课程思政的紧迫意识。规范严格的马院教师党支部政治理论学习制度是有效落实"三全育人"大思政建设的政治保障。

(三) 完善大思政监督机制、决策机制和教学评价机制等协同育人机制

高校思想政治工作是一个庞大而复杂的系统工程。推进思想政治工作改革创新,必须构建思想政治理论课和日常思想政治教育的协同机制,形成协同联动的育人体系。高校应在全面推行"三全育人"基础上,为思政课程和课程思政建设构建协同育人机制。提升马院教师党支部参与大思政工作中重大事项的决策机制。在校级党委领导下,建立以党委书记为直接负责人、马院教师党支部为主要载体、各部门各单位协同推进大思政的育人局面。例如,高校党委书记担任大思政建设领导小组组长,马院总支或支部书记作为小组核心成员,与小组成员共同探讨课程思政建设所需要的机制和保障,并制定实施大思政工作的支持制度,定期召开思政课程和课程思政建设工作布置和推进会议;教务处与马院总支或支部合作加强对课程思政的监督和评价规划,细化专业课程的课程目标,改革教学质量考核和评价机制,将课程的思想政治教育效果纳入评价机制中;人事处严格教师评聘制度和程序,加大对应聘教师的思想考核、品德考核和政治考核,优先选择政治方向正确、品行优良的教师;专业二级学院借力马院资源,通过实施课程思政建设的制度改革,尤其是与奖惩相关的机制改革,进一步提高专业课程教师实施课程思政的积极性。

(四) 优化组织设置,为马院教师党支部助力大思政建设提供组织保障

高校通过实施"三全育人"的大思政来落实立德树人的主体责任。思政任务可以分解,但最终考核对象主要还是学校主要领导。如何切实有效地落实立德树人的大思政理念,需要学校的顶层设计。学校层面可以通过优化教师党支部组织设置的路径,为马院教师党支部在大思政建设中有效发挥"唱主角"功能提供组织保障。例如,突破传统,按照院系内设的教学、科研机构等设置教师党支部的方式,创新和探索依托重大项目组、学科组、课题组、创新团队、科研平台、中外合作办学项目和机构等设置教师党

支部。这样组成的党支部能够在大思政建设中有效发挥作用。学科组式或课题组式教师党支部成员具有相同学科背景和共同课题研究，因此便于课题组教师党员共同寻找专业课程与思想政治教育的"契合点"。创新团队式教师党支部更便于共同探讨如何紧密结合学校办学特色与专业优势，将思想政治教育与课堂教学有效地结合起来，引导学生形成敢于创新、不怕失败的精神，勇于挑战、不计得失的无畏精神。课题组式教师党支部可以利用课题研究过程中的生动故事教育学生，培养学生刚健有为、自强不息的精神。

"三全育人"为马院教师党支部扮演"主角"创造了制度环境，马院党支部的优势为其在思政工作中"唱主角"提供必要条件，思政工作中存在的问题也要求马院教师党支部承担起"唱主角"的责任。马院教师党支部在思政课堂建设中是当然的"台柱子"，在"课程思政"建设中发挥思想引领和价值观塑造作用。在新形势下，马院教师党支部依托课程思政建设这个高校中心，不仅能够在思政工作中"唱好主角"，还能破除党建和业务"两张皮"的困境，能够在解决实际困境中引导教师党员树立高尚品格。

（上海中医药大学课题组　　杨宏彦　　杨丽霞）

推进全面从严治党向高校基层延伸的重要保障

习近平总书记强调,基层是党的执政之基、力量之源。党的基层组织要强大,党员要发挥出作用,党的基础才会更加牢固,战斗力才更强。当前,在持续推进伟大工程、伟大事业、伟大斗争、伟大梦想的进程中,必须凸显出党支部建设的重要位置,全方位的提升党支部的建设质量,切实强化组织力以及政治职能,充分发挥党支部在基层工作中的领导作用,不断巩固党长期执政的组织基础。

一、 党支部基层工作中"唱主角"的意义

(一) 重视党支部是党的建设中形成的宝贵经验

党的力量来自于组织,组织力量根在支部。将党的基层组织建设放在重要位置,是我们党区别于其他政党的一大优势。在百年发展进程中,党的领导人十分注重党的支部建设。早在新民主主义革命时期,毛泽东同志就点明了红军艰苦奋战不溃散的关键因素,就是"支部建在连上"。邓小平同志多次提到:"党的基层组织是党联系广大群众的基本纽带,经常检查和改进基层组织的工作,是党的领导机关的重要政治任务"。党的十三届四中全会以来,江泽民同志提出了"基础不牢,大地动摇""党的基本组织是党的一切工作和战斗力的基础"等重要结论。此后,胡锦涛同志在丰富和发展党的基层组织建设理论的基础上,提出了"以加强党的执政能力建设为重点,推进党的建设新的伟大工程","加强和改进党的基层组织建设,使党的基层组织真正成为贯彻'三个代表'重要思想的组织者、推动者、实践者"等重要观点。党的十八大以来,以习近平同志为核心的党中央在多个场合多次强调了基层党支部是党的一切工作的关键根基,搞好基层党建工作,是党的组织体系建设的根本内容,是党的根本任务,是检验党的建设成

效的根本标准。从这些可以看出,加强党的基层组织建设在一定程度上是马克思主义政党的优势与传统所在,同时也是建设马克思主义政党的重要原则。

(二) 支部在基层工作中"唱主角"是全面从严治党向基层延伸的要求

全面从严治党向基层延伸是党中央立足当前、着眼长远作出的战略决策。是党中央对执政大势的深刻洞察和对党的执政规律的科学把握的充分体现。全面从严治党,不能搞"上面九级风浪、下面纹丝不动"。要做到各级共同治理、全党从严,真正把成效体现在基层,落实到每个支部、每名党员。把从严治党这一理念扩大到基层中去,必须抓早抓小,从基本的组织、基本的队伍、基本的制度入手,努力夯实基础,加强薄弱环节,推进党的工作理念、机制和手段创新,发挥党在基层工作中的领导作用。

(三) 支部在基层工作中"唱主角"是落实立德树人任务的要求

当前,基层是推进改革发展稳定工作的主战场,是执行和落实党和国家各项政策的主阵地,是推进国家治理体系和治理能力现代化的主渠道。教育是"国之大业、党之大业",高校必须直面任务——"为谁而培养、培养什么样的人、如何培养人",承担培育社会主义德智体美劳全方位发展的建设者和接班人的任务,将党的教育方针和理念落到实处,巩固马克思主义的思想和意识形态领域阵地,不断加强思想政治的引领作用,坚定学生的理想信念,始终把立德树人作为高校的根本任务来抓,确保其教学和科研任务的完成。党支部要充分发挥党基层的领导者和组织者的作用,落实党的各项路线方针政策。党支部要能够对立德树人、教书育人的各项工作进行统筹,促进新时代高校师生思想政治工作的加强和改进。要在高校各项事业的深化改革和健康发展中充分发挥党支部的引领作用,使基层党支部为其提供重要保障。

二、 上海高校党支部基层工作中"唱主角"现状及存在的问题

为全面了解当前上海高校教师党支部基层工作中"唱主角"现状,探究党支部基层工作中"唱主角"的面临的问题,并在此基础上有针对性对高校教师党支部基层工作中"唱主角"提供行之有效的实践途径。课题组通过人物访谈、问卷调查等方式开展现状

调查。我们分别对4所学校组织部工作人员、组织员和5个教师支部书记进行了访谈。其中教师支部分别是全国党建工作示范支部上海海洋大学水产与生命学院水产种质与育种系党支部、水产营养与饲料系党支部、同济大学同济建城规学院教工八党支部、上海市样板党支部上海理工大学中英国际学院党支部和上海市教卫工作党委系统先进基层党组织上海电力大学电子与信息工程学院电子科学学科教工党支部。根据对5个支部基层工作访谈内容的整理,我们发现高校党支部都能大胆实践,充分发挥基层党组织的活力让党支部在基层党建工作中"唱主角",通过一系列创新举措夯实基层党建工作基础建设。我们还对复旦大学、上海海洋大学、上海海事大学、上海中医药大学、上海电力大学、上海工程技术大学、上海立信会计金融学院、上海电机学院8所高校教师党支部在基层工作中"唱主角"的基本信息、党支部现状、发展期待、发展规划、"唱主角"途径等方面开展调查。共发放问卷160份,回收有效问卷123份。问卷调查和深入访谈显示,各级学校党委都可以树立"抓好党建是本职、不抓党建是失职、抓不好党建是不称职"的思想,但在能力执行、理论领悟水平存在差异。有的是出现的新问题,有的是解决的老问题在新形势下呈现的新问题。

(一) 高校教师党支部有形化有待提升

中国共产党坚持马克思主义建党原则,它是由中央组织、地方组织和基层组织组成的严密的组织体系。《中国共产党支部工作条例(试行)》指出党支部是党的基础组织,是党组织开展工作的基本单元,是党在社会基层组织中的战斗堡垒。党的支部是整个党的组织体系的重要基石,是全面落实党在基层领导的重要载体,是党的执政建设的基础。基础越扎实,党建越稳固。习近平总书记在不同的场合曾经多次强调"要让组织体系的经脉气血畅通起来,让党支部强起来"。

调研发现,35%的支部成员对党支部职责仍没有准确把握。由于思想认识的模糊,党支部部分功能游离于表面,支部的领导力不足,因而存在两种典型的论调:一是"麻烦论",认为业务工作是"硬指标",党务工作是"软任务",党建不能出大成效,也不会出大问题,从事党建工作还会分散精力,有可能会淡化掉高校教研中心的工作主题,做党建工作,可能将会陷入为自己找麻烦的境地;二是"装饰论",认为党建工作虽然十分重要,但并不是一件非常急迫的事情,是一项"锦上添花"的工程。进而高校支部工作实践中有四"难"。一是支部书记积极性调动难。目前高校都积极推进"双带头人"

培养工程。但相关保障机制还不完善,通过问卷调查,职称特征为初级占 46％,中级占 25％,其他占 25％,副高级占 4％,正高级占 0％。这在一定层面上是由于本次调查采样量较小,但也存在支部书记相关学科带头人、专业负责人参与党建工作不积极的可能。36％的支部成员认为支委平时工作太忙,没有多余的精力来继续抓党建工作。同时由于大多数高校党支部书记都是兼职,他们既要从事教学,又要从事党建,相关岗位津贴等保障机制还不够完善,另外,工作精力有限,没有太高的工作积极性与热情。二是支部书记稳定难。目前,高校支部书记多为专职辅导员,自身综合素质能力提升较快,人员流动频繁,出现每一两年就有支部书记调动任命的现状,影响了支部活动的历史传承和工作的高效衔接,访谈也发现了"队伍人员流动常态化,影响工作开展延续性"这一问题。三是党建与业务工作融合难。教师党支部书记在党建、学术方面有独特优势,但党建、学术互嵌程度还很低,思想政治工作亲和力和针对性有待提升。四是经费使用难。访谈发现,"活动经费使用限制多,影响工作开展和积极性。"支部开展丰富多样的活动受到使用规则限制,长久就会形成活动形式单一,支部积极性倦怠的现象。

(二) 高校教师党支部的部分功能虚化

《中国共产党支部工作条例(试行)》规定,党支部担负直接教育党员、管理党员、监督党员和组织群众、宣传群众、凝聚群众、服务群众的职责。基于职责,党支部应该成为党员教育管理的学校,成为党密切联系群众的桥梁和纽带。

调研发现,目前高校部分党支部存在制度执行空转现象,和党支部功能的虚化、支部的凝聚力不足的问题。一是支部工作质量成效不够。有的支部没有按照《条例》要求认真落实,支部生活质量不高。上传下达东西多,实质性充分研讨的形式较少。有的支部还存在着以日常业务工作会议代替支部会议的情况,专业知识和党的理论知识结合研讨破题攻坚的形式不多。调查发现,40％的支部成员认为所属党支部凝聚力、战斗力不强。沟通—解决问题机制不全面,因此,基层党支部不能给高校师生带来很强的信任感和依赖感,尤其是不能让部分党员感受到强烈的归属感。访谈也发现,"不是每个人都很自觉,但是每个人的精力是有限的,工作不去推动,那就成为一盘散沙,没有凝聚力,事情办不好。"二是考核机制不严格。访谈发现,"个别党员的政治修养不够强,理论学习有待进一步加强。"目前,高校基层党支部工作中没有规划严格的考核激励机制,上下级之间、总支部之间、支部与党员之间也缺乏相应的考核评价,在检查验收的时候,也有"表面文章"的现象发生,只是在听报告、查阅记录和资料,缺乏规范的激励和制约机制。

(三)高校教师党支部围绕中心缺创新

在实际工作中,应当把握新中国成立以来,党的建设的基本思路是围绕中心工作来开展的。党的建设从来不是就党建抓党建,它始终是为了推动党的事业向前发展。正如习近平总书记指出的:"基层党组织组织能力强不强,抓重大任务落实是试金石,也是磨刀石。"党支部各项工作要抓住节点,找准重点,聚焦中心,为大局凝聚力量。

调研发现,由于工作方式不接地气,党支部围绕中心缺创新,支部促发展力不足。一是部分活动流于形式。没能结合当代青年大学生党员特征、高校的办学特色、党支部运作的实际情况推动形式方法的创新,停留在以往的文件通知、开会宣传等形式,采用自上而下说教式的方法,并伴随强制性,没能从实际出发,采取更加有效、可操作性强、参与度高的形式,因此多数工作付诸汗水但未有成效,最终流于表面。二是与业务工作结合不紧。调查发现,14%的支部成员认为所属党支部没有完备的书记"双带头人"队伍机制。有的党支部全局意识不强,不把党员教育放在对改革发展稳定的认识、思考和部署上,不善于引导党员为大局服务。从总体上看,他们缺乏计划工作的条理性和计划性,在高校教学中找不到党务工作与教育相结合的地方。有的党支部按照"教育导向""管理导向"来开展党员的教育和管理工作,与高校实际教学管理工作"两条腿"走路。他们扮演不同的角色,唱不同的曲调,并没有形成很好的融合和相互促进的模式。应该加强优化如何更好地发挥党支部在教学科研育人工作中的推动作用。访谈也发现,"党建跟业务工作是两张皮"。我们平时党建都会和组会放在一起,会先开组会,而后党员搞党建,讲讲政策和文件。我们一直觉得活动形式较单一,但我们对党的这样一个政策方针可能理解得不是很深刻,越是理解不深刻做业务工作的时候越没办法融合。"

(四)部分党支部引领示范作用不显著

党支部是党在社会基层组织中的战斗堡垒。应充分发挥党组织和党员的引领示范作用。调研发现,由于责任担当不足,部分党支部引领示范的淡化,导致支部的战斗力不足。一是党员先锋意识不足。部分高校党员管理制度不健全,教育考核不严谨,党员不以合格党员的身份要求自己,党员意识淡薄。访谈中也发现,"政治引领性弱化,组织结构不适应新形势,队伍能力不足,先进示范性效应减退。""党支部党员教育的途径有效性有待进一步探索;党员教育培养没有聚到一个中心点来。"二是党建的特色不明显。有些高校基层党支部没有按照支部"五好"标准规范运行,党建工作没有知名度和突出的品牌。

三、 优化党支部在基层工作中"唱主角"的实践途径

必须加强党建引领促组织力提升,发挥党的组织优势,持续激发党支部内生动力,团结广大党员群众,引导他们有序参与形成教育机制,立德树人,达到"凝心聚力,唱好主旋律"的良好效果。

(一) 提高站位,把握支部工作时代使命,这是优化党支部在基层工作中"唱主角"的基础

提高政治站位,才能在思想上形成加强支部工作的政治自觉、在行为上养成推进支部工作的政治定力、在方法上提高推进支部工作的政治水准。首先要把握政治教育功能,宣传党的主张。调查显示,在宣传和贯彻落实党的理论和路线方针政策这一问题上,97％的党员认为这种宣传是十分必要的。高校党支部必须坚持用习近平新时代中国特色社会主义思想武装党员头脑,使党的思想成为党员的思想意识和自觉行动。其次要把握政治引领功能,落实立德树人。调查也发现,96％的支部成员非常认同教师党支部的根本任务是落实立德树人,党支部是"党的政治统领性地位的体现和'立德树人'实践的战斗堡垒",致力于引导教师正确的教育方向,以身作则,努力做"四有好老师",当好"四个引路人",引导学生自觉向上,贯彻落实学校在党建教育方面的方针,打好维护稳定和改革发展的堡垒战。最后要认识政治动员的作用,为师生服务。要充分发挥党的政治优势,结合师生思想、工作、生活的实际,建立有效、灵活、多样的支持机制,使师生形成向党支部寻找解决实际困难与问题的习惯,使党支部真正成为广大师生可信任和依靠的力量。

(二) 抓好队伍,打造"主力军",这是优化党支部在基层工作中"唱主角"的关键

首先建立分类完善轮训机制,提升党支部书记能力素质。健全党校工作制度,理顺校院二级工作机制,以"线上+线下"和"集中授课+主题实践"的模式,结合"四史"学习教育,开展师生党支部书记、支部委员全覆盖专题培训班,切实提高党支部书记党性修养和党务工作能力。其次加强党务队伍建设,增强育人工作力量。选优配强"双带头人"工作室所在支部班子,推进高校"双带头人"体制机制保障,积极发挥示范引领作用。学生党支部书记均由党员辅导员担任,将党建工作与学生思政工作有机融合,做好学生的"引路人"。调查发现,93%的支部成员认为加强支部书记的思想建设引领非常必要。定期开展组织员沙龙,提升履职能力和实务能力,同时注重发挥关工委兼职党建组织员的作用,有效推动党建工作经验积淀和传承。

(三) 激活组织生活,建好舞台,这是优化党支部在基层工作中"唱主角"的根本

首先要严肃组织生活基本制度。坚持和完善"三会一课"、民主评议党员、组织生活会、谈心谈话、批评和自我批评、请示报告、支部主题党日、党员领导干部定期到支部讲党课和参加双重组织生活等基本制度,用好批评与自我批评这个有力武器,引导党员开展积极健康的思想斗争,使组织生活成为政治学习的阵地、思想交流的平台、党性锻炼的熔炉。其次要对组织生活基本流程严格执行。要严格按照基层党支部组织生活过程和必要环节,以正规的环境、庄重的氛围、谦虚的态度、得体的言行举止,突出组织生活的礼仪感和庄重感,做到坦诚相待,以诚心面对问题,使"红红脸、出出汗"成为常态,确保党的政治生活过的扎扎实实、不流于形式。此外是创新组织生活形式。借助"互联网+"的优势,利用党支部微信群和QQ群等方式,或者开发手机APP管理工具开展组织生活,使组织生活"尽在掌心"。将开放式、体验式、互动式方式成为组织生活的新方式,可将党员带到农村、社区、企业等生产一线,以及革命烈士故居、红色遗址开展现场体验教育,增强支部组织生活的体验感和吸引力。最后要唤醒和培养党员主体意识。教育党员严格遵守党的组织生活制度,使制度治党和思想建党结合起来。帮助广大党员认识到严格组织生活是一件非常具有政治性的事情,认识到党组织对党员

的基本要求就在于党员要积极参加组织生活,接受党组织的教育和监督,使党员真正提高自己参与组织生活的自觉性和主动性、严肃性。

(四) 扎实责任传递,牵住"牛鼻子",这是优化党支部在基层工作中"唱主角"的保障

牢牢抓住责任这个"牛鼻子",明确工作责任体系,就是要层层参与党建、层层传导压力、层层压实责任,定好责任人、分好责任田、站好责任岗。首先要构建工作质量标准,明确各级党建责任。高校需制定基层党建质量提升、基层党的建设工作的意见、党支部工作质量标准等系列文件,明确各级党组织班子成员联系学生制度,构建党建促育人工作合力。其次要树牢党建意识,激发育人活力。分类制定师生党支部建设标准,围绕发展、教育、管理党员和组织、宣传、凝聚、服务师生等支部职责,强化支部育人功能;全面开展党支部书记向二级党组织述职工作,针对学生党建育人部分进行细化,抓好党支部育人职责落实。最后要履行管党治党政治责任,推动基层党建责任落地。通过党建督查调研、全覆盖巡察等方式督促指导各二级党组织坚持贯彻执行党组织会议和党政联席会议制度,确保育人育才工作方向和效果。

(上海海洋大学水产与生命学院课题组　张宇峰
苏巴提·赛迪艾合麦提　黄旭雄　韩　鑫　翟思凡)

第二篇
基本遵循

高校中的党支部,保证监督党的教育方针贯彻落实,巩固马克思主义在高校意识形态领域的指导地位,加强思想政治引领、筑牢学生理想信念根基,落实立德树人根本任务,保证教学科研管理各项任务落实。

——《中国共产党支部工作条例(试行)》

围绕高校立德树人根本任务唱响主旋律

党的十九大明确提出要坚持党对一切工作的领导，并要求把包含学校在内的基层党组织建设成为宣传党的主张、贯彻党的决定、领导基层治理、团结动员群众、推动改革发展的坚强战斗堡垒。党的十九届四中全会明确提出要健全党的全面领导制度，确保党在各种组织中发挥领导作用，把党的领导落实到国家治理各领域、各方面、各环节。高校要落实以上要求，就要发挥好各级党组织在高校各层级治理中的领导、主导作用。尤其发挥好包括教工党支部在内的基层党组织在高校基层治理中的领导、主导作用。推动高校教工党支部在基层工作中"唱主角"具有重大意义。

一、高校教工党支部在基层工作中"唱主角"的内涵与意义

（一）党支部在基层工作中"唱主角"的内涵

中国共产党是中国特色社会主义事业的领导核心，是中国特色社会主义最本质的特征。党政军民学，东西南北中，党是领导一切的。让支部在基层工作中"唱主角"既是对支部在基层治理中领导地位的肯定，也是对支部在基层治理中发挥领导主导作用的要求。

党支部在基层工作中"唱主角"，支部首先要有"主角意识"。党支部在基层工作中"唱主角"赋予了支部在基层工作这一"大合唱"中的主角地位。因此支部要清醒地认识到自身的责任与使命，自觉、积极、主动地在自己联系的群众中、在自己负责的基层工作中尽责履职、勇于担当，努力并实际发挥出舍我其谁、冲锋陷阵、带头示范、引领群众、推动工作的作用。

党支部在基层工作中"唱主角"，同时也赋予了支部书记"领唱"的地位。作为"领

唱",不仅自身要唱好,还要统揽"大合唱"的全局,指挥、约束支部"唱好主角",同时协调、组织群众一起唱好"大合唱"。为此要练好"内功",领导好支部全体党员,联系、引领、组织好参加"大合唱"的所有群众共同唱出优美的旋律。

党支部在基层工作中"唱主角","唱功"是基础。党支部在基层工作中"唱好主角",必须要有扎实的"唱功"。支部的"唱功"既是对支委班子成员的要求,也是对支部全体党员的要求;既是对支部能力的要求,也是对支部政治觉悟、理论水平、党性观念和工作作风、工作能力的要求。

党支部在基层工作中"唱主角","舞台"不可少。对要"唱主角"的党支部来说,"舞台"就是支部领导基层工作的权责、平台、途径和空间。党支部"唱主角"的"舞台",既需要支部主动守好、筑牢现有的"舞台",也需要支部依据自身资源、结合基层工作需要挖掘新的"舞台",同时也离不开上级党组织通过制度形式搭建新的"舞台"。

党支部在基层工作中"唱主角","乐谱"很重要。党支部有了"舞台"和主角地位,还要选好"乐谱"。"乐谱"要符合"舞台"搭建的目的、"舞台"的风格,要结合"演出"的需要、听众的需要。"乐谱"要是"主旋律",不能是靡靡之音。"乐谱"要力求正确、准确,做到既符合大局工作需要,又符合群众口味。

党支部在基层工作中"唱主角",目的是要形成"大合唱"。"大合唱"不是主角的独角戏,而是全体合唱人员的共同参与、共同努力、共同展示,体现集体智慧、集体贡献。党支部不仅要管理好、组织好党员"唱主角",还要联系、组织群众一起合唱,唱响主旋律,形成扣人心弦、温暖澎湃的华美乐章。

(二) 高校教工党支部在基层工作中"唱主角"的内涵

党支部在基层工作中"唱主角",是基层支部应当落实好、履行好的职责和使命。结合高校工作实际,教工党支部在高校基层工作中"唱主角",还有其自身更具体的要求和内涵。

高校教工党支部在基层工作中"唱主角","主角"既包含专任教师党支部,也包括教辅教工党支部。专任教师党支部要在基层工作中"唱主角"是显然的,除了专任老师,高校还有专责科研、行政管理、学生管理、后勤等各类型的教工,这些教工的党支部也应当在基层工作中"唱主角"。

高校教工党支部在基层工作中"唱主角",其"领唱"既指专任教师党支部以支部书记为核心的支委成员,也包括教辅教工党支部以支部书记为核心的支委成员。

高校教工党支部在基层工作中"唱主角",其"唱功"包含支部自身建设和支部成员业务工作能力。打铁必须自身硬。高校教工党支部在基层工作中"唱主角",必须有"唱功",必须自身建设过硬,让群众信服,支部有凝聚力、引领力、战斗力;其次支部在业务工作上也要有高水平、高能力,否则在高校专业性很强的各种工作中,专业水平低是无法"唱主角"的。

高校教工党支部在基层工作中"唱主角",其"舞台"指支部覆盖范围内的基层工作。这些基层工作包含本支部自身的工作,更重要的是还包含和本支部对应的行政单位内的业务工作。支部党建、教学、科研、高校管理、后勤服务等方面工作,都是教工支部"唱主角"的"舞台"。

高校教工党支部在基层工作中"唱主角",其"乐谱"应是立德树人的主旋律。教工支部应当围绕高校立德树人根本任务,结合教学、科研、管理、服务等具体工作唱响主旋律,注意"乐谱"的政治导向和在师生中的现实影响。

高校教工党支部在基层工作中"唱主角",其"大合唱"包含校内师生。"唱主角"不是让支部"独唱",而是要在教学、科研、管理、服务等工作中带动非党员教工一起唱,带动学生理解、配合学校工作,共同在校园唱响文明、温暖、和谐、奋进的"大合唱"。

(三) 高校教工党支部在基层工作中"唱主角"的意义

高校教工党支部在基层工作中"唱主角"是高校落实党的全面领导的需要。中国共产党是执政党,党的领导是全面领导,体现在国家治理的各领域、各方面、各环节。中国高校是中国共产党领导下的高等教育单位,坚持党的领导、坚持中国特色社会主义的办学方向是中国高校的显著特征和根本要求。党对高校工作的领导不仅体现在整体上、宏观上、校级层面,在高校基层工作中也要加强党的领导。只有在高校基层加强党的领导,高校党组织对高校工作的领导才有基础和根本保障。

高校教工党支部在基层工作中"唱主角"是推进高校基层治理、完善高校基层治理体系的需要。从整体上看,高校治理在校级层面上制度比较完善、运行比较规范;在高校基层则因为事情繁杂、权责不清等原因,制度不够完善,制度落实也不够严格,院系主要领导由于事务繁多,也没有过多精力面向师生事无巨细地做好教育、管理、动员等工作,导致院系基层治理中小问题长期普遍存在、大问题不时出现。高校教工党支部在基层工作中"唱主角",可以发挥支部成员多、贴近基层、与师生联系广泛等优势,做好师生群众联系、教育等工作,畅通高校治理神经末梢和"最后一公里",有力推进院系、系室工作开展。

高校教工党支部在基层工作中"唱主角"是解决高校各级党组织在高校治理中作用和影响力"逐级递减"问题的需要。高校教工党支部在基层工作中"唱主角"可以推进高校基层教工党支部自身建设,促进教工支部更紧密联系群众、更主动担当重任、更有效推进系室治理,提升教工党支部在基层工作中的活跃度、承载度和领导力,解决基层支部在高校系室基层弱化、虚化、边缘化的问题。

二、 上海高校教工党支部在基层工作中的作用发挥现状调研

高校教工党支部在基层工作中"唱主角"是对教工党支部在基层工作中作用发挥理想状态的一种生动描述。为了进一步了解上海高校教工党支部在基层工作中的作用发挥情况,课题组选取上海部分高校,在教工党员中开展问卷调研。调研共回收问卷 106 份。开展问卷调研的同时也在部分高校就课题相关问题开展专家访谈,共访谈专家 25 人次。

(一) 上海高校教工党支部在基层工作中作用发挥整体情况比较好

就教工党支部的支部书记是否是"双带头人",选教工党支部的支部书记是"副教授及以上职称或博士"的 73 人,所占比例为 68.87%;有 31.13%的党员(33 人)选择了"既不是副教授及以上职称,也不是博士"。

就所在教工党支部的党员承担系室教学任务方面表现情况,调研中绝大部分党员认为教工党员在承担系室教学任务方面是积极的。具体看,选择"很积极"的 44 人,占41.51%,选择"较积极"47 人,占 44.34%。

就所在教工党支部的党员在科研工作上的表现情况,选择"很积极"和"较积极"的党员占了绝大多数,分别为 41 人和 51 人,比例分别为 38.68% 和 48.11%,共占 86.79%。

就对所在教工党支部的党员工作责任心的认识,57.55%的党员选择了"较好",为61 人,40.57%的党员选择了"很好",为 43 人。

就对所在教工党支部的党员参加集体活动的评价,认为其所在的教工党支部的党员在参加集体活动上"较积极"的有 56 人,所占比例为 52.83%,选择"很积极"的有 38 人,占 35.85%。

就对所在教工党支部在开展党内组织生活上的评价,多数党员认为自身所在的教工党支部在开展党内组织生活上做得"较好",所占比例为 62.26%,计 66 人。有 32.08%的党员(34 人)选择了"很好"。

就对所在教工党支部在系室工作中作用发挥情况的评价,选择"较好"的党员占 66.98%(71 人),选择"很好"的占 28.3%(30 人)。

(二) 上海高校教工党支部在基层工作中作用发挥的薄弱环节

1. 教工党支部对在系室工作中"唱主角"的领域还存在一定认识偏差

绝大多数党员认为教工党员应在推进中心工作、业务工作和攻坚克难中"唱主角",但对密切联系群众、引领教师队伍政治思想观念、推动师德师风建设、丰富活跃系室文化方面还不够重视,对教工党支部在系室工作中"唱主角"只看到重点,没看到全面。

2. 教工党支部在解决系室难题、联系群众、为群众排忧解难、政治思想师德师风引领上还需要加强

就所在教工党支部在解决系室工作中遇到的难题上的作用评价,有 49.06%(52 人)的党员认为在工作遇到难题时其所在的教工党支部所起的作用"较好",有 27.36%的党员(29 人)认为"很好",有 23.58%的党员(25 人)认为"一般"。选择"一般"的比例相比其他问题偏高。

就所在教工党支部在联系群众、为群众排忧解难上的评价,选择"较好"的有 50 人,占 47.17%;选择"很好"的有 27 人,占 25.47%;选择"一般"的有 28 人,占 26.42%;选择"不清楚"的有 1 人,仅占 0.94%。选择"一般"的比例相比其他问题偏高。

就所在教工党支部在对本系室教师政治思想、师德师风引领上的评价,选择"较好"的党员有 52 人,占 49.06%;选择"很好"的党员有 30 人,占 28.3%;选择"一般"的党员有 23 人,占 21.7%;选择"不理想"的党员有 1 人,占 0.94%。选择"一般"的比例相比其他问题偏高。

(三) 上海高校教工党员对采取多样措施促进教工党支部在系室工作中"唱主角"认识比较一致

就影响教工党支部在系室工作中"唱主角"的因素问题,调研中党员的选择比较统一。作为多选题,选择"教工党支部以及党员本身的能力、组织力"的党员占 90.57%,选择"教工党支部以及党员'唱主角'的意识"的占 85.85%,选择"教工党支部在系室工作中'唱主角'的制度化渠道、平台和机制等"的占 88.68%,选择"教工党支部在系室工作中'唱主角'的激励机制"的占 77.36%,选择"教工党支部书记的组织能力、引领能力"的占 71.7%,选择"其他"的占 1.89%。

就促进教工党支部在系室工作中"唱主角"的措施,调研中党员的选择也比较统一。选择"系室主任和支部书记交叉任职"的党员占 79.25%,选择"选拔系室中有威望的党员担任支部书记"的占 87.74%,选择"推行'双带头人'制度"的占 80.19%,选择"加大支部书记表彰、奖励力度"的占 80.19%,选择"加大支部工作考核力度"的占 73.58%,选择"加强教工党员党性教育,激励党员敢于担当"的占 75.47%,选择"加强教工党支部自身建设"的占 68.87%,选择"其他"的占 0.94%。

三、 推进高校教工党支部在基层工作中"唱主角"的创新举措

(一) 高校教工党支部应树立"主角意识",固定主角地位

1. 高校教工党支部应牢固树立"主角意识"

相比学校和学院层面,高校基层系室的业务量不多,工作紧要性不强,系室人际环境比较随意化、日常化,再加上高校基层系室往往有系室主任、副主任等行政负责人处理日常工作,系室支部往往被系室忽视,支部也往往"自我"忽视,不重视支部在系室工作中领导、主导作用的发挥。但对照落实、实现党的全面领导的要求,和把基层党支部建设成战斗堡垒的要求,高校教工党支部不应甘于"忽视",而应牢固树立"主角意识"、担当意识、责任意识,发挥支部的优势,找好"唱主角"的切入点,搭建平台,主动发挥作用,唱好"主角"。当然支部树立"主角意识",主要责任在支部委员会,在于支部书记,支部委员会、支部书记首先要树立好支部"唱主角"的意识。

2. 利用现有平台,建立高校系室先开支部会议、后开系室会议的"两会"制度

按照高校治理现有体制,高校基层系室作为一级治理单元,负责系室的教学、科研或行政管理、后勤保障以及内部管理等事务,应定期或不定期召开系室会议,布置工作、讨论业务、开展学习等。同时系室基层党支部应定期或不定期召开党员会议,落实支部工作、过组织生活等。系室会议、党支部会议是系室基础的治理平台,可有效整合系室会议、党支部会议现有平台,建立长效化的先开支部会议、后开系室会议的制度。

对系室工作,尤其是系室重点、难点工作,应先召开支部会议讨论研究,分析工作,酝酿、讨论妥当的布置工作、解决难题的办法、方案,而后在系室会议中提出支部提出的方案,供系室会议讨论、决定。支部在讨论研究重点、难点工作时,应鼓励、推动党员主动承担,让党员先啃下硬骨头,确保工作的落实、问题的解决,并在担当中锻炼、培养骨干党员。对于不是党员的系室正副负责人或业务骨干,可列席支部会议,一起讨论工作。系室先开支部会议、后开系室会议的"两会"制度,确保系室党支部对系室工作的领导权、主导权,让系室支部有了固定的"唱主角"的平台和机制,也通过党员的主动担当,在非党员教工中展现党员带头示范的形象,并树立了支部愿意"唱主角"、敢于"唱主角"、唱得好"主角"的形象。

高校或高校院系党组织可在系室推动制定先开支部会议、后开系室会议的"两会"制度的具体实施办法,明确总体程序、参与人员、议事事项范围、会议议程等,落实好这一长效化机制。

3. 全面落实从严治党,锻炼好"唱功"

教工党支部在基层工作中"唱主角"要有唱主角的威望和能力。支部应着眼全面从严治党、支部在系室工作中"唱主角"的要求,加强党员教育、管理、监督,严肃党内生活,不断提高支部的组织力、战斗力、凝聚力、引领力,为在系室工作中"唱主角"提供坚实的基础和保障,并鼓励党员亮身份、求监督,展示党员形象同时改进、提升党员形象。

4. 对照薄弱环节,加强攻坚克难、联系服务群众、政治思想引领等工作

通过调研发现,上海高校教工党员认为教工党支部在基层工作中作用发挥较好,但在攻坚克难、联系服务群众、政治思想引领等方面相对薄弱。为此支部应采取更有效措施、集中更多资源,动员党员围绕教学、科研、管理服务的难题主动担当,啃下硬骨头,更自觉树立群众观念、群众意识,密切联系群众,熟悉群众所思所想所忧,采取务实办法为群众解决困难,通过学习、参观考察、树典型等方法做好教工政治思想教育和师

德师风教育。

专任教师支部要鼓励党员潜心教学、科研,不断提高教学、科研成效和水平,自我加压,创造条件,冲刺更高层级的教学项目、教学成果或科研项目、科研成果,做教学、科研的"火车头",并注意团结身边教师打造高质量的教学、科研团队。行政管理、后勤保障等职能部门党支部要围绕管理、服务工作中的难题,发挥党员作用,不断提高事务管理、服务师生的水平。专任教师和职能部门党支部要设身处地了解、理解师生群众工作、学习、生活中的难题、麻烦事,不畏其难、不厌其烦、久久为功,解决师生群众关切的问题。对群众政治思想引领、师德师风教育要常抓不懈,采取更柔性、潜移默化的方式引导健康积极的政治导向、思想导向、师德师风导向和教风学风导向,做师生常伴身边、不断呵护的帮助者、引路人。为此可把支部书记作为系室联系服务群众、政治理论学习、师德师风建设的第一责任人,督促支部书记的带领支部做好这些工作。

(二)配强高校教工支部书记,发挥支部书记"领唱"作用

1. 按照"2+1带头人"标准选拔、培养支部书记

按照教育部的要求,目前上海高校在教工党支部推广"双带头人"培育工程,按照党建带头人、学术带头人标准选拔、培养、培训教师党支部书记。从上海高校情况来看,多数高校专任教师党支部基本做到了"双带头人",职能部门教工党支部因为主要从事行政管理、服务保障工作,支部书记"学术带头人"的标准还不能完全达到。"双带头人"培育工程无疑能促进教工支部书记强配,为推进支部工作、推进教工支部"唱主角"提供有力的条件。

按照"双带头人"培育工程的要求,"学术带头人"标准要求教师支部书记学术上要强、有一定学术威望,同时"党建带头人"标准要求支部书记要懂党建、抓党建、抓好党建,目的在于增强支部书记领导力,做好支部工作。从实际工作中看,教工支部书记开展工作不仅要涉及党建业务、学术业务,还要涉及行政管理方面的业务。尤其着眼于支部落实党的全面领导、教工支部在系室工作中"唱主角"的要求,高校教工支部书记更要熟悉行政工作;专任教师党支部书记要熟悉行政工作,职能部门党支部书记更要熟悉行政工作。考虑到很多系室主任、副主任兼职支部书记的现象,以及培养支部书记成为同级或更高级行政负责人、院系工作中不断彰显党组织的领导的长远考虑,有必要进一步按照"2+1带头人"(党建带头人、学术带头人,加行政带头人)标准开展教

工支部书记的选拔和培养,推进支部工作同时,也为高校院系基层党务工作开展和院系基层内部治理提供充足优良、可有效衔接的干部储备。

2. 培养支部书记"领唱"的能力

要加强对支部书记支部常规党建工作的培训。教工党支部在基层工作中"唱主角",首先"唱功"要扎实,为此要加强党员教育和管理,严肃、规范党内生活,端正支部风气和生态,督促党员主动发挥先锋模范作用,为教工党支部在基层工作中"唱主角"提供坚实基础。

培养支部书记在"领唱"中既要抓重点,又要学会"十个指头弹琴"。既要在党员普遍重视的"有力推进中心工作、业务工作""在系室工作攻坚克难中发挥重要作用"等方面发力,也要在密切联系群众、引领教师队伍政治思想观念、推动师德师风建设、丰富活跃系室文化等一般重视不够的方面发力,既要抓大,也不能放小,既要务实,也要务虚,既抓中心工作,又要抓暖人心、树形象的小事、琐事。

要培养支部书记自觉凝聚党员、团结群众的能力。教工党支部在基层工作中"唱主角",书记作用很关键,但这绝不是支部书记的"独唱",而是以党员为"主角"、非党员师生参与的"大合唱"。在实际工作中,会出现支部书记对支部工作、对"唱主角"很上心、很积极,但党员或群众不感冒、响应不热烈的情况。为此要指导、培养支部书记自觉主动凝聚党员、团结群众,提升个人亲和力,摸准党员和群众的关切点,找准"大合唱"的切入点和"乐谱",激发每个党员、每位群众的积极性,一起加入"大合唱",唱响主旋律。

(三) 发挥党员优势,形成支部人人参与"唱主角"的局面

1. 积极壮大教工党员队伍,确保支部在系室工作"唱主角"的组织基础

支部在系室中领导能力、主导能力的确立,离不开高质量的党员队伍,也离不开一定数量的党员队伍。如果党员人数过少,在系室教工中比例过低,再能干的支部书记、再高质量的党员队伍也很难"唱主角"。确保支部在系室工作中能唱好"主角",教工党员在教工总数中的比例至少要达到三分之一,达到二分之一及以上更佳。

为确保教工党员在教工总数中的一定比例,既要靠积极发展教工党员,也要靠在教工招聘的前置关口上注重引进党员身份的员工。针对教工队伍中发展党员难的情况,高校教工党支部在发展教工党员上要态度更积极、措施更有效,逐个了解党派外教

师的入党意向，动员熟悉的党员做党派外教师的工作，提高教工党员发展的说服力和成功率。此外，在教工招聘、引进中要重视考察政治面貌、政治倾向，不断提高党员在新引进教工中的比例。

2. 精准部署，发挥好每个党员的先锋模范作用

在基层工作中发挥出先锋模范作用是每个党员的责任，也是党组织对每个党员的要求和期待。教工党支部在系室工作中"唱主角"离不开每个党员的参与和主动作为，对此支部应找准党员的特点和优势，对照支部"唱主角"的需要，系统、精准布局每名党员"唱主角"的领域和发力点。

教工党支部在系室工作中"唱主角"，涵盖支部工作、教学工作、科研工作、行政工作、联系服务群众、系室文化建设、政治思想引领和师德师风引领等各个方面。支部要结合党员的特点和优势，扬长避短，有意识安排党员着重在其擅长的领域发挥作用、做表率、"唱主角"，形成全员参与、全域覆盖、精准匹配的支部"唱主角"的格局。

（四）上级党组织推动搭台，做好教工党支部"唱主角"监督保障工作

1. 上级党组织要在教工党支部"唱主角"中发挥推动作用

院系及学校党组织要有意识鼓励教工党支部在基层工作中"唱主角"。着眼于党的全面领导在高校工作中的落实，着眼于加强高校基层党建工作，教工党支部上级党组织要提要求、压担子，鼓励教工支部主动担当、发挥作用，为高校基层治理贡献智慧和力量。

院系及学校党组织要为教工党支部"唱主角"搭好台。上级党组织要按照更高标准选配支部书记，明确在高校系室建立先开支部会议、后开系室会议的"两会"制度，鼓励支部书记兼任系室主任或副主任。

院系及学校党组织要为教工党支部"唱主角"提供充分激励。加强教工支部书记激励，除为教工支部书记按照系室主任标准提供工作津贴外，把担任支部书记作为职称晋升的加分项，优秀的支部书记要作为院系领导班子成员的优先考虑对象，促进支部书记的个人成长和职业发展。开展优秀支部书记、优秀党员评选活动，激励党员先锋模范作用发挥。

2. 上级党组织要在教工党支部"唱主角"中发挥保障作用

院系及学校党组织要继续为支部工作开展、支部"唱主角"提供经费支持。上级党

组织除为支部常规工作、常规活动提供经费外,还要为支部常规工作之外的"唱主角"工作提供经费支持。

发挥院系党委组织员的协调组织作用。院系组织员要具体指导、推动各教工支部树立"主角意识",做好"唱主角"的规划,安排好支部"唱主角"的具体节奏和工作,对"唱主角"不理想的支部要推一把,避免个别支部"弱化、虚化、边缘化"。

3. 上级党组织要在教工党支部"唱主角"中发挥监督作用

院系及学校党组织要做好教工支部考核工作。在考核中不仅重视支部党建等常规性指标,还要重视体现支部"唱主角"情况的指标,如支部党员在教学工作、科研工作、行政工作、联系服务群众、系室文化建设、政治思想引领和师德师风引领等方面的带头示范作用。不仅采用学期、学年或自然年的考核方式,还可以采用逐月考核、年终累加的考核方式。

院系及学校党组织要做好支部书记的考核工作。可以采用书面汇报、现场检查、述职答辩等方式,加强对教工支部书记工作考核,并把考核结果和教工支部书记工作津贴挂钩。

院系及学校党组织要做好党员民主评议工作。要认真、扎实举办专题民主生活会,开展党员民主评议。对发挥党员作用不理想的党员,要"红红脸"、"出出汗",发挥出民主生活会的教育、监督、激励作用。

(上海海事大学课题组　朱耀斌　欧阳曙)

在高校师德师风建设中唱好主角

党的十九大报告明确提出,要以提升组织力为重点,突出政治功能,把基层党组织建设成为坚强战斗堡垒。这是党中央从战略和全局高度对党的基层组织建设提出的新定位、新要求,为做好新时代基层党建工作指明了方向,同时高校党支部组织力的提升直接关乎基层党组织建设的成效,在新时代具有重要意义。习近平同志在2016年的全国高校思政工作会议中提出,高等教育要为中国共产党治国理政服务,人民教师要成为党执政的坚定支持者,使师德师风建设成为高校教师党支部建设应有之义。

本文根据高校教师党支部的实际作用,将组织力的原始组成要素进行对标分解为提升基层党组织政治领导力、思想引领力、群众组织力和社会号召力,这是全面提升基层党组织组织力的四个重要方向,也正是基层党建在师德师风建设工作中发挥作用的四个重要机制,即政治指导机制、教育引导机制、协调激励机制和标杆示范机制。本文通过对华东理工大学教师党支部在师德师风建设实践中"唱主角"的典型案例进行分析,从理论和实践两个维度建构坐标,整合实践案例作用发挥机理及推广模式。

一、 政治指导机制

高校教师党支部使党在基层组织工作中具有政治领导核心力量。在高校的师德师风建设过程中,高校教师党支部要深刻理解办好社会主义大学的历史使命、办好人民满意大学的政治任务,要担负起凝聚全体教师党员,发动全体教师党员并引领广大教师在社会主义建设的伟大实践中实现"教书育人"事业理想之责。高校教师党支部可以通过"三会一课"开展集中学习、专题讨论、党课宣讲,对教师进行共产主义理想信念教育和教师师德师风教育;通过党支部书记党课"讲师团"模式,打造党课第二课堂,在具体开展过程中,邀请优秀教师与学生对话交流,强化高校教师党支部的政治领导力。例如华东理工大学商学院会计系教工党支部开展了"党建引领中心工作、有效抗击新冠疫情系列党日活动"。

2020年岁末年初,发生在武汉的新冠肺炎疫情打破了2020年春节的祥和气氛。党中央、国务院对此高度重视,疫情期间,习近平总书记始终强调,要把人民群众生命安全和身体健康放在第一位。在抗击新冠疫情的过程中,会计学系教工党支部在师德师风建设、教学和科研等工作中,结合专业知识,推出与抗疫相关的系列"华理师说"和公开课。在学院公众号上推出"华理师说"系列栏目,如"呼吁中央政府加大中小企业抗'疫'扶持力度";"疫情之下企业的突围之道——构建现金流护城河";"新冠肺炎疫情下的资本市场——未来可期";"危机的传播与应对——新冠疫情影响下的财务学思考";"企业抗'疫'——扬汤止沸不如未雨绸缪"等。会计学系教工党支部参与推出"科学抗疫,专家赋能"公益微论坛和MPAcc在线公开课,如:"金融资产类别处理的'科学与艺术'——以上市公司YGE为例";"上市公司信息披露中的是是非非";"新冠疫情影响下的财务学思考";"公共危机中商业模式与财务战略调整的逻辑和思考"等。

抗击新冠疫情,会计学系教工支部坚持党建引领教学和科研工作,在思想上进一步提升了党员的先锋模范意识;在工作中,疫情中的线上教学开展有效地实现了"停课不停学"的目标,线上线下教学经验积累,进一步提升了党员教师教书育人的本领。

二、 教育引导机制

高校教师党支部在师德师风建设中要以日常的工作为立足点,以习近平新时代中国特色社会主义思想为指导,深入贯彻党的十九大和十九届二中、三中、四中、五中全会精神,深入贯彻《中国共产党宣传工作条例》《新时代公民道德建设实施纲要》《新时代爱国主义教育实施纲要》,强化主阵地作用,推进建设新思想课程群,强化教学效果提升,推进思政课改革创新,持续深入学习习近平新时代中国特色社会主义思想,提升党组织思想引导力在基层的落实与普及。华东理工大学商学院金融系教工党支部以"四史"学习推动金融学系课程思政体系建设,在教育引导机制上取得积极成效。

课程思政指以构建全员、全程、全课程育人格局的形式,使各类课程与思想政治理论课同向同行,形成协同效应。金融学系教工党支部以"四史"学习教育支撑课程思政教学改革。深刻把握学习"四史"的价值蕴含和实践要求,在学习中内化对中国金融发展规律的思考和理解,挖掘金融学各门课程中的思政元素,探讨课程思政元素在专业课程体系中的承载、贯通和融合,从点到面,探索建立"课程联动、目标贯通"的金融学专业课程思政体系。该支部开展"四史"学习主题党日活动,观看"四史"学习视频。支部成员分享"四史"学习心得,结合"四史"学习挖掘课程思政元素。通过交流、讨论和相互学习,将各门专业课程中的思政元素贯通起来,明确在不同课程中的侧重点。

1. 结合"四史"学习挖掘课程思政元素

金融系党员老师深刻把握学习"四史"的价值蕴含和实践要求,真正做到"学、思、用"贯通。专业课程中选取中央银行发展历程、资本市场改革和发展、人民币汇率制度改革历程、"一带一路"及亚投行的发展等课程思政元素,从道路自信、理论自信、文化自信等角度结合专业知识开展课程思政教学。

2. 各门专业课程思政知识点融会贯通

通过讨论交流,凝练可以贯通学科基础平台课、专业必修课、专业选修课的课程思政知识点。比如通过梳理中国人民银行建立发展的历程及近年来的货币政策工具创新,可以将《金融学》《中央银行学》的课程思政案例分析由浅入深、层层递进;通过分析国际原油期货市场价格波动及对现货市场定价的影响,可以将《金融学》《金融市场学》《金融工程导论》等相关衍生金融工具知识点由浅入深、有机结合,并且结合我国在原油定价博弈中的经验及教训激发学生历史使命感和责任感,以正确的立场和视角分析金融市场的波动现象。

3. 课程思政与创新创业有机结合

时代的发展离不开创新精神和创业思维,每一门课程本身也同时承载着价值引领和实践能力培养的双重目标。党员老师们在课程思政建设过程中感受到了二者融合的必要性和迫切性。通过创新创业实践训练的培养、指导 USRP、暑期实践项目,引导学生做好项目选题,在金融扶贫、绿色金融、金融科技等方面进行调研和探索性研究,可以更好地将课程思政和创新创业教学目标有机结合,更有利于培养学生的创新实践能力。

该支部通过开展"四史"学习,使党员老师更加坚定信念、明确方向,为开展课程思政教学体系建设提供有力的理论支撑。特别是在 2020 年春季学期的线上教学实践中,金融系教师在课程讲授中更加立足于中国实践、从"四史"中不断汲取精神力量和经验智慧。《金融学》课程思政教改项目被评为校级优秀项目,录制课程思政视频推送到"学习强国",编写的课程思政案例将汇总出版;金融学课程思政项目立项为师德师风重点建设项目,同时将课程思政和创新创业融合的教学团队立项为"典型双创教师团队"。在课程思政体系建设上,已经逐渐梳理形成了可供开展行动学习的课程思政示范案例,可以将课堂教学、案例教学、课后自主学习及暑期实践有机联系,实现知识传授、价值引领、创新培养三重教学目标。

三、 动员协调机制

有效的参与可以提升基层党支部工作的实效性。在高校教师党支部工作中,一方面要通过工作机制的规范和完善,在制度上为高校教师党支部书记的作用发挥提供切实的保障,可以通过高校教师党支部联络教师培训基地,比如青年教师培育基地、教师联谊会等,在教学、科研、生活等方面构建教师沟通交流机制,通过工会、教师工作部、教代会等,为教师提供困难问题解决的平台,为教师教书育人事业提供保障。另一方面由高校教师党支部通过组织专题支部生活、实地调研、网络学习等,把师德师风的培训和实践落实落地落细,激励教师干事创业的热情。华东理工大学商学院工商系教工党支部在特殊时期体现了高校教师的多角色担当。

新冠疫情发生后,高校复学面临着严峻的挑战。如何能够让学生在远程也能学好习、上好课,并能够接受到定期的心理辅导和学术指导成为关键的问题。商学院工商系教工党支部召开组织生活会,讨论疫情下如何实现对学生的远程指导、发挥高校教师的角色。各位党员教师积极讨论,提出了从录制线上课程,举办定期的线上学术研讨会为学生提供学习和学业上的指导,到通过一对一的线上沟通方式为学生提供心理咨询和指导,帮助学生调整好自己的身心状态等一系列措施。根据组织生活会的讨论,各位党员教师提出了从以下几个方面进行有效的学生指导,并通过采取具体行动支持疫情之下的教学和学生指导工作。

1. 录制课程或通过直播课程的方式进行课程讲授

疫情之下,为了不耽误课程的有序开展,工商系教师积极参与课程的线上录制。在开设的本科生课程中,工商系通过线上课程的方式开设了 26 门课,10 余名党员积极参与了其中的录制。

2. 采用线上讲座的方式,培养学生学术思维

线下的学术会议无法正常召开,工商系的党员教师就转战线上。通过线上的学术

研讨会方式,为学生的学术发展提供思路。比如景奉杰和郭毅老师围绕"服务业"、"企业行业"以及"老字号"等开展了一系列的线上公益讲座,并邀请了行业内的专家进行学术分享。

3. 撰写抗疫相关文章,为抗疫献计献策

侯丽敏老师积极组织此次学院抗疫文章撰写活动,通过学院的官方微信公众号发布。工商系教工支部的党员针对疫情之下的工作以及行业格局进行了广泛深入的分析,撰写了抗疫系列文章。比如宋渊洋撰写了《疫情对企业生存的影响》;陈洪安撰写了《在家办公中如何更好地规划时间》;陈万思撰写了《远程办公下的行动学习》等。工商系教工党支部先后有 10 余篇疫情文章在学校官方微信公众号推送。

4. 通过一对一的学生心理沟通,为学生身心调整提供指导

在疫情之下,长期没有参与学校的校园生活使得学生可能会发生心理上的变化。工商系教工党支部有多位党员担任了班导师的工作,在疫情之下也采用了多种方式来关心班级同学的心理状态。比如担任大四学生的班导师的张艳辉同志基于大四学生的特殊情况定期了解学生动态,并为考研失利或者尚未找到合适工作的同学提供心理辅导。张凯丽同志担任了大一的班导师,而大一学生面临专业分流,对分流情况的不了解以及未来的迷茫也给学生带来了一定心理压力。针对这一问题,她对学生开展了一对一的线上沟通,了解并解决学生的实际问题。

5. 为保研和就业学生准备推荐材料,寄送推荐信

大四学生是本科生中特殊的群体,他们面临着升学和就业的压力。而往年可以在学校里相对容易获得的材料如今面临着较大的障碍。尤其在升学和就业中,对方单位要求有指导老师的签名或有单位的公章,这给他们的材料准备环节带来了一定的挑战。面对此情况,工商系教师积极了解学生的情况,为需要的学生准备好相关材料后给学生寄出,使得学生能够在规定时间内完成材料收集和整理。

党支部积极动员教师立足岗位,履行自己的工作职责,奉献自己的力量,发挥党员教师的智力优势,动员协调机制效果显著。

四、 标杆示范机制

先锋模范的示范性具有先进教育引导作用,良好的师德师风是引导广大青年教师

树立坚定政治信念和崇高职业理想的先决条件。根据考评结果定期评选基层党建工作先进个人、先进党支部,通过对先进个人典型人物、先进党支部典型事迹的宣传,塑造向师德师风标杆学习的良好风气,加强教师"教书育人"的工作职责和时代使命。对成绩突出者开辟宣传专栏进行表彰,同时在绩效考核、评优评先、职称评选、干部选拔、培训进修等方面予以优先考虑。在执行学校相关规定的基础上,在教师职称评定时由党委委员对其思想政治表现进行打分,严把教师政治关。把师德师风的标准和规范纳入教师聘任、遴选、考核工作中,实施师德师风"一票否决"制。

1. "脱贫攻坚战,我们一定打得赢"——华东理工大学商学院专业学位中心教工党支部与定点扶贫寻甸前线工作临时党支部联合开展组织生活会

2020 年是国家精准扶贫"收官"之年,也是全面建成小康社会的关键之年。在抗击疫情的特殊时期,如何凝心聚力打赢脱贫攻坚战,确保如期全面建成小康社会成为至关重要的问题。华东理工大学商学院专业学位中心教工党支部与校定点扶贫寻甸前线工作临时党支部通过线上视频会议的形式,联合开展组织生活会。中共寻甸县委常委、副县长、定点扶贫寻甸前线党支部书记董玉国做了题为"小康路上,一个也不能少"的专题讲座。董玉国主要从寻甸县的基本县情、脱贫攻坚的主要做法、实施乡村振兴的思考、干部队伍的作用发挥四个方面讲述了寻甸县人民是如何打赢这场脱贫攻坚战,他还特别介绍了自 2012 年华东理工大学结对帮扶寻甸后,双方在定点帮扶、乡村振兴、科技成果转化、科技创新平台建设、人才培养等方面开展的长期合作,以及在脱贫攻坚过程中写出的感人扶贫故事。他提到 8 年来,华理紧密结合寻甸经济社会发展实际,秉承"寻甸所需、华理所能"的原则,深深扎根红土地,与寻甸结下浓浓校县情。寻甸县塘子街道塘子大村驻村工作队第一书记、华东理工大学挂职干部胡宝林介绍了自己所在村的集体经济发展和民族团结示范点建设情况,深情讲述了各民族团结一心、苦干实干,手挽着手、肩并着肩,共同开创民族团结进步新局面的决心和斗志。正在寻甸支教的华理第 21 届研究生支教团团长李承霖从自身体会出发谈了自身感想。他认为党员干部和各族人民"逢山开路遇水架桥"的实干是脱贫致富的关键,巩固脱贫攻坚战役需要当代大学生的奉献和担当,研支团将会坚持扎根云南寻甸、潜心教书育人、用所学知识改变贫困地区面貌的初心和使命,用充满青春正能量的故事为孩子们讲述多彩的人生,让梦想的种子在他们心里生根发芽。

学院专业学位中心教师党支部教师还与前线党支部交流了目前寻甸县巩固脱贫

攻坚工作存在的问题,同时深感高校干部远赴基层扶贫工作的艰巨,表示在未来的工作中将继续努力做好沟通交流工作,推进校县合作,助力华理更好地发挥高校人才优势、智力优势,持续推进人才扶贫、教育扶贫、科技扶贫和文化扶贫等工作。

2. "青春由磨砺出彩,人生因奋斗升华"——师生联合倾听战疫故事汇

在党中央集中统一领导下,全国医护人员、广大志愿者奔赴前线、共同战"疫"。一个个不平凡的人物活跃在抗击疫情的一线,谱写了一首首可歌可泣的英雄赞歌。为迎接党的生日,学习身边先进人物的事迹,感悟党员的初心使命,学院师生联合支部召开空中组织生活会。主要由三位党员来分享自己及身边人的故事。

(1) 助力基层防疫,以行动践行党员宗旨

"是国家的政策帮助我减轻了家庭经济负担,现在就是我为国家出力的时候。"黎芳积极参与分派社区相关援助物资、深入宣传疫情防控知识,用实际行动践行党员宗旨。谈到做社区服务的原因,黎芳说:"当时我在网络等平台上看到钟南山院士和李兰娟院士在疫情期间挺身而出,勇赴前线选择逆行前往武汉,这种无畏的精神使我深受感动。同时我哥哥在疫情严重时主动请缨参加援鄂医疗队伍。这种在紧要关头冲锋在前的魄力,让我感到更应当要发挥自己的表率作用。"青春由磨砺而出彩,人生因奋斗而升华。黎芳说:"这次的疫情不仅让我看到了国家对人民的真切关怀,更让我看到了我们青年一代的责任担当。作为一名新时代的大学生,我觉得我们应当不断提高自己的专业能力,争取在未来能为国家的建设添砖加瓦。"

(2) 做口罩生产线上的"显微镜"

"每多做一个口罩,就能让一线的医护人员多一重保障。"抱着这样的心态,周沁人不敢停歇,谨慎地完成任务。随着新冠疫情在全国全面爆发,口罩需求量喷井式增长。2月初,她在她家乡的志愿者网站上看到了口罩厂志愿的招募,便第一时间加入到了口罩生产志愿的行列。正式进入工厂之前还有很多道程序,她们先进行了常规的体温测量,然后换上一次性防护服、鞋套和头套。接着是进入洗手区,进行洗手消毒,再穿过除静电的通道,最后进行全身消毒才能进入到生产区域。在生产区域,大家需要来回小跑,不然就跟不上机器的速度。此时虽然还是冬季,但是口罩厂车间内的温度却达到了 25 摄氏度,再加上机器的噪音很大,在机器上重复单一的动作很快就使她感到非常疲惫。但是当看到身旁已经连续工作一周的志愿者阿姨仍然在埋头苦干,想到她们参与生产的口罩可以帮助到更多的抗疫工作者,她便又振作了起来。同时由于一次

性防护服非常有限,为了节约防护服,志愿者们都尽量不饮水不上厕所,一干就是四个小时。这段时间里她所在的志愿团队参与生产的口罩,大部分捐赠给了她家乡的医院以及各疫情防控工作者,切切实实地为家乡的防疫工作贡献了力量。这次经历使她感悟到,"志愿"二字,"志"在于奉献之志,"愿"在于服务之愿。不以功利的角度投入志愿活动,或许收获的比原本想象的更多。

(3)支教反哺尽爱心,心系山区绽芳华

当李强通过华东理工大学励志计划走出大山来到上海后,他更加深切地感受到农村和大城市在教育上的巨大差距。由他倡议成立的"扶祉计划"支教团队,其初衷是为了让贫困地区的更多人能在精神上也翻出那座无形的高山,走出那片贫瘠的土地。"扶"是帮扶,"祉"是福祉,而"扶祉",则是借他们的手,借青年力量的手,为物质和精神全面步入小康社会贡献青春力量。寒假期间,因为新冠肺炎影响,他们调整队伍结构,整合线上资源,利用新媒体优势将活动从线下搬到了线上,即"云"支教。新冠肺炎的预防知识普及成了此次志愿活动的一个重点。为了让学生和家长们更好地认识新冠肺炎的特点和防护措施,他们整理了关于新冠肺炎的防护知识点,精心制作PPT,组织志愿者们一同学习,给孩子们带去了防疫知识。这期间,孩子们也自发用自己的方式,书写文字、绘制画稿、拍摄视频,为武汉加油。这是预防新冠肺炎知识的课堂,也是爱国教育的课堂、正能量的课堂。

千秋伟业,百年序章,风华正茂。通过这一次的战"疫"故事汇,党支部成员从几位亲历者讲述中深刻地感受到了新时代青年的责任与担当。未来还有更多的挑战需要全党同志去战胜,还有更大的使命等待着党员去完成。师生党员应当不负国家和组织的栽培教育,深化理论知识学习,在书写中华民族千秋伟业的进程中,始终做到初心如磐,牢记使命在肩。

综上,在高校师德师风建设中教师党支部要"唱主角",就要把党的政治建设摆在首位,提升基层党组织的政治领导力;夯实党的思想建设的根基,提升基层党组织的思想引领力;坚持以人民为中心,提升基层党组织的群众组织力;增强动员、整合、引导社会的能力,提升基层党组织的社会号召力,充分发挥战斗堡垒作用。

(华东理工大学课题组　崔美娜　马　玲　翟慧娟)

强化高校学生党员使命担当的责任意识

习近平总书记在全国国有企业党的建设工作会议中指出，要让支部成为团结群众的核心、教育党员的学校、攻坚克难的堡垒。支部是党的全部工作和战斗力的基础，在基层单位中发挥核心作用。只有每一个党支部在基层工作中"唱主角"，充分发挥战斗堡垒作用，才能筑牢党的执政根基。高校学生党支部是"唱主角"的重要主体。据《人民日报》报道，截至 2016 年 6 月，全国高校在校大学生党员总数逾 211 万人，占全国高校学生总数的 7.7%，学生党支部达 7.96 万个。学生党支部是高校党组织联系广大学生群体的桥梁纽带，"唱好主角"尤为重要。

一、高校学生党支部在基层工作中"唱主角"的涵义与重点

重视和加强党支部建设，是马克思主义政党的鲜明特征。中国共产党建党之初，党的基本组织单元为"组"，后为"小组"，直至 1925 年党的四大才将其确立为"支部"。1926年，党中央提出"一切工作归支部"的口号；1927 年，毛泽东同志领导"三湾改编"，确立了"支部建在连上"的原则。而今全党 400 多万个党支部，像一张庞大的神经网络，把 9 000多万名党员紧紧联结在一起。新时代对党支部的建设提出更高要求。《中国共产党支部工作条例（试行）》既传承"支部建在连上"的光荣传统，又体现党支部建设新做法新经验，其《总则》规定，"落实党要管党、全面从严治党要求，全面提升党支部组织力，强化党支部政治功能，充分发挥党支部战斗堡垒作用"，明确提出"全面提升支部组织力"的要求。

基层党组织的组织力，主要指基层党组织为完成其承担的职责任务、实现党组织的工作目标而组织凝聚动员影响基层社会各方面力量的能力。简言之，支部应提高自身组织能力。"要让党支部在基层工作中唱主角"，履行党支部的职责，践行党的宗旨和群众路线，充分发挥战斗堡垒作用，筑牢党的执政根基。笔者以为，党支部"唱主角"

在于"党支部担负直接教育党员、管理党员、监督党员和组织群众、宣传群众、凝聚群众、服务群众的职责"。支部"唱好主角",应发挥好"领唱"的头雁效应,把"唱功"提上去,唱好"主旋律"的大合唱。

高校肩负培养社会主义建设者和接班人的重任,教育工作的重要任务是把习近平新时代中国特色社会主义思想转化为优先发展教育事业的生动实践。当代大学生是值得充分信赖、可以寄予厚望的一代,应充分发挥高校基层党组织战斗堡垒作用,使高校成为坚持党的领导的坚强阵地。《中国共产党支部工作条例(试行)》提出,"高校中的党支部,保证监督党的教育方针贯彻落实,巩固马克思主义在高校意识形态领域的指导地位,加强思想政治引领,筑牢学生理想信念根基,落实立德树人根本任务,保证教学科研管理各项任务完成。"高校学生党支部更是学校党组织与广大青年学生联系的纽带与桥梁,是实现党对学校全面领导的重要基础和组织保障。因此,全面推进学生党支部组织力建设,是实现高校立德树人根本任务的客观需要,也是推进高校实现内涵式发展的必然要求。

(一) 把思想政治引领摆在首位

党支部"唱主角"必须把思想政治引领摆在首位,筑牢学生理想信念根基,确保党支部建设坚定正确的前进方向。新时代的高校学生党支部"唱主角",要把理想信念教育作为党支部建设的重中之重,厚植学生党员的理想信念,筑牢思想防线,致力于培养理想远大、信念笃定的合格共产党员。务必要引导学生党员增强"四个意识",坚定"四个自信",坚决做到"两个维护"。这也是新时代高校学生党支部应尽的政治责任,是检验高校学生党支部政治工作的重要标准。

(二) 落实立德树人根本任务

党支部必须坚持围绕中心、服务大局不动摇,用完成中心工作的实际效果检验党支部建设成效。高校的根本任务是立德树人,需要回答"培养什么人、怎样培养人、为谁培养人"这一根本问题。习近平总书记也提出"教育是国之大计、党之大计",将立德树人作为根本任务的教育是党的重要事业。学生党支部"唱好主角",就是要牢牢抓住立德树人根本任务,加强学生的道德教育,把社会主义核心价值观融入支部"唱主角"的全过程,引导学生主动对接国家重大需求,把论文写在祖国的大地上。

（三）践行党的宗旨和群众路线

高校学生党支部必须深入学生开展调查研究，了解广大学生所思所想，解决广大学生所困所惑，提升支部在学生专业学习、志愿服务、社会实践、就业创业等方面的组织力和影响力，成为引领优良班风、校风、学风的引导者，成为维护学校改革发展稳定大局的战斗堡垒。要围绕立德树人根本任务，坚持将提高思想政治素质和服务学生成长成才相结合，引领广大青年学生坚定理想信念、践行社会主义核心价值观，让学生党支部成为学生身边、服务学生最值得信任的组织，成为高校为党育人、为国育才的中坚力量。

（四）坚持守正和创新相统一

中国共产党在党的建设过程中，久久为功、守正创新，积累了成熟的党建经验，把握了党的建设规律。高校学生党支部是一个极具生机与活力的组织，组织成员年轻而富有创新精神，资源丰富而具有时代气息。高校学生党支部应有改革创新的理念，明确党支部发展的目标，以改革创新的方式方法增强党建工作的针对性，以创新服务功能为切入点创造党支部发展的动力，实现学生党支部与时俱进的发展。

当前，高等教育事业正处于快速发展的新阶段。让学生党支部在基层工作中"唱主角"，发挥党员先锋模范作用，把党支部建设成以全面落实立德树人为根本任务、团结广大师生共同奋斗的坚强战斗堡垒，对于坚持和加强党对高校工作的全面领导，培养社会主义建设者和接班人的目标，具有重要意义。

二、 高校学生党支部"唱主角"的影响因素分析

（一）高校党建普遍存在"上热、中温、下凉"问题

中央组织部2020年召开基层党建工作重点任务推进会，提出高校党建要着力解决"上热、中温、下凉"问题，推动地方党委履行属地管理责任、主管部委结合领导班子建设履行管党责任。通过梳理中央和教育部对高校的巡视发现，高校党的建设"上热、中温、下凉"问题较为突出。

以十八届中央巡视 C9 高校情况为例,发现有近 2/3 的 C9 高校存在党建工作薄弱、基层党组织建设薄弱和党内政治生活不够严格的问题。其中高校支部建设普遍存在"宽松软"的问题。2019 年,教育部党组分两轮对 12 所高校进行了巡视,指出高校党建存在的突出问题在于"基层党建薄弱""党建工作尚未压紧压实"。

(二) 高校学生党支部层面存在的具体问题

笔者设计了《高校学生党支部在基层工作中"唱主角"的实践研究》的调研问卷,共收到来自上海交通大学、复旦大学、华东师范大学、上海大学、上海师范大学、上海财经大学、上海体育学院等高校的有效问卷 122 份。研究设计主要侧重点在于高校学生党支部是否"唱主角"以及如何"唱好主角",问卷结果如下:基本信息方面:1. 问卷对象的学历基本以硕士为主,占比为 86.07%;2. 问卷对象的政治面貌基本上为党员,占比为 78.69%;问卷对象所在党支部设置主要按照年级和按照班级设置,分别为 58.2% 和 33.61%;大部分问卷对象认为自己所在党支部发挥了"唱主角"的作用,有 10 人(8.2%)认为没有发挥"唱主角"作用,有 27 人(22.13%)表示不清楚。

问卷对象认为高校学生党支部的工作主要包括价值引领、党员教育、党员发展、立德树人和服务师生等五个方面的内容。"党的组织生活规范,学生党员在基层工作中发挥先锋模范作用"突出体现了学生党支部在基层工作中发挥了"唱主角"作用,其他依次是"团结凝聚服务学生,学生归属感、获得感增强""引领学生投入学习、科研的动员力、实效性增强""党支部书记和支委理论水平和综合素养高"等。发挥党支部"唱主角"作用存在的主要问题在于"党员激励关怀机制不健全,团结凝聚作用不足""党建对学习、科研的引领作用薄弱""党支部政治功能弱化,政治引领作用不足"等。"党支部围绕中心,团结服务学生群众"能更好的发挥党支部"唱主角"的作用,表明广大学生对党支部的期待主要在于做好团结服务学生等工作。从制度的角度来看,"学生党员参与支部工作的激励制度"是最有利于促进学生党支部唱主角的制度,其次依次是"党支部组织生活制度"和"党支部书记的选任培育制度"等,表明如何"唱好主角",引导学生积极参与支部工作最为关键。

三、 高校学生党支部"唱主角"的现实要求

(一)"四责协同"机制下高校"大党建"责任体系的构建

上海市教委工作党委、市纪委监委驻市教卫工作党委纪检监察组就加强全面从严治党"四责协同"机制建设提出了实施意见。上海许多高校也制定了有关实施办法,构建起"四责协同"机制。基层党建工作是全面从严治党的重要组成部分,构建起明确的责任体系,能有力促进全面从严治党要求在党支部的贯彻落实。根据全面从严治党"四责协同"机制,建立健全党支部建设的体制机制,可以从以下几个方面进行探索。

1."四责协同"机制下学生党建责任体系建构

让支部"唱主角",最关键的是学校二级单位党委要切实把主体责任放在心中,注重从源头发力。各级党委应以政治建设为统领全面加强党的建设,强化基层党组织的政治功能和组织力,扎实推进基层党组织建设和党员管理规范化。在如下几个方面加强统筹指导:各级党委应定期研究部署院系学生党建工作、建立院系党组织班子成员联系学生党支部制度、贯彻落实《中国共产党支部工作条例(试行)》、指导各党支部结合学习科研情况,积极开展主题党日活动。二级单位纪委或分管纪检工作的负责人要切实把监督责任扛在肩上,督促落实支部"唱主角"工作的严格监督。党委书记作为第一责任人,在履行党建工作责任制中应发挥总揽全局、协调各方的作用,要抓牢重要工作部署这个环节。班子成员要切实把"一岗双责"落在支部工作上,抓业务与抓所联系的支部同步部署,在狠抓落实中使"四责协同"体系下学生党建责任体系的落地生根。

2. 细化完善"四责协同"运行机制

在部署和推进上,制定"2+N"会议制度,确保院系全年至少召开2次党委专题会议,专题研究学生党建工作,针对监督发现的问题,提议党委及时召开研究、评议和推进会议。在强化主体责任上,建立"两个主动"机制,党委要主动发现问题、完善制度配套,书记要主动支持学生支部活动的开展,亲自协调、督办。在"一岗双责"上,分管领导要结合分管业务,适时向党委提交各学生党支部工作计划,并对支部工作计划的可行性进行负责。实践证明,只有把抓好党建作为最大的政绩、第一责任,确保责任到位、严格问责,管党才能做到真管、治党才能做到严治,党支部才能充满生机活力、更加坚强有力。

（二）加强队伍建设，挺起"唱主角"的主心骨

高质量推进基层党组织建设。进一步健全学生党支部建设的制度安排，实施基层党建创新发展行动计划，推进支部书记队伍建设，指导支部按期换届。

1. 公开透明抓选拔，着力增强学生党支部书记岗位吸引力和影响力

一方面，要执行严格的学生党支部书记选拔标准。高校要严格遵循《中国共产党章程》，结合高校学生党支部书记队伍建设的实际，按照"专、精、活、强"的标准选配学生党支部书记。党支部书记主持支部全面工作，要做到责任在心、担当在肩，对自己应当履什么职、尽什么责做到心中有数，政治理论学习要"专"。"精"指的是学习一定要精。学生党支部书记如果学习或者工作成绩不佳，势必影响其自身发展及其在支部党员与学生中的威信，进而影响党员干部的形象和党建工作的开展。"活"指的是学生党支部书记的履职方法一定要灵活。党支部书记的计划执行、组织协调、沟通表达能力等直接影响党支部工作能否高质量开展，工作方式方法越灵活，学生党支部才能越建越好。"强"指的是学生党支部书记的责任担当意识一定要强。党支部书记具有责任心，才有工作热情，才能具备无私奉献的精神，才能时时处处起到模范带头作用。另一方面，要拓宽通畅的学生党支部书记选拔渠道。要开阔选任视野，既可以选拔熟悉党务且有渊博学识的辅导员或班主任老师担任，也可以选拔优秀的学生干部党员担任，还可以选拔政治素质过硬、具有号召力的学生党员担任。要统筹考虑学生党支部书记队伍建设，有计划地在大学一、二年级学生群体中遴选一些政治素质好、组织能力强、学习成绩优、具有奉献意识的"好苗子"，为学生党支部书记选拔工作储备充足可靠的人选。

2. 标本兼治抓培养，着力提升学生党支部书记和支委理论水平和综合素养

加强高校学生党支部书记培养培训，要突出针对性、精准性和系统性，同步提升学生党支部书记和支委理论水平和综合素养，建立健全大学生党支部书记支委的培养机制，确保培养工作取得实效。

首先，建立健全学生党支部书记支委培养机制。高校应开设校院两级青年马克思主义学校。一般而言，由校青马学校承担对学生党支部书记的培训，由院系青马学校承担对支委的培训。青马学校每年应举办两期，实现对所有学生党支部书记和支委培训的全覆盖。其次，进一步强化理论培训。提升学生党支部书记的理论修养，完善学

生党支部书记理论培训体系。一是明确理论培训目标。要结合新时代党的基层组织建设对学生党支部书记提出的要求制定目标。二是突出理论培训重点。要把学习习近平新时代中国特色社会主义思想放在最重要的位置,强化理论武装。三是优化理论培训内容。要按照"缺什么补什么"的原则,设立诸如"支部书记需要做什么""怎样成为一名合格的支部书记"等培训内容。再次,进一步加强实践能力培养。要有针对性地提高学生党支部书记实践能力,引导学生支部书记和支委参加社会实践活动。比如在"不忘初心、牢记使命"主题教育过程中,组织以"重温长征精神•续写时代篇章"为主题的社会实践活动,实践调研江西瑞金、陕西延安等地,实地体验了红军长征的大脉络。此外,促进学生党支部书记积极融入各项教育管理事务中。如在意识形态工作领域,在加强必要指导的前提下,放手让学生党支部书记参与学生的思想政治工作,发挥学生党支部书记来自学生群体、了解学生群体的优势,提高实践能力。

(三) 展现新作为,绘就"唱主角"的同心圆

1. 找准党建工作与学习科研工作相结合的有效途径

首先,支部应积极引导学生党员做好学习科研。引导学生党员充分发挥党员先锋模范作用,勇挑科研重担,以国家的重大技术需求为导向,将论文写在祖国大地上,不断提高党性认识,为社会发展作贡献。其次,党支部应在结合学业帮扶机制、学业预警机制与精细化管理理念的基础上,引入本科生学业帮扶精细化管理模式,把支部活动和学习科研有机结合。如在全党深入开展"两学一做"学习教育实践活动的背景下,某学院学生党支部举行"'一个也不能少'党员精准帮扶'学困生'"主题党日活动,为学习困难学生解决学习问题。在帮扶过程中,要求学生党员及时将帮扶学生的变化情况记录在党员帮扶工作本上,定期开展支部会议进行讨论,群策群力共同解决"难啃"的骨头。第三,要创新支部活动方式。高校博士生党员普遍科研压力较大,开展支部活动时,很难将所有党员聚集在一起。因此,需不断开创新的支部活动方式,比如按照科研方向设立党小组,便于以党小组的形式开展学习,或实行组会之后开党会,将组会与支部生活会有机结合,既提高了效率,也提升了支部的学习效果。

2. 推行"主题党日 + "支部组织生活

高校开展主题党日活动是新形势下加强高校基层党组织建设和党员教育管理的有效形式。党日活动主题是否鲜明、效果是否显著、育人功能是否充分发挥将直接影

响党组织和党员作用的发挥。习近平总书记指出,"要创新方式方法增强吸引力和感染力,提高组织生活质量和效果"。这就要求高校在开展主题党日活动时要关注新格局,因势而谋,因势而变,创新活动的内容与形式,使党日活动不断向常态化、品牌化、实效化方向发展,真正发挥基层党组织的服务引领作用。一方面,定期发布主题党日活动。学校学工部党建科在年初发布主题党日活动的主题,引导学生党支部每个月按时举行党日活动。同时,如果遇到最新的时事热点内容,也可以及时发布主题活动参考内容,指导学生党支部及时开展好每月一次的党日活动。另一方面,积极落实"主题党日"活动,并在主题范围内积极创新,开展丰富多彩的主题党日活动。如在2020年疫情期间,某校学生党支部举办观看抗疫短片、线上读书分享、开展主题讲座、号召志愿捐款、给一线抗疫人员写信等一系列丰富多样的党日活动。

3. 创新支部活动平台

应为学生党员搭建喜闻乐见的平台。如实行党支部"共行计划",搭建支部活动平台。"共行计划"指的是学生党支部与基层单位、重点行业单位党支部开展结对共建活动,引导学生党员以"不忘初心、牢记使命,勇做担当民族复兴大任的时代新人"为目标,深入基层、深入行业,在实践中涵养家国情怀、培养学术志趣,树立在新时代勇担民族复兴大任的远大理想,未来到祖国和人民最需要的地方建功立业。活动内容上,应注重理论和实践相结合,结合双方需求、突出问题导向;活动形式上,应立足客观实际、鼓励创新开展,主要有理论宣讲、联合党日、参观走访、课题调研、志愿支教、实习锻炼等;活动组织上,坚持求真务实,努力提升支部党员和共建单位成员的获得感。

要搭建党支部网络平台。网络平台是党建工作的重要载体和学习阵地,在网络平台的综合使用过程中,不仅可以更全面、系统、持续的掌握党员的学习动态,还可以更及时的传播时事新闻、党建工作的系列动态,进而形成线上线下全覆盖的立体传播格局。如2020年新冠肺炎疫情期间,高校学生党员未能按时返校开展主题党日活动,搭建好支部网络平台尤为重要。党支部网络平台的搭建要注意好两点。在内容设计上,要始终把党员干部的教育培训作为加强党员教育管理的治本之策,充分发挥基层教育阵地的作用,开展系列充满正能量的专题学习活动,并通过上传先进党员心得体会、线上观看红色电影等方式强化认识。在形式创新上,可以通过相关平台,现场活动引发了线上党员的热烈反响,踊跃"举手",通过现场连线交换体会。

（四）传播正能量，唱好立德树人"主旋律"

2019年，习近平总书记指出，"办好思政课意义重大"，强调了高校立德树人根本任务。高校学生党支部处于服务广大学生的第一线，是培养德智体美劳全面发展的社会主义建设者和接班人的前沿堡垒。支部建设不仅关系到党的教育方针的落实，也关系到学校立德树人根本任务的实现。唱好立德树人"主旋律"应做好以下几点。

1. 立足"学"字，强化政治教育功能

立德树人是高校党支部建设的切入点，是贯彻党的教育方针的迫切需要。国务院教育督导委员会办公室印发的《全国专业学位水平评估实施方案》提出，"全面落实立德树人根本任务，把立德树人成效作为检验学校一切工作的根本标准"。学生党支部要将提高思想认识和解决实际问题相结合，注重人文关怀和心理疏导，针对学生在成长进步中遇到的热点难点问题组织座谈研讨，提出解决的具体方案。要以党建带团建班建，积极践行社会主义核心价值观，带头营造优良校风学风，引导广大学生自觉努力成才。从支部设置而言，高校学生党支部应围绕学生学习科研的重心，以学生成长成才为导向，在传统支部设置的基础上探索将学生支部建立到学生社团、宿舍楼栋、科研攻关团队等，着力解决楼栋社团缺位的问题，实现支部的有形和有效覆盖。从学生主体地位而言，应突出学生党员接受教育的主体地位，增强学生党员的主体意识，发挥学生党员自我教育、自我管理、自我服务、自我监督功能，使他们真正成为学生党员教育活动的主人，让党支部成为学生党员自我淬炼、党性提高的"大熔炉"。从学习内容而言，应强调"四史"的学习。通过"四史"学习教育，深刻认识红色政权来之不易、新中国来之不易、中国特色社会主义来之不易，才能做到不忘历史、不忘初心，知史爱党、知史爱国，让校史说话，用党史发言，让思想启迪。

2. 抓住"实"字，发挥育人作用

学生党支部有教育、管理、监督党员以及组织、宣传、凝聚、服务学生的职责。实现这些职责，要求高校学生党支部在大学生思想政治教育中也要"唱主角"，在服务学生成长成才上发挥主体作用，在落实立德树人根本任务、培养社会主义合格建设者和可靠接班人上成为坚强力量。首先，落实责任要实。学生党支部要进一步健全理顺工作机制，在书记抓、抓书记的基础上，夯实专业课教师、辅导员、支部书记的责任，构建逐级传导、层层负责的责任体系。要以学生党支部为核心，推动学生党支部与学生组织、团支部、班级的协同,着力将党支部的政治优势、思想优势、组织优势转化为学生思想政治教育和管理服务的工作优势。其次,发挥作用要实。学生党支部扎根于学生、服务于学生,应当提升在学生专业学习、志愿服务、社会实践、就业创业等方面的组织力和影响力。要围绕立德树人根本任务,坚持提高思想政治素质和服务学生成长成才相结合,引领广大青年学生坚定理想信念、践行社会主义核心价值观,让学生党支部成为学生身边、服务学生最值得信任的组织,成为高校为党育人、为国育才的重要力量。

3. 强调"悟"字,坚定使命担当

高校学生党支部"唱好主角",应牢记立德树人根本任务的使命担当,扎实履职尽责。支部应注重将解决党员的思想问题和实际问题相结合,努力引导党员将个人发展和社会、国家的发展紧密结合,促使党员不忘初心、坚定理想信念。高校学生支部注重引领研究生群体"听党话、跟党走",在重大紧急事件中,能旗帜鲜明地"亮明身份、表明态度"。如新冠肺炎疫情期间,某高校学生党支部开展"战疫先锋行动",通过线上主题党日活动、线上读书打卡、读书分享等方式,充分发挥学生党支部战斗堡垒作用,结合专业特色为疫情防控贡献智慧和力量,组织学生党员带头做好疫情防控工作,引领班风、学风,保障线上教学科研顺利进行,为立德树人根本任务的落实提供了组织保障。

(上海交通大学课题组　李　伟　吴淑琴　任祝景)

坚持党建工作与中心工作深度融合

以习近平同志为核心的党中央高度重视党支部建设,提出一系列新思想新要求,要求把全面从严治党落实到每个支部、每名党员,推动全党形成大抓基层、大抓支部的良好态势。总书记多次指出,要"让支部在基层工作中唱主角,成为团结群众的核心、教育党员的学校、攻坚克难的堡垒"。《中国共产党支部工作条例(试行)》提出,党支部是党的基础组织,是党的组织体系的基本单元,是党在社会基层组织中的战斗堡垒,是党的全部工作和战斗力的基础。《中国共产党章程》指出,党支部是党的基础组织,担负直接教育党员、管理党员、监督党员和组织群众、宣传群众、凝聚群众、服务群众的职责。

一、 加强党支部在高校基层工作中"唱主角"的意义及主要内容

党的十八大以来,以习近平同志为核心的党中央继承、丰富、发展党的教育方针,把立德树人作为教育的根本任务,围绕"培养社会主义建设者和接班人"作出一系列重要论述,深刻回答了"培养什么人、怎样培养人、为谁培养人"这一根本性问题,为中国特色社会主义教育事业发展指明了方向,为新时代我国高等教育的改革发展提供了根本遵循。

高校教师党支部是教育、管理、监督和服务教师党员的基本单位,是把党的路线方针政策落实到高校基层的战斗堡垒,是党团结和联系广大教师的桥梁纽带,是办好中国特色社会主义大学的重要支撑。当前,高等教育事业正处于快速发展的新阶段,与时俱进加强基层党建,发挥党员先锋模范作用,发挥高校教师党支部在基层工作中的主角作用,把党支部建设成为全面落实立德树人根本任务、团结广大师生共同奋斗的坚强战斗堡垒,才能真正贯彻落实新时代党支部建设的要求。坚持和加强党支部在高

校基层工作中的"唱主角"作用,对于实现十四五规划加快教育现代化建设和二〇三五年建设成教育强国的远景目标具有重要意义。

可以说,"天时、地利、人和"赋予了新时代下上海高校党建工作更多的机遇、责任和挑战。如何加强高校基层党支部的政治引领作用,如何发挥教师党员在基层工作中的先锋模范作用,如何保障和推进高校教师党支部在基层工作中"唱主角"的实施,如何在实施的基础上建立和完善适合高校基层党支部发展和建设的机制和理论体系,使基层党支部成为落实立德树人根本任务的坚强战斗堡垒是我们需要深刻思考和研究的重要问题。要回答和解决这些问题,除参考已有的文献研究结果,更重要的是结合高校实际的背景和情况来指导和启发上海高校教师党支部在基层工作中"唱主角"的实践活动。此外,还必须充分地了解和研究目前高校党支部在基层工作中"唱主角"的实施状况和特征,通过发现和讨论工作开展过程中的共性问题,结合人员状况、特点和特征,总结分析背后的原因,思考对策以提出针对出现的问题的解决方案,在现有工作的基础上,结合针对高校教师党支部在基层工作中"唱主角"的现状研究结果,提出优化策略措施,改进工作的方式方法,完善理论建设,提升实践运用的实效性。

"让支部在基层工作中唱主角"这个支部建设的重要课题已经受到广泛关注,例如《支部,如何在基层工作中唱主角——对部分地区党支部建设的调研与思考》《让党支部在基层工作中唱主角——二论学习贯彻〈中国共产党支部工作条例(试行)〉》等。这些研究认为加强基层党组织建设,让支部在基层工作中"唱主角"主要有以下四个关键方面。

(一) 提升党支部书记的工作水平

支部"唱主角","领唱"最关键,基层党支部是党的基本组成单元,党支部书记在很大程度上就是这个组织的"灵魂",正所谓火车跑得快,全靠车头带,书记的水平和视野很大程度决定着支部工作是否能够脚踏实地,同时又有时代视野。只有"领唱"强起来,才能更好发挥"头雁效应":头雁勤,群雁就能高飞远翔;头雁惰,便会"万里寒云雁阵迟"。选准、育好、管住,"领唱"才能唱得准,"头雁"才能飞得稳。

(二) 保障活动经费、场所和技术支持

支部"唱主角","舞台"很重要,"舞台"搭建好,支部才能真正施展拳脚。支部要在

基层工作中"唱主角",保障必不可少。只有推动人向基层走、钱向基层投、政策向基层倾斜,才能确保基层党组织有资源、有能力为群众服务;只有实现经费保障、推进阵地建设以及完善组织设置,各地支部的战斗堡垒作用才能进一步得到增强,政治功能才能获得提升。所谓"舞台"越宽广,支部的主角作用发挥得越好。

(三) 严肃规范党内政治生活

支部"唱主角",必须"唱功"好,所谓"唱功",就是严肃规范的党内政治生活。严肃规范的党内政治生活是解决党内问题的"金钥匙",是党员锤炼党性的"大熔炉",只有把"唱功"提上去,支部在基层工作中才有引领力、凝聚力和战斗力。从严从实开展组织生活,让党员在支部这个"大熔炉"中经受锻造。

(四) 团结群众、获得群众认同感

支部"唱主角",但不是唱"独角",唱好"主旋律",必须要把党员群众聚合在一起;做好基层工作,需要"大合唱",唱出"主旋律"才能提升支部组织力、强化政治功能,把党员群众紧紧聚合在一起。组织群众、宣传群众、凝聚群众、服务群众,只有党员先行带动群众,才能更加凸显支部的战斗堡垒作用。发展集体经济、领导基层社会治理、服务改革发展、加强思想政治引领、团结凝聚职工群众、参与重要决策,把群众力量组织起来,是我们党的强大优势。组织起来,就能攻坚克难、战无不胜。"支部领唱,党员群众合唱,才能发出最强音、唱响主旋律"。

二、 上海高校教师党支部在基层工作中"唱主角"现状分析

本研究聚焦在上海高校教师党支部在基层工作中"唱主角"的实践研究。为了解上海高校教师党支部在发挥"唱主角"作用上的共性问题,根据文献中提到的四个关键方面,再结合上海高校教师党支部自身的情况特点,本研究设计了"上海高校教师党支部在基层工作中'唱主角'专题调研问卷",采用问卷调查和个别访谈的方法对上海高校教师党支部在基层工作中"唱主角"的现状进行调查,调查对象为上海高校教师党员。本次调查共发放问卷 229 份,回收有效问卷 229 份,访谈 10 人。

（一）调查结果基本情况及存在问题

1. 支部书记工作能力的差异化

基层党支部是党的基本组成单元，而支部书记是"火车头"，也可能是"天花板"。党支部书记在很大程度上就是这个组织的"灵魂"，书记的水平和视野很大程度决定着支部工作是否能够脚踏实地，同时又有时代视野。从统计的数据中看，认为党支部书记在党建工作中起决定性作用的党员有 42.17％，认为党支部书记在党建工作中起比较重要作用的党员有 53.04％，可见大家对党支部书记在党建工作中的发挥重要作用的意见比较一致。然而，访谈和调查结果也显示，支部书记之间的工作水平存在以下三个方面的差异。

（1）政治引领力有差异

调查发现，大多数支部书记理想信念较强、政治觉悟较高、工作能力较强，能够发挥支部政治教育功能，宣传党的主张、路线、方针和政策；能够发挥支部政治引领功能，落实立德树人；能够发挥支部政治动员功能，凝聚服务师生。

但仍有一些支部书记在主观认识上、客观工作能力上有一定欠缺，没有聚焦强化教师党支部的政治功能和师德师风建设，把握意识形态领域面临的风险和挑战的能力不足。调研发现，上海高校教师党支部的工作范畴主要是定期主题党日活动的占 98.26％，不定期党员拓展活动（如观看主旋律电影，参观爱国主义教育基地等）占 89.13％，但党支部参与评优评先、师德师风、年终考核的工作只占到 66.96％ 和 63.04％，未能充分发挥基层党支部在院系工作中"唱主角"的作用。另外，部分党支部宣传教育还主要采用说教方式，不易获得强认同。对上海高校党员教师的调查发现，有近 10％ 的党员对党支部的宣传说教方式和作用持消极态度。

第二，在教学科研等主要工作中没有突出政治标准，强化政治把关，没有很好找到党建和中心工作结合的切入点，支部工作存在"两张皮"的现象。在如何处理党建工作与中心工作关系上，一些高校教师党支部的主体意识、主业意识、主角意识不强，缺乏开展党建工作的积极性主动性创造性；个别支部书记将党建工作摆在次要位置，认为党建工作只要配合好中心工作就行了。这种认识和做法使党建工作处于被动状态，只能机械地接受、落实有关任务，大大降低了党建工作的效能，也使一些党支部的政治核心作用没有充分发挥出来。目前，虽然每一个教师党支部都在探索如何增强凝聚力，改进支部工作方式,但有些教师党支部的党建工作和科教育人中心工作条条块块分得很清,还是没有形成融合机制。没有能够围绕党建工作与中心工作一起谋划、一起部署、一起考核,导致党支部工作常常出现了"两张皮"的情形,也就是党建工作与中心任务工作脱节,两者结合不紧密、融合不顺畅。我们的调查发现,党支部参与系科的发展规划、工作落实等的比重只占到53.48%。有接近10%的党员认为党支部工作对日常教学、工作、学习基本没有帮助或者耽误时间。

最后,个别党支部在重点工作、攻坚克难等活动中作用发挥不明显。个别党支部工作方式比较简单,支部建设工作缺乏通盘考虑和细致的设计,造成一些出发点很好的工作得不到预期的良好效果,在重点难点工作中发挥作用不明显,党员群众的积极性和凝聚力得不到充分调动,未能充分发挥党组织的战斗堡垒和党员的先锋模范作用。

(2) 组织执行力有差异

支部管理能力有差异。绝大部分支部书记能够以"三会一课"为基本制度,以"两学一做"为基本内容,坚持谈心谈话制度,促进组织生活常态化;在支部党员发展、党费收缴、主题党日活动等方面已经建立了比较健全的工作机制。但一些支部书记对党支部工作要素的协调与组织不够,不善于把国家的战略、方针、政策内化为高校教师党支部建设的制度、原则、机制,落地为计划、方案、行动。

(3) 凝聚感召力及亲和力有差异

绝大部分支部书记都是各方面表现突出、群众基础良好的教师党员。长期的学习和工作熏陶,练就了各自独特的人格魅力,在党员群众中具有一定的威信。但也有部分支部书记忽视体察党员教师和群众的实际需求,不能够对支部其他党员的行为产生正面影响。一些支部书记沟通协调能力不足,不善于团结其他党员和群众,不能够通过有效的协调机制,发展与校院两级党组织的良好工作关系。

这三方面差异的产生,主要原因是少部分支部书记自我修养不足,内生动力不够,党性不强;另一方面,客观上也有基层支部书记个人科研压力大,事务工作繁忙,党建学习持续性和系统性不够的因素。

2. 党员党性的差异化

支部是党的全部工作和战斗力的基础。一个党员就是一面旗帜,支部的工作做的扎实与否也与支部的每一个党员息息相关。每一位党员的党性觉悟决定了支部作为战斗堡垒的坚固程度。在主题党日中政治理论学习效果的调研中,绝大多数党员也认为影响主题党日中政治理论学习效果的最主要因素是党员自身的主观学习意愿,占比85.65%,这也体现了党员党性自身觉悟的极端重要性。此外,高校教师肩负着立德树人,培养社会主义建设者和接班人的重大使命,是青年学生进入社会前的最后一个加油站,他们的工作职责本身决定了他们面临着巨大的压力;上海是一线城市,高校教师面临的职业压力、生活压力巨大,调查发现有 13.9%的党员教师曾经或者正打算离职,这种外在压力将会放大党员党性的不坚定部分。访谈和调查结果显示,党员党性的差异化主要体现在部分党员教师学习积极性不够,少部分党员存在思想懈怠的情况。调查显示,上海高校党员教师在参加党组织生活中"偶尔缺勤"的教师比例占到约17%,在"您会主动进行政治理论学习吗?"的问项中,仍有约 4.78%的党员教师回答了"否"。这些均表明党员教师参加党组织生活和政治理论学习的主动性和积极性需进一步加强,先锋模范作用发挥不够。此外,党员党性的差异化还体现在攻坚克难的问题前和公共事务等方面。

究其原因,我们认为,引起上海高校教师党性觉悟差异化的主要因素包括以下几方面。

(1) 教育背景多样化

上海高校教师党员中普遍高学历,其中很多还有海外教育背景,阅历丰富,思想活跃。从调研结果中可以看出,作为教书育人的高校教师党员的学历背景有博士、硕士、本科等不同的类别,其中博士学历占到了 53.04%,职称中以中级和副高级职称占多数,高级和初级次之。党员教师队伍中有 36.09%的党员有海外学习的经历,而在海外学习或工作的时间、形式都各有不同,这样多元的文化背景造成党员之间在思想、认知等方面存在差异,产生碰撞的几率较高。这将对高校基层党支部工作带来较大挑战,对党支部建设提出了更高的要求。

(2) 信息来源多渠道和复杂性

在信息化迅速发展的时代背景下,尤其是在上海这个多样化大都市,人们接收信息的来源多种多样,造成了党员教师再学习党的理论知识时会通过多种途径,如学习方式有自学、参加学习班、培训、与他人交流、收看时政要闻等方式。而学习的媒介有通过电视、广播、报纸等传统媒体,通过门户、网站、国内社交媒体(微信、微博、抖音等)、国外社交媒体、自媒体等。但是,这些多样化的学习往往是较为片面零碎的,很难较为系统全面地将知识呈现出来,从而导致党员教师获得的信息碎片化。同时网络的发达也同时增加了一些难辨真伪的信息和知识,各种虚假不实、别有用心、甚至具有煽动性的消息还时有传播。这样多元繁冗的信息很容易以偏概全误导人们,从而使得党员在学习后不容易准确地将系统真实的知识内化,并付诸行动。这将导致自主学习效果不理想,甚至导致思想意识上的不统一。

(二) 对策措施

基于调查问卷的反馈结果和交流访谈,针对上海高校教师党支部在基层工作中"唱主角"的现状,我们提出以下建议。

基层教师党支部应积极引领教师党员建立愿景目标,创建积极健康的基层党建政治文化。推进文化建设,形成具有党建特色、学科特点和专业特质的基层党建文化,提升支部文化对于教师党员教书育人的导向作用。主动总结反思支部的政治文化,变革支部内部风气,把教师党支部建成具有组织力的"党员之家"和有凝聚力的"教师之家"。

基层教师党支部应通过多种途径推动党支部基础工作制度化、复杂工作分解化、特色工作品牌化,实现支部建设标杆化。挖掘新的增长点,让党支部工作与学校、学院和系科中心工作同频共振,优化资源配置,并通过资源重组提升党支部的战斗力。基层教师党支部应有效识别支部成员学历背景与专业优势,依托重大课题、学科建设、教学团队、创新团队等资源,形成具有明确目标、互补互信的团队,并把支部建设目标分解到个体身上。带领教师党支部成员进行差异化发展,有意识地建设党支部人才梯队,培育党支部核心竞争力。实现高校基层党建工作与教学科研社会服务工作双促进、双提高。

具体而言,为了在基层工作中"唱好主角",高校教师党支部应当做到以下几点。

1. 自觉加强理论学习

(1) 端正学习态度。既要向书本学,更要从实践中学;既要向前辈学,也要向同事学。要善于学习、善于借鉴、善于结合实际;要注重积累、注重总结、注重消化;要学有所思、学有所悟、学以致用,真正切实提高自身水平。

(2) 强化学习内涵。既要学习政治理论,又要钻研业务知识,让每一位党员都争当政治理论和业务的"双排头兵"。

（3）丰富学习形式。开展多种形式的主题党日活动,并将支部的党建内化在基层工作之中,提高学习效果。

2. 构建水乳交融的党建和中心工作关系

党建工作必须与中心工作实现融合,从"你是你、我是我"变成"你中有我、我中有你",进而变成"你就是我、我就是你"。在这种深层次融合中,党建工作与中心工作不是物理捆绑,而是要出现化学反应,党建与中心工作一起谋划、一起部署、一起考核,从而彻底改变党建工作与中心工作"两张皮""一手软、一手硬"的状况。

实现从配合到融合的转变,党支部需要:(1)在指导思想上确立融合理念。树立"抓好党建是最大政绩"的理念,牢记抓好党建是本职、不抓党建是失职,在工作中做到"三个不忘":在安排全盘工作时不忘安排党建工作,在落实各项任务时不忘发挥党建工作的政治保障作用,在工作遇到困难时不忘发挥党员的先锋模范作用。(2)在行动落实上找准融合路径。党建工作与中心工作深度融合,要求二者"知己知彼"。党建工作要了解中心工作是什么、有什么阶段性任务和目标要求,通过党建工作推动中心工作;中心工作要牢牢把握新时代党的建设总要求,找准发力点,通过中心工作推动党建工作。

3. 改进工作的方式方法,提升工作水平和能力

找准发挥作用的切入点和着力点,在攻坚克难、发挥作用的过程中,让支部成长起来、威信树立起来、地位巩固起来。加强支部党建工作,要有强烈的问题意识,以问题为导向,突破惯性思维和定向思维的束缚。注重从多渠道、多层次、多角度发现问题,并对问题作深入的研究剖析,提出解决问题的方法与措施。

另外,要使党建工作活动有特色、队伍有活力、阵地有保障,还需要通过制度建设,完善教师党支部工作的体制机制,努力做到制度规范化、沟通立体化、活动常态化、作用实质化。

三、 支部在基层工作中"唱主角"的实践探索

为了实施、完善和促进支部在教学,科研和育人等基层工作中"唱主角",我们提出"1234 工作法",在上海师大数理学院物理系教工党支部进行实践探索,具体而言,就是:发挥一种作用(政治引领作用);组建两个团队(先锋科研团队、先进教学团队);打

造三个载体(经验交流工作坊、人生导师工作坊、突击攻坚工作坊);开展四种建设(制度建设、硬件建设、内涵建设、联合建设)。

(一) 发挥一种作用: 政治引领作用

支部通过"引进来走出去"的方式,开展了形式多样、内涵丰富的主题党日活动,如从中美贸易摩擦谈理科教育,集体观看红色电影,邀请专家作系列党建讲座,如"上海高校双带头人教师党支部书记工作室'党员导师高端论坛'"已顺利启动,邀请了国家基金委原领导专家结合正在开展的"四史"学习教育,作了题为"党员如何在科技体制创新中发挥先锋模范作用"的专题报告,邀请历史系专家作有关上海红色记忆的专题报告等。支部定期组织系教职工进行政治理论学习,如集中学习《教育部关于深化本科教育教学改革,全面提高人才培养质量的意见》《深入学习习近平关于教育的重要论述,加强师风师德建设》等文件;组织系青年教师赴四行仓库抗战纪念馆,开展了主题为"以史为鉴明方向,青年教师勇担当"的"四史"学习教育活动。此外,支部特别注重在业务工作过程中发挥党员先锋模范和党支部战斗堡垒的作用,有效引领系科的教学、科研等各项工作,打造了"唱主角"形象,起到了春风化雨、润物无声的效果。

(二) 组建两个团队: 先锋教学团队和先锋科研团队

支部以双肩挑和有突出教学业绩的党员为核心,组建了先锋教学团队,发挥领头雁群作用,在师德师风、学生培养和教学技能等方面深入开展工作,在支部中起到示范作用,并向党外教师辐射;以最活跃的科研一线教授党员为核心,组建了先锋科研团队(亚毫米天文和强光物理),请杰青、院长带头,在科学研究、学科建设等方面深入开展工作,聚焦研究方向,加强梯队培养,提升学科实力。

结合学院出台的《数理学院班导师工作条例(试行)》《上海师范大学数理学院学业导师制实施方案》等,支部党员积极担任学生指导工作,如班导师、学业导师、研究生导师、教育实习生导师、课外创新实践活动指导教师等。做好学生的思想教育,落实学业帮扶措施,关心学生的心理健康成长;指导学生的专业学习与社会实践,帮助学生增强专业信心与兴趣;指导学生参与学科竞赛、科研项目立项等课外科技活动,鼓励学生参与导师的课题研究,提高学生的科研创新能力。

（三）打造三个载体：经验交流工作坊、人生导师工作坊和突击攻坚工作坊

先锋教学团队、先锋科研团队依托经验交流工作坊、人生导师工作坊和突击攻坚工作坊三个载体开展工作。经验交流工作坊主要围绕中心工作进行交流，支部定期举办教学经验分享、基金项目申报分享、青年教师教学比赛经验交流、人才培养经验分享、实验实践经验分享等活动。

人生导师工作坊主要为青年师生树立榜样、释疑解惑，通过开展人生导师沙龙、新生第一课、新进教师培训等活动，为学生和青年教师提供了一个与学术大咖交流的机会，帮助他们快速融入适应新岗位新环境。根据学校《青年教师助教工作实施导师制度》，支部资深党员教师积极担任新进青年教师的教学和科研导师，帮助新教师提高教育教学技能，创新教学理念和方法，尽快适应高校教师角色。

突击攻坚工作坊主要是支部为重点工作、紧急任务提供坚强支撑和有力保障。总结和借鉴物理学（师范）专业二级认证工作中的经验和做法。在学科评估、博士点申报、双万专业申报、实验室筹建等院系重大事项的实施过程中，支部抽调党员骨干临时组成一支服务和保障的队伍，积极配合系科完成中心业务工作。

（四）开展四种建设：制度建设、思想建设、内涵建设和联合建设

支部完善了硬件建设，搭建了教育部和上海高校"双带头人"上海师范大学物理系教工党支部书记工作室平台，增强了党员的集体认同感。逐步建立健全了党支部各项规章制度，如党员管理、党员请假制度、考评与绩效奖励制度；强化支部在评优评先等活动中的主导地位，并予以制度保障。通过联合共建活动，搭建了物理系和市教委高教处的支部沟通交流平台；与物理系本科生和研究生支部结对子，联合开展主题党日活动。此外，支部围绕时代特点和物理系科的中心工作，积极开展课程思政教育教学改革研究，提高党员教师思想和业务相结合的水平，旨在培养学生的科学精神、职业素养和工匠精神，在潜移默化中加强理想信念教育，强化政治方向和思想引领，突显专业课程的育人功能。

基于"1234工作法"，上海师范大学数理学院物理系教工党支部将党建工作与学科建设、教学研究、人才培养、科学研究等中心工作紧密结合在一起，充分发挥支部的"唱主角"作用，引领物理系各项事业的健康快速成长。

本研究通过对上海高校教师党支部在基层工作中"唱主角"实践调研,获得了目前高校党建工作开展实施的基本情况,总结发现了其中可能存在的一些问题和值得改进的切入点,基于调查问卷的反馈结果和交流访谈,针对上海高校教师党支部在基层工作中"唱主角"的现状,提出了相应的对策措施,具体归纳出了有可复制性的"1234 工作法",工作法基于上海高校教师党支部自身的特点,并在上海师大数理学院物理系教工党支部进行实践探索。基于该工作法,物理系教工党支部将党建工作与学科建设、教学研究、人才培养、科学研究等中心工作紧密结合在一起,充分发挥支部的"唱主角"作用,引领物理系各项事业的健康快速成长。

(上海师范大学课题组　刘锋　刘道军　肖桂娜　胡志娟)

突出党内政治生活的时代性

《中国共产党支部工作条例(试行)》指出,党支部是党的基础组织,是党的组织体系的基本单元,充分体现党支部在基层组织工作中的重要性。习近平总书记多次指出,要"让支部在基层工作中唱主角,成为团结群众的核心、教育党员的学校、攻坚克难的堡垒"。本文通过理清新时代高校教工党支部在基层工作中"唱主角"的内涵要求,以线上线下相结合的调查方式,构建二项 Logit 模型开展深入分析,从而建立健全新时代高校教工党支部"唱主角"的长效机制。

一、 新时代高校教工党支部在基层工作中"唱主角"的内涵要求

党的十九大报告明确指出"经过长期努力,中国特色社会主义进入了新时代。"该科学论断为进一步全面加强高校教工党支部在基层工作中"唱主角"的实践研究指明了前进方向。2018 年 11 月,中共中央印发了《中国共产党支部工作条例(试行)》,其对新时代高校教工党支部的基本功能和主要任务提出了新定位和新要求,同时为全面加强新时代高校教工党支部在基层工作中"唱主角"的实践研究提供了根本遵循。

1. 总体要求

新时代高校教工党支部在基层工作中"唱主角"就是要始终坚持政治建设摆在首位,坚决用习近平新时代中国特色社会主义思想对支部党员进行理论武装、对支部工作进行指导推动;严格贯彻落实党的基本路线和方针政策,宣传执行上级党委和本支部的决议,使得支部党员始终在思想上、政治上、行动上同以习近平同志为核心的党中央保持高度一致。

2. 职能定位

作为高校党的基本组织,新时代高校教工党支部担负着直接教育管理监督党员和

组织宣传凝聚服务师生的职责,是把党的路线方针政策落实到高校基层的战斗堡垒,是党团结和联系广大教职工的桥梁纽带,是办好中国特色社会主义大学的重要支撑。加强新时代高校教工党支部建设,对于落实全面从严治党要求、全面贯彻党的教育方针、坚持社会主义办学方向、落实立德树人根本任务、培养中国特色社会主义建设者和接班人具有重要意义。

3. 主体作用和目标导向

牢固树立党的一切工作到支部的鲜明导向,把新时代高校教工党支部作为高校党建工作最重要的基本建设。着力发挥新时代高校教工党支部在政治引领、规范党的组织生活、团结凝聚师生、促进高校中心工作等方面的主体作用。努力使新时代高校教工党支部建设成为教育党员的学校、凝聚师生的核心、攻坚克难的堡垒。新时代高校教工党支部应紧紧围绕中心工作,按照"做合格党员、建规范支部"要求,努力做到支委班子坚强有力、党员先锋作用充分发挥、工作机制健全有效、服务中心成效显著、基层群众满意认可。坚持围绕中心抓党建、抓好党建促发展,围绕服务高校改革发展稳定,全面贯彻落实高校党委决策部署和高校中心工作任务,引领带动师生积极投身高校改革发展,牢记立德树人使命,不断提升人才培养质量。

二、 新时代高校教工党支部在基层工作中"唱主角"的基础分析

参与此次线下和线上调查的高校教工党支部党员代表共 34 人,其中拥有 10 年以上党龄者居多,年龄普遍处于 36 到 45 岁之间,所有党员均为硕士以上学位(其中博士的比例为 88.24%),讲师与副教授占比 85.3%(副高级职称 14 人,中级职称 15 人)。

为了更清晰地分析新时代高校教工党支部在基层工作中"唱主角"的主要舞台基本现状,本次研究将相关工作分为 16 项,分别要求受访党员对所属支部在各项活动中"唱主角"的效果进行评价。受访者对于高校教工党支部在本科课堂教学中的工作效果评价最高,其次认为党支部在本科生培养方案制定、研究生培养方案制定以及荣誉和奖励申报这三方面中"唱主角"的效果较显著。同时认为党支部在科研专利申报、科技成果转化和职称申报晋升中"唱主角"的效果不理想。

（一）模型介绍

Logit 模型是离散选择模型之一，属于多重变量分析范畴，是社会学、生物统计学、临床、数量心理学、计量经济学、市场营销和党建研究等统计实证分析的常用方法。根据因变量取值类别不同，Logit 模型可分为二项 Logit 模型、多项 Logit 模型和有序 Logit 模型。二项 Logit 模型中因变量只能取两个值，即 1 和 0（虚拟因变量），多项 Logit 模型中因变量为多个无序分类值，而有序 Logit 模型中因变量为多个有序分类值。

根据本次调研结果，高校教工党支部在基层工作中"唱主角"的效果评价中，选择"非常显著"的志愿者比例较高，故将"非常显著"和"其他"（包括"显著""一般""不显著"和"非常不显著"）分别定义为 1 和 0。因此，本研究选择使用二项 Logit 模型开展。

（二）模型建立

本次研究将"高校教工党支部在基层工作中'唱主角'的总体效果"作为因变量（非常显著＝1，其他＝0），自变量选取高校教工党支部"唱主角"活动情况中的 6 个因素（包括参加党支部民主生活会频率、"学习强国"段位、对支部"三会一课"的满意程度，对支部各种培训和讲座的满意程度、对支部各种知识竞赛等活动的满意程度，对支部各类参观活动的满意程度），在 SPSS 中构建二项 Logit 模型。

模型 Omnibus 检验结果的 p 值为 0.001（＜0.05），即模型总体有意义，霍斯默-莱梅肖检验的 p 值为 0.597（＜0.05），表明所建立的模型与数据拟合度良好。

（三）模型分析

对于"高校教工党支部在基层工作中'唱主角'的总体效果"存在显著影响（p＜0.1）的因素有"学习强国"段位和对支部各类参观活动的满意程度，且两者都对因变量有负向影响，即"学习强国"段位和对支部各类参观活动的满意程度与支部党员认为"党支部在基层工作中'唱主角'的总体效果"不显著的概率存在正相关。

导致这种现象的原因可能是，高校教工党支部党员能通过"学习强国"这一信息平台掌握党中央的最新指示，了解关于改革发展、内政外交、治党治国等方面的重要思想，随着深入对于习近平新时代中国特色社会主义思想的学习，支部党员们逐渐重视所属支部的建设,对于支部工作的评价标准也变得多元化,这导致支部党员主观感受到"党支部在基础工作中'唱主角'的总体效果"并不是非常显著。

同时,高校教工党支部所组织的参观活动旨在使党员们重温红色记忆,进一步坚定理想信念,提高党性觉悟。党员们对于各项参观活动的满意度越高,就越体现出了支部活动开展的成功,但也意味支部党员们或许会对于自身和所属支部的工作提出更高要求,从而对于眼下"高校教工党支部在基础工作中'唱主角'的总体效果"并不非常满意。

基于二项 Logit 回归模型,研究高校教工党支部"唱主角"活动情况对"党支部在基层工作中'唱主角'的总体效果"的影响。研究结果表明,"学习强国"段位和对支部各项参观活动的满意程度,对于"党支部在基层工作中'唱主角'的总体效果"存在负向影响。此外,调查问卷结果表明,高校教工党支部党员认为党支部在科研专利申报、科技成果转化和职称申报晋升中"唱主角"的效果不理想。

三、 新时代高校教工党支部在基层工作中"唱主角"的工作机制

(一) 在突出政治功能中搭建坚实"戏台"

新时代高校教工党支部在基层工作中"唱主角"应强化阵地建设,构建"两学一做"学习教育常态化机制,在突出政治功能中搭建坚实"戏台"。根据新时代党的基层组织建设总要求,强化党建统领,坚持"三会一课"制度,推进新时代高校教工党支部组织设置和活动方式创新。扩大高校教工党支部基层工作民主,推进高校教工党支部党务公开。深入挖掘支部党员教师在抗疫期间的典型案例、人物、事迹,并以"身边的楷模、学习的榜样"进行系列宣传报道,通过突出政治功能切实增强新时代高校教工党支部在基层工作中"唱主角"的创造力、凝聚力、战斗力,进一步推动新时代高校教工党支部各项工作全面提升。

(二) 在落实立德树人中有效提升"唱功"

只有有效提升高校教工党支部在基层工作中的"唱功",才能有效胜任并坚决完成落实立德树人的根本任务。一是以设置专业方向、申报新专业为契机,进一步优化专

业培养方案,培养目标提炼和课程设置优化,并围绕"平台＋模块＋专业"框架,进一步完善专业课程体系,突出培养特色。如结合供应链管理领域企业调研和专家论证,对供应链管理专业设置以下主要课程模块:理论教学课程包括通识教育课程、基础知识教学课程、专业理论教学课程;实践教学课程包括理论课程实验、独立设置的实验或实训课程,如企业认识实习、供应链课程设计、供应链企业案例分析、供应链管理软件应用、供应链管理模拟实践等。二是精心指导四个层级的大学生科创项目和各类赛事,包括国家级、市级项目、校级项目和院级项目,重在提升学生综合素质,突出学生特长和专业特色,优化创新创业课程设置,挂牌创新创业指导工作。

(三) 在关心青年师生中聚力实现"合唱"

新时代高校教工党支部在基层工作中"唱主角",但绝不是"唱独角"。因为做好高校基层工作需要"大合唱","一枝独秀不是春,百花齐放春满园",只有把党员群众紧紧聚合在一起,才能合力唱出"主旋律"。新时代高校教工党支部在关心青年师生中聚力实现"合唱",不仅要严格坚持公开、公平和公正三大原则开展各项工作,以诚相待每一位党员和群众,更要关心和爱护青年师生,多措并举助推青年党员教师成长成才,切实关怀帮扶青年党员教师,努力营造风清气正的干事创业环境。积极组织青年党员教师参加教学培训,组织教学经验丰富的老教师与青年党员教师进行结对互助,进一步提高青年党员教师教学质量;定期开展青年师生座谈交流,及时了解其学习和工作中存在的困难,切实为其早日成长成才、实现人生出彩搭建舞台。

(四) 在课程思政建设中发挥关键"领唱"

新时代高校教工党支部要在课程思政和所在专业建设和学科发展中发挥关键"领唱",不仅要充分认识到自身所肩负的人才培养、科学研究等重要使命,更要以学科建设为抓手,正视差距、找准不足,并通过强化措施进一步推动一流学科发展。新时代高校教工党支部应高度重视并积极参与高校课程思政领航课程和领航团队以及全国性的高校学科评估工作,依托学科专业的特色改革领航团队和精品改革领航课程,有力推动高校党支部所在学科先后成为省市重点学科、省市一流学科和省市高峰学科,进一步助推所在专业和学科分别进入一流本科专业建设"双万计划"和全国学科评估 A类行列。

四、 新时代高校教工党支部在基层工作中"唱主角"的组织保障

（一）加强新时代高校教工党支部书记队伍建设，提升支部工作履职能力

为不断提升新时代高校教工党支部书记做好新形势下高校基层党建工作和思想政治工作的能力和水平，学院党委对新履职的教工党支部书记进行专题培训指导，还积极推荐教工党支部书记参加上级组织的各类相关培训，如推荐参加上海市属高校教工党支部书记示范班、上海市哲学社会科学教学科研骨干研修班、全国高校基层教师党支部书记学习贯彻党的十九大精神专题网络培训班等。学院还积极搭建平台，推荐教工党支部书记到政府机关、企业挂职锻炼等。定期组织教工党支部书记们在一起学习文件交流思想讨论工作，提高教工党支部书记的个人思想政治素质、党性修养和工作能力。学院党委重视教工党支部书记的述职交流工作，在此基础上进行评优评先，并在学院党员大会上隆重表彰先进基层党支部和优秀党务工作者等，树立先进标杆。

（二）推动新时代高校教工支部负责人交叉任职，发挥支部政治核心作用

充分发挥党组织"把方向、管大局、保落实"的政治核心作用，强化新时代高校教工党支部在学院发展中的引导、促进作用，选拔党性强、业务精，肯奉献的同志担任支部书记和支委等，同时聘任这些同志担任系主任、专业主任等职务，履行双重职责。如在2019年10月学院的系部、中心负责人聘任决定中，管理科学系教工党支部书记再次担任管理科学系主任，管理科学系教工党支部宣传委员担任电子商务专业主任，支部组织委员担任管理科学专业主任。

（三）学院党委大力支持教工支部书记开展工作，充分发挥支部主体作用

定期召开学院党委扩大会议，要求全体教工党支部书记参加会议，传达上级党委会议精神，通报学校学院的重要工作，教工党支部书记及时知晓学校学院改革发展的大事，有利于教工党支部书记更顺利地开展各项支部活动。学院制定了班子成员跟各支部和各系部的联系制度，要求班子成员参加支部和系部的重要工作，包括民主评议党员活动、主题活动等，支持教工党支部书记开展工作。认真落实教工党支部书记与

系主任同等待遇。

(四) 强化新时代高校教工党支部政治理论学习,提高支部党员政治站位

学院党委认真制定各项学习活动的实施方案,部署每个环节步骤,及时召开党委扩大会议布置,重视各项工作的落实、检查、总结,确保教工党支部各项活动有序开展。如认真制定《"不忘初心、牢记使命"主题教育工作安排》《学习贯彻党的十九届四中全会精神学习计划》《关于开展党史、新中国史、改革开放史、社会主义发展史学习教育的工作方案》《关于进一步做好"学习强国"在线学习的通知》等强化政治理论学习的文件和工作方案,通过加强学习,各教工党支部党员进一步提高政治站位,切实增强"四个意识"、坚定"四个自信",把牢政治方向、站稳政治立场、坚持政治原则、坚定政治道路。

(上海海事大学课题组　董　岗　肖光年　李　燕　肖　敏　周丽珍　胡　婧)

着力提升高校教工党支部书记"领唱"的综合素养

在当前科教兴国、人才强国战略的新时代背景下,我国高等教育事业的发展站在了一个新的历史起点上。习近平总书记在全国高校思想政治工作会议上的讲话中强调,高等教育要坚持"为人民服务,为中国共产党治国理政服务,为巩固和发展中国特色社会主义制度服务,为改革开放和社会主义现代化建设服务"。这"四个服务"是对新时期高校工作的总要求,要完成这一艰巨的任务,一定要强化党对高校各项工作的全面领导,一定要着力加强教职工基层组织建设,把抓基层打基础作为长远之计和固本之策,让党支部在基层工作中"唱主角"。

教工党支部是联系高级知识分子群体的重要桥梁,成为传播科学、培养人才、服务社会、创新理论和塑造精神的重要阵地,是先进生产力和先进文化的重要力量。本研究通过访谈调研当前我国高校教工支部党建工作的实际开展情况,着重分析支部书记"领唱"素养要求和基层工作"唱功"的重心及特色,探讨如何进一步提升基层支部"唱主角"意识和能力,为引领带动高校党建和思想政治工作质量全面提升、实现高等教育"四个服务"的历史使命,提供可借鉴的工作案例和策略研究。

一、 分析支部书记"领唱"素养要求,明确角色认知与定位以激励担当作为

作为高校基层的教工党支部书记,是新时代高校党建和业务双融合、双促进的中坚骨干力量,其责任重大,使命光荣。如何在实际工作中树立支部书记的"领唱"形象,是支部唱响"主角"的根本基础。因此,清晰认识高校教工支部书记应具备的"领唱"能力以及实现路径非常重要。

（一）研究设计与方法

针对我国高校教工党支部建设工作中积累的经验和面临的挑战，本研究调研了 8 所上海高校，其中双一流大学 3 所，其余高校 5 所。访谈提纲在参考相关文献研究、高校所发布的组织政策、培训、教工支部党建等相关的电子文本、相关的新闻报道、论坛信息和报告等资料，结合党建专家修改建议以及预访谈的基础上形成。本项目对上述高校的 51 位对象进行实地或线上访谈，包括院校级党政负责人（编号 DZ，7 人）、支部书记（编号 ZB，17 人）、党员教师（编号 JS，27 人），每人访谈计划时间 20 分钟，实际访谈时间最长 31 分钟，最短 10 分钟，平均时长约 20 分钟。建立支部书记素养能力要求的 6 个变量及其 15 个可操作性定义的"节点"，从预访谈的文本编码者中，筛选出识别胜任特征行为指标准确率高、编码一致性高的编码者 2 人，以"DZ＋序号\ZB＋序号\JS＋序号"的方式对 51 段访谈文本逐一编号，通过多次阅读和分析访谈文本的过程中对关键信息进行编码，采用 QSR NVivo10 质性分析软件进行分析，即将访谈材料与节点相匹配，形成节点的"材料来源"和"参考点"，观测"访谈材料文本"对"节点"的支撑度，"材料来源"和"参考点"越多，说明支撑度越高，反之则越低。表 1 显示了码号和对应节点的名称，文中遵照"一级码号代码＋二级码号＋文本编号"的方式标注访谈文本的出处。对高校教工支部书记"领唱"培育实现路径及其素养要求的各因素的访谈文本进行分析，发现其变量并不均衡（见表 1）。

表 1　受访者谈及实现和展现高校教工支部书记"领唱"素养的各因素编码及节点汇总表

类别	一级码号/节点	二级码号/节点	材料来源	参考点
实现路径	XB 选拔	双带头人选拔标准	48	11
	PY 培养	支部书记专项业务学习	45	29
		上级组织指导	10	9
		行政校内任职/校外挂职	36	11
	BZ 保障	支部班子（积极主动、和谐团结）	8	7
		工作经费（充足、自主）	43	39
	JL 激励	奖励（工作量、津贴、荣誉、人才选拔）	46	16

续　表

类别	一级码号/节点	二级码号/节点	材料来源	参考点
素养要求	GZ工作	党建工作	51	68
		学科建设与人才培养	49	32
		科学研究(科研工作)	21	19
		人才引进	12	21
		职称评聘	23	11
		社会服务(社会团体任职、志愿者等)	39	56
	ZY作用	思想政治引领作用(教师思想、学生思政)	51	63
		专业学科建设的先进带头作用	46	47

数据来源：采用Nvivo10对51位受访者材料文本的节点分析报告

(二) 高校教工支部书记应具备的"领唱"素养要求及实现路径

采用QSR NVivo 10对51位受访者材料文本进行节点分析,结果如下。

1. 双带头人的选聘要求和业务培养——选配能"领唱"的支部书记

目前,各高校已实现"双带头人"支部书记全覆盖,正大力加强对支部书记业务能力的培养。大部分高校每年开展一次教职工党支部书记集中轮训,加强对党支部书记的理想信念教育,提高党支部书记的履职尽责能力。从表1可以看出,"双带头人选拔标准"和"支部书记专项业务学习"的"材料来源"极高,是选配能"领唱"的支部书记的两个要素。访谈内容显示:支部书记经过换届选举,新书记在科研和教学工作上也非常优秀,是科研团队的带头人(XB双带头人选拔标准JS06);担任支部书记多年,现推选为系主任,副教授职称,符合双带头人要求(XB双带头人选拔标准ZB04),学校每年开展1个月左右的专项业务培训,还有在线学习任务,对自己党建工作的提升很有帮助(PY支部书记专项业务学习ZB11)。此外,"行政校内任职/校外挂职"这个节点的支撑度也略高,有高校明确要求二级单位党组织要结合科研合作、校内外挂职等工作,积极为党支部书记搭建实践锻炼的平台(PY行政校内任职/校外挂职DZ01)。同时也有院校级党政负责人提到,学院党委帮助支部书记成长,关心支部书记的教学、科研、党建业务能力的提高,提升支部书记队伍的整体素质(PY上级组织指导DZ06)。由此可见,通过双带头人要求和业务培养来配强支部书记,增强了支部书记"领唱"的自信心和党员教师及群众齐声共"合唱"的信心。

2. 激励政策和经费保障双到位——推动支部书记"领唱"热情

访谈资料分析表明，"奖励"和"工作经费"是对支部书记"领唱"工作认可和支持的两大重要支撑点(表1)，充分体现了上级党组织推动支部书记在基层"领唱"的决心。支部书记工作激励保障机制相较以前已有进一步的提高，如有高校政策文件提出校教师党支部书记享受职务职级"双线"晋升政策(JL奖励DZ04)，有的提出在职教工党支部书记经历是学院党委干部选拔、推荐的重要参考依据，教工党支部书记岗位是学校干部培养的重要渠道(JL奖励ZB12)。根据实际将党支部书记的工作计入工作量(JL奖励ZB14)，给予相应的工作津贴(JL奖励ZB07)。这些措施均有效促进和推动了支部书记的工作主动性和积极性。"工作经费"的"材料来源"和"参考点"较高，该节点被广泛认可为保障支部书记"领唱"工作开展，但谈话记录显示：工作经费一般由学院党总支统一管理，按需申请使用(BZ工作经费ZB03)；获得基层党建质量提升工程系列培育创建项目有0.3—2万元经费支持(BZ工作经费ZB01)；如果经费更充足一些，会提高党建活动的丰富性(BZ工作经费JS13)，由此可见，基层经费使用的充足和自主性仍亟待提高。

3. 党建和业务齐发展——展现支部书记"领唱"基本功

从表1可以看出，"党建工作""学科建设与人才培养"这两项工作对应于"思想政治引领作用(教师思想、学生思政)""专业学科建设的先进带头作用"这两项作用发挥，是"材料来源"和"参考点"节点中占比最多的，访谈对象普遍谈到这四个节点，由此看来，党建和业务齐头并进是展示支部书记"领唱"基本功的重要内容。此外，访谈内容显示，各高校也进一步扩充了支部书记的工作范围和职责，如有高校提出党支部书记应参与讨论决定学院的中心工作、学科建设、人才培养及引进、任务安排、人员调配、教材选用、学术活动、职称评定、绩效考核、评奖评优、意识形态、师德师风、学生表彰奖励、研究生推免、就业推荐等重要问题。"社会服务"也是重要节点(见表1)，参与志愿服务能增强教师社会参与度，倡导奉献精神、互助精神(GZ社会服务JS03)，社会团体兼职无薪酬，但能拓宽社会联系的渠道(GZ社会服务JS27)，这些社会服务工作能让群众眼里的党员称号更响亮起来(GZ社会服务ZB17)，是展现基层支部唱"主角"形象的重要做法。

综上所述，健全完善教工党支部书记选拔、培养、使用、激励的体制机制，搭建支部书记党建和业务双方面"领唱"能力的展现大平台,有利于深化推进"双带头人"培育工程落地落实,切实展现基层支部"唱主角"的新风貌。

二、基层支部在党建活动舞台上以多姿多彩的"唱功",和谐共鸣,唱好"主角"

支部"唱主角",必须"唱功"好,支部书记领唱,党员合唱,支部要带领党员们"如何唱",只有凝聚了人心和共识的"歌曲"才能发出最强音,才能让人满怀感情唱响主旋律,这"歌曲"就是严肃活泼的支部党建工作内容。

高校教工党支部党建工作主要包括学习、宣传和执行党的路线、方针、政策和上级党组织的决议,团结师生员工,保证本单位教学、科研、管理、服务和生产等各项任务的完成;通过开展形式多样的活动,保证党内生活制度;加强对党员的教育、管理和监督,定期召开组织生活会,听取党内外的意见和建议,有针对性地做好思想政治工作;发展党员等。

当前形式下,各高校较以往更注重加强基层党支部标准化建设,如党员大会、支委会、集中学习、民主生活会、党员谈话、主题党日等。支部主题党日要求每月相对固定时间、每次确定主题,主题党日时间一般不少于半天。在学习讨论中统一思想,明确方向,进一步做到党建工作"年初有部署、中期有推动、年终有考核、日常有研究"。

支部"唱主角","歌曲"内容和形式必须有创新,在规范"三会一课"等制度的基础上,创新学习教育方式,充分应用"学习强国"APP学习教育平台、党建工作微信群、QQ群等学习平台,通过组织党员参加警示教育、集中学习、观看爱国影片、知识竞赛、纪律教育、上党课等形式开展党员教育。目前,各高校基层教工党支部将上级文件精神与支部工作实际紧密结合,将支部工作与业务工作紧密结合,充分发挥支部党员的集体智慧,找准工作的结合点和切入点,拿出创造性开展工作的各种举措:

(一)支部开展学习原著、专题学习以及主题研讨等,扎实政治理论学习

学习内容涵盖党的各项政策和思想,如《习近平谈治国理政》第三卷、习近平总书记"不忘初心、牢记使命"主题教育系列重要讲话、党的十九大报告、《习近平新时代中国特色社会主义思想学习纲要》《习近平关于"不忘初心、牢记使命"论述摘编》《深入学

习习近平关于教育的重要论述》《中国共产党章程》等重要内容。同时改变"简单学文件,机械读报纸"的情况,进一步开展"先进典型主题、党性修养专题""学习强国"等知识竞赛活动、重温入党誓词、党员过"政治生日"等活动,积极探索互动式、论辩式、沙龙式、言评式等新模式,让理论学习触及思想灵魂,让有意义的事情更有内涵。

(二) 通过主题报告、讲座、党课等方式,深入理论学习,深植爱国爱党情怀

各高校通过党校专题讲座、书记上党课、党员上微党课、党员教师为学生上思政课等模式开展学习和教育。党员教师通过聆听和学习,以崭新的思想、崭新的观念、崭新的精神面貌,进一步坚定理想信念、明确政治方向。干部带头讲党课,意在发扬"以上率下、示范带动"的优良作风,带动全体党员的学习热情。

(三) 参观革命遗址,实地学习党的历史,接受了党性教育的洗礼

通过参观红色革命历史遗迹,铭记先烈们无私奉献、勇往直前的革命精神,党员教师更透彻理解"不忘初心、牢记使命"的深刻内涵,以更加饱满的状态投入到各项工作和学习中,为实现中华民族伟大复兴的中国梦,为学校的高水平大学建设贡献自己的力量。例如上海地方高校党员教职工赴中共一大、二大会址、陈望道纪念馆、上海毛泽东旧居陈列馆参观学习,前往龙华烈士陵园悼念为国牺牲的革命烈士等,重温了中国共产党发展的历程和老一辈革命家的崇高精神。

(四) 透过艺术作品,追寻红色记忆,感受党和国家的光辉历程和伟大成就

各种形式的艺术作品在思想上往往表现出很高的成就,情感交融的情景唤起人民心中对党的深情,如上海市文史研究馆策划主办的"艰苦卓绝创伟业——纪念长征胜利80周年"艺术作品展、中华艺术宫"从石库门到天安门"上海美术作品展。而"伟大历程辉煌成就——庆祝中华人民共和国成立70周年大型成就展"则是采用多媒体科技手段的网上展馆,生动全面地宣传和展示新中国成立70年来的光辉历程、伟大成就和宝贵经验。此外,通过组织观看《我和我的祖国》爱国电影、"七十周年大阅兵"纪录片及观后感征文活动等,弘扬和培育广大师生家国情怀和社会责任感。党员同志真切感受到了前进征程上,有中国共产党的坚强领导,有社会主义集中力量办大事的政治优势,有万众一心、众志成城的民族精神。

（五）支部融合共建，互促共赢共提升

1. 校内支部共建，开创和谐校园新局面

校内支部共建一般以教工党支部与学生党支部联合、不同行政机构支部共建等模式开展各项活动。

教工党支部与学生党支部联合，一种方式是以带教学习助力学子成长，教工党支部与学生党支部联合开展"党史、党建、文史"等主题党日活动，党员教师结合自己的成长和工作经验，帮助学生更深入地了解我们的祖国和我们的党，让学生以更饱满的学习热情、更昂扬的奋斗精神好好学习、报效祖国。另一种方式是以关爱学子帮扶助困，党员教师利用教学管理、行政管理等方面的经验和资源，"结对子"重点关心帮助贫困学生、少数民族学生、学业困难学生，充分体现了党员教师的爱岗敬业精神，拉近了老师与学生间的距离，增强了学生们爱祖国、爱党、爱校园的情感。

不同行政机构的校内教工支部共建，则是提升支部党建工作成效和服务内涵、互相学习提高的重要手段，开展内容主要包括：（1）组织联建：通过定期开展集中学习交流，联合组织主题实践活动，共同进行组织生活，进一步加强支部间的信息沟通和交流，不断提升党支部的创造力、凝聚力和战斗力，相互观摩学习党课、主题党日活动，推进党支部"标准＋示范"建设。（2）工作联动：围绕学校中心工作和部门重点工作，充分发挥共建支部的业务优势和专业优势，以特色项目为切入点，以点带面，优势互补，推动工作共同发展。如总务后勤管理处党总支机关支部与外语学院教工党支部共建，协助翻译总务后勤服务厅指引牌、服务指南等标识和文档，把全心全意为师生服务落到实处。（3）难题共解：就共建支部关心的热点、难点问题，采取座谈、走访等形式，开展调查研究，掌握第一手资料，提供服务参考，有效解决问题。如计算机学院和商学院教工支部共建，共同探讨物联网赛事指导，在充分了解学生物联网技术和软件能力的基础上，结合商业热点，共建基层党组织携手协同培养创新型人才。

2. 与校外支部共建，以党建联建促进各项业务工作发展

高校之间基层教工支部共建一般在学科背景相似的院系之间，以党建联建为引领，在党建、教学、科研、人才培养和服务社会等方面进一步深化合作，实现互惠互利、合作共赢的美好愿景。同时，一部分高校因创始、校友、发展等历史原因，具有一脉相承或相关的红色文化背景，各校设立的多种形式的党员教育、实践和服务基地，建立校

际间相互交流学习的平台。

高校与社区支部共建,往往是发挥高校思想教育理论优势,推进思政教育进社区,满足社区党员开拓视野和提升理论修养的需求;发挥教师专业技术优势,协助解决社区居民实际困难;同时促进高校教师对社区基层党建工作的深度思考。达到了高校思想政治教育理论及技术服务进社区、街道党建经验进高校"双进入"的理想效果,以学习深化认识,用思想引领行动,用信念凝聚力量。

高校与企业间支部共建合作,旨在将企业需求与学院学科优势相结合,实现企业与学校话语体系的对接,在学生实践实习基地、人才培养、知识产权转化、技术服务及产品研发等方面开展深层交流,基层党建为企业发展搭建更好的服务合作平台,走出一条高校基层党建服务与企业基层党建同频共振、互助共进的发展之路。

(六) 党建引领聚合力,志愿服务暖人心

部分基层支部发挥专业技术特长,参与和帮助校园公益活动,如学生心理健康咨询、国际学生汉语辅导、校园食堂安全卫生管理等,积极营造开放、有爱、自信、和谐的校园文化氛围。有教工支部开展校园志愿讲解服务活动,带领青少年走进象牙塔,将历史赋予学校的博大的人文景观和厚重的文化底蕴与社会分享。此外,教工支部也走进儿童福利院、敬老院,进一步强化了关心关爱弱势群体的社会责任心,充分展示了教师党员乐于奉献的精神风貌。

(七) 发扬党员教师先锋模范作用,为精准扶贫贡献"高校思维"

部分高校教工党支部远赴偏远山区,与当地县、乡、镇及学校开展结对共建工作,整合高校资源优势,在科学养殖和种植、协调变更产业特色、农产品营销、大型现代化农机具使用等方面,对口帮扶地方,助力当地实现了脱贫致富质的跨越,以结对共建为契机,真正让党员得到锻炼。

综上所述,在党建形式上创新创活创亮,有利于提高党建资源利用率,不断为基层党建工作注入新能量,此次深入调研我国高校教工党支部党建工作的内容与方法,为提升党支部组织力、激发支部活力提供了丰富的工作案例。

三、 存在问题及解决途径

党的十八大以来，以习近平同志为核心的党中央高度重视党支部建设，中共中央印发《中国共产党支部工作条例（试行）》，号召党支部在基层工作中"唱主角"，充分发挥战斗堡垒作用，筑牢党的执政根基，然而，根据访谈调研情况及文献资料分析，高校教工支部在实际工作中也面临政策保障、考核机制、创新能力、党建助力教师成长等方面的问题。

1. 支部"唱主角"，"舞台"很重要，而搭建好像样的"舞台"，保障必不可少。只有推动上级组织积极为基层解困、钱向基层投、政策向基层倾斜，才能确保基层党组织有资源、有能力。

2. 支部"唱主角"，衡量支部书记"唱得好不好"，要通过其工作开展成效来评判，不应一概而论，而应是有差别、有个性的。新形势下，支部书记工作的先进性被赋予新的含意，不仅要重态度、重精神，更要注重实际能力和工作绩效。

3. 支部书记在基层工作中如果没有创新工作、勇于担当，那就只能是人云亦云，亦步亦趋，其工作的开展必然是"以文件贯彻文件""以会议落实会议"，难免沦为思想僵化"不想为"、意识淡化"不敢为"、知识老化"不善为"、能力弱化"不能为"，这些种种"难有所为"必然导致"难有成效"，很难担当起"领唱"角色。

4. 支部"唱主角"，不能是支部书记的"独唱"，而是带领全体支部党员齐心"合唱"。在新的形势下，由于教职工思想观念的转变，当个人劳动成果的付出与应得利益无法实现对等时，难免就会产生不同的想法，甚至心理上失衡，直接影响积极性和主观能动性的发挥。这就要求基层党建工作在加强奉献精神和责任意识的教育同时，也要正视党员的正当利益，正确处理好党员的个人需求与集体事业发展的关系。在此，特别要注重正确处理支部工作与业务工作的关系，找准结合点，把党建融于业务工作中，真正做到"思想上同心，目标上同向，任务上同担"。

（上海商学院课题组 卫晓怡 胡纬华 崔琳琳 陆文蔚 姚 红）

增强高校学生党支部建设的规范性

党的基层组织是党在社会基层组织中的战斗堡垒,是党的全部工作和战斗力的基础。从"支部建在连上",到如今"支部建在楼上""支部建在项目上",具体到高校"支部建在学科上""支部建在专业上""支部建在年级上",体现出不同时期党支部都是党的全部工作和战斗力的基础。党的一切工作到支部,党的一切工作靠支部。

2018 年中共中央印发《中国共产党支部工作条例(试行)》,作为我们党历史上第一部关于党支部工作的基础主干法规,为全面加强新时代党支部建设提供了基本遵循。习近平总书记多次强调,要树立"党的一切工作到支部"的鲜明导向,把思想政治工作落到支部,把从严教育管理党员落到支部,把群众工作落到支部,让支部在基层工作中"唱主角"。只有每一个党支部在基层工作中能够"唱主角",充分发挥战斗堡垒作用、发挥党员先锋模范作用、推动中心工作,才能筑牢党的执政根基。

一、 新时代高校加强学生党支部建设的根本遵循

《中国共产党支部工作条例(试行)》为了坚持和加强党的全面领导,要求弘扬"支部建在连上"光荣传统,落实党要管党、全面从严治党要求,全面提升党支部组织力,强化党支部政治功能,充分发挥党支部战斗堡垒作用,巩固党长期执政的组织基础。在上海,高校实施高校基层党建质量提升工程,出台基层党组织"攀登"计划、党员"先锋"计划、党务工作者"红领"计划和党建工作"筑力"计划,探索在学科链、科研链等最活跃的"细胞"上建立党组织,稳步推进"双带头人"培育工程。上海电力大学相继出台了《关于加强新形势下教工党支部建设的实施意见》和《关于加强新形势下学生党支部建设的实施意见》,各二级党委(党总支)严格按照上海市和学校关于支部建设的指导意见,推进学生党支部标准化、规范化建设,提升学生党建工作质量,取得了一定的成效。

本研究通过访谈以及查阅资料分析等方式总结归纳了高校学生党支部有关基层工作的三个主要方面。

一是政治引领：包括宣传和贯彻落实党的理论和路线方针政策，宣传和执行党中央、上级党总支基本支部的决议、党员群众的思想政治和意识形态工作等；具体举措包括组织学习习近平新时代中国特色社会主义思想，开展"不忘初心、牢记使命"主题教育和"四史"学习教育，推进"两学一做"学习教育常态化制度化，宣传执行党的路线方针和上级党总支的决议，在学生干部选拔、班级管理、课堂管理等学生重大事项中进行政治把关，通过各类宣传和活动推进学生的思政教育等。二是人才培养：包括专业学习、班团建设、文化建设、志愿服务、社会实践、创新创业、就业服务、帮困助学、朋辈帮扶、寝室文化建设等。三是团结凝聚学生群众：包括解决学生在学习、生活、工作中遇到的实际问题，搭建沟通交流的平台，及时听取、了解、回应学生的意见和诉求，带动所在班团等群团的组织建设、文化建设等。

二、 高校学生党支部在基层工作"唱主角"的具体要求

通过案例分析和访谈总结归纳，高校学生党支部在基层工作中发挥"唱主角"作用的具体表现有：(1)政治功能突出，将思想引领有机融入学生日常的学习和工作中；(2)党的组织生活规范，学生党员在基层工作中起到了先锋模范带头作用；(3)立足立德树人根本任务，围绕高校育人中心工作发挥积极作用；(4)团结带领引导广大学生投入到班级、学院、学校相关中心工作中，且有实效。

通过案例分析、访谈总结等方式发现目前高校学生党支部在基层工作中发挥"唱主角"作用方面存在的主要问题有：党支部定位不清晰，党支部的"唱主角"意识淡薄；党支部政治功能弱化，政治引领作用不足；党的组织生活不规范，党支部的组织力、凝聚力、战斗力、影响力不足；党员意识不强，先锋模范带头作用发挥不足；党支部书记的履职尽责能力不足，工作积极性不高；上级党组织的支持和保障不足；党建对业务引领作用薄弱，促进中心工作不足；党外群众的配合监督不足。

相关调研显示，如何更好地发挥学生党支部在基层工作中"唱主角"的作用的重要性排序依次是：增强党支部"唱主角"的意识；增强党支部的政治功能；规范支部的组织生活，提升组织力、战斗力、凝聚力；积极维护学生党员群众利益，团结凝聚广大学

生;学生党支部围绕中心、服务大局,为院系、学校事业发展助力;选配优秀辅导员和教工党员作为支部书记(研究生支部可为研究生党员),并加强教育培养;上级党组织的指导、支持。

三、 高校学生党支部在基层工作中"唱主角"探索实践

1. 突出政治功能,将思想引领有机融入到学生日常的学习和工作中

根据"不忘初心、牢记使命"主题教育相关要求,结合上海电力大学能源电力特色,支部开展"读懂中国从电说"专题活动。成立了6个工作组,按照"电力体制改革、火电厂的发展、核电发展、智能发电"等20个脉络分别开展调研。走访了上海档案馆、杨树浦电厂、校史馆等单位,查阅了人民日报、中国电力年鉴、中国电力报、人民电业等报刊,寻找搜集关于电力发展的重要历史人物、故事、事件的照片,学生从电力行业的发展历程,拾遗电力、读懂中国,更加生动地感受到新中国成立70年来的辉煌成就和电力人的初心使命。活动分为悟初心——探寻电力史、守初心——对话电力人、践初心——传承电力情三大部分,历时一年,结合行业初心探寻,加强思想引领。

完善"学习强国"量化学习考核,做到学在平时、全员覆盖。定期进行"学习强国"学习分数统计分析,对学习不合格的党员通报相关支部,并进行约谈;把平台学习积分作为考核党员干部学习成效的重要依据,作为党员发展转正的重要参考依据,作为党员各类评优评先的参考依据。

2. 规范组织生活,学生党员在基层工作中起到了先锋模范带头作用

支部每月都能制定专题组织生活和党日活动,学生党员在基层工作中起到了先锋模范带头作用。

开展"不忘初心、勇于担当,用国际视野助力能源桥头堡建设"活动,以模拟联合国表演剧、学"思想",悟国交电娃初心,朗诵《电力十足·耀我中华》;强党性,当光明使者先锋;话使命,用国际视野助力能源桥头堡建设。模联表演剧结合习近平主席在中非合作论坛上发表的讲话,模拟中国在联合国提出非洲各国清洁能源提高5%的倡议,并与各国代表通过讨论磋商、举手表决等方式达成绿色发展、能力建设等举措。《电力十足·耀我中华》是学生党员原创诗歌,围绕一带一路、能源互联网、清洁能源展开,展现学生党员的信仰、胸怀和作为。

通过专题组织生活,学习习近平总书记给复旦大学《共产党宣言》展示馆党员志愿服务队全队的回信,并研讨交流。他们纷纷表示,回信是对复旦青年师生党员的一种激励,更是对广大青年党员的一种殷切期望,作为学生党员,需要坚定理想信念,面向未来,走好时代的长征路。通过学习打牢思想基础,坚定理想信念、践行初心使命,从而指导实践、推动工作。

组织学习习近平总书记给北京大学援鄂医疗队全体"90后"党员的回信、观看优秀抗疫党员青年访谈视频,并围绕坚定理想、练就本领、担当作为进行深入研讨。大家纷纷表示,要牢记习近平总书记的殷殷嘱托,要以奋斗在疫情防控各条战线上的青年为榜样,切实担负起历史使命。

召开"书香里悟初心、阅读中话使命——为学院添砖加瓦"专题组织生活和党日活动。结合学习强国 APP 上的《习近平七年知青岁月》等电子书学习资源,开展读书交流活动,在书香里感悟初心;结合疫情防控期间学院实际工作、毕业班党支部结合毕业生就业帮扶等在阅读中共话使命,为学院事业发展添砖加瓦。他们纷纷表示,通过阅读《习近平七年知青岁月》,深切感受到了勤奋踏实对一个人成长的重要意义。作为新时代的青年,要成为务实的有格局的人,仰望星空脚踏实地成为真正的社会栋梁。

3. 立足立德树人根本任务,围绕高校育人中心工作发挥积极作用

着眼立德树人根本任务,疫情防控期间,按照学校"两手抓""两不误"的工作要求,开展助力"云"端学习主题系活动,发挥党员先锋模范作用。

疫情防控期间,利用 4 月 23 日世界读书日的契机,利用"国交纵横"微信平台发起"书香里共悟初心——国交党员先锋队荐书活动",以朋辈荐书的方式推荐了《中国智慧》《梁家河》《习近平的七年知青岁月》等书籍,让书籍丰富广大同学们的生活和人生,让书香满溢国交。

疫情防控期间号召党员群众利用学习强国积极主动进行理论自学,做到理论学习"不停学"。并采取线上抢答的方式开展"学习强国"知识竞赛,同时对疫情防控期间"学习强国"表现突出的成员进行奖励。

以实际行动践行初心使命、以担当作为给党旗增辉添彩,先锋行动助力"云"端学习主题系列在疫情防控期间推进新学期工作中做好表率、服务好身边的同学群众、发挥先锋模范作用的具体实践,是高校学生党支部在基层工作中"唱主角"的具体实践。

4. 团结带领引导广大学生投入到班级、学院、学校相关中心工作中

支部积极引导广大学生投入到班级、学院、学校相关中心工作中。2020年是特殊就业季,毕业生就业工作是学院学生工作的重点内容。为进一步促进疫情防控时期的上海电力大学国际交流学院的毕业生就业工作,发挥党员先锋模范作用,结合学院实际,开展"先锋帮扶"助力毕业生就业工作,通过结对子、就业信息搜集等精准帮扶措施展现毕业生党员"一个党员,一面旗帜"示范作用,同时作为毕业生党员离校教育的环节,也是学生党支部在基层工作中"唱主角"的生动实践。

结对子帮扶。毕业生党员与就业困难学生结对子,在结对子帮扶中党员学生要明确责任和使命、牢记服务宗旨,从就业理念、就业经验等全方面带动结对子学生积极就业。

就业信息搜集。学生党员积极搜集与电气工程及其自动化专业相关的就业信息,推送给班级未就业的同学,帮助他们拓展就业渠道,增加就业机会。分为三个小组,每个小组负责相应时间段的就业信息搜集和发布。该班级在2020年毕业生就业率中排名学院第一。

毕业生文明离校工作。全体毕业生党员在毕业离校中要严于律己、文明离校,以做好文明离校的表率,为母校交上一份满意的答卷,也是对毕业生党员提出的要求。同时通过文明离校倡议、先锋行动志愿者、毕业纪念活动协助学院做好毕业生离校相关工作。

(上海电力大学课题组　齐晓永　丛　亮　周玮露　刘　克)

凸显高校学生爱国主义教育的有效性

党的基层组织是党在社会基层组织中的战斗堡垒,是党的全部工作和战斗力的基础,是党开展各项工作的基本力量。《中国共产党章程》第五章第三十四条指出,党支部是党的基础组织,担负直接教育党员、管理党员、监督党员和组织群众、宣传群众、凝聚群众、服务群众的职责。《中国共产党支部工作条例(试行)》第一章第三条指出,党支部工作必须遵循"坚持践行党的宗旨和群众路线,组织引领党员、群众听党话、跟党走,成为党员、群众的主心骨"原则,明确强调了基层党组织在基层工作中的主心骨作用。习近平总书记也多次指出,"要大力加强党支部建设,让支部在基层工作中唱主角,发挥主体作用,使支部成为团结群众的核心、教育党员的学校、攻坚克难的堡垒。"党支部在基层工作中"唱主角",明确了党支部在基层工作中的主导地位,也赋予了党支部做好政治引导、思想引领、凝聚群众的责任使命。

一、 党支部在基层工作中"唱主角"的内涵

(一) 党支部在基层工作中"唱主角",发挥政治引导作用

党支部要在基层工作中发挥政治引领作用,宣传党的主张,贯彻党的精神,用思想武装党员头脑是基层工作的基础和前提。党支部要紧紧围绕党和国家的奋斗目标,彰显党的政治特征、发挥党的政治优势、完成党的政治任务,充分发挥政治引领作用,切实做好从思想上政治上组织上引导教育党员和群众工作,为建设新时代特色社会主义打牢坚实基层基础。要坚决执行党的各项决策部署,充分发挥党员干部党组织的凝聚力,通过主题党日等方式,扎实推进党员的学习教育,持续开展为党和人民的事业增添正能量的活动。

（二）党支部在基层工作中"唱主角"，发挥思想引领作用

始终赢得人民群众的高度认同，既是一个先进政党走在时代前列的必然选择，也是其拥有强大思想引领力的鲜明体现。党支部要通过加强思想政治宣传教育，传达习近平总书记的讲话精神，让党员和群众深刻领会党中央重大决策部署的重要意义，统一思想认识，抵御错误思潮。党支部要用党的创新理论团结教育引导广大人民群众，不断增强对中国共产党和中国特色社会主义的政治认同、思想认同、理论认同、情感认同，推动党的会议精神和方针政策在人民群众中往深里走、往实里走、往心里走。充分发挥政治"指南针"作用，拧紧"思想关"。

（三）党支部在基层工作中"唱主角"，发挥凝聚群众作用

党支部要发挥凝聚群众作用，切实体现群众意愿，服务群众，把实现好、维护好、发展好最广大人民群众根本利益作为一切工作的出发点和落脚点。群众路线是我们党增强群众凝聚力的重要途径。党支部要深入群众，根据基层现状，举办切实为群众谋福利的活动，在知识上、思想上、体验上帮助群众，并不断将群众紧密聚集在党支部周围，画好"同心圆"，注入"聚合力"。

二、 学生党支部在新时代爱国主义教育中"唱主角"的重要意义

爱国主义是中华民族的民族心、民族魂，是中华民族最重要的精神财富，是中国人民和中华民族维护民族独立和民族尊严的强大精神动力。2019 年 11 月，中共中央、国务院印发了《新时代爱国主义教育实施纲要》。《纲要》指出，新时代加强爱国主义教育，对于振奋民族精神、凝聚全民族力量，决胜全面建成小康社会，夺取新时代中国特色社会主义伟大胜利，实现中华民族伟大复兴的中国梦，具有重大而深远的意义。紧接着，教育部党组印发了《教育系统关于学习宣传贯彻落实〈新时代爱国主义教育实施纲要〉的工作方案》（以下简称《工作方案》），在教育系统扎实开展深入、持久、生动的爱国主义教育，着力培养德智体美劳全面发展的社会主义建设者和接班人。《工作方案》提出，要以习近平新时代中国特色社会主义思想为指导，紧紧围绕中国特色社会主义伟大实践、"两个一百年"奋斗目标和实现中华民族伟大复兴中国梦，深刻认识中国共

产党团结带领全国各族人民进行的革命、建设、改革实践是爱国主义的伟大实践。《工作方案》聚焦"形象,载体,氛围,情感,仪式,使命"六个关键词,重点把握"长短,深浅,内外,远近"的原则,落实"四大板块""八大行动"。把加强爱国主义教育作为教育系统2020年思想政治工作的主题,着力通过颂扬先进形象、打造有效载体、营造浓厚氛围、激发爱国情感、利用重要仪式、激励使命担当等途径砥砺爱国奋进。新时代大学生应牢记习近平总书记的谆谆教诲,加强学习爱国主义精神,厚植爱国主义情怀并且坚持爱国、爱党、爱社会主义的思想高度统一。高校学生党支部作为大学生爱国主义教育的主阵地,应当结合新时代爱国主义的内涵和教育的新要求,教育引导新时代大学生弘扬继承民族精神与时代精神,践行社会主义核心价值观。

(一)新时代大学生爱国主义教育的现实需要

随着全球化的日益深入,各种价值观念和文化思潮大量涌入,冲击着高校学生的思想,学生的思想政治教育成为高校的重点工作。因此,加强大学生爱国主义教育至关重要。从宏观层面来说,爱国主义是民族精神的核心,爱国主义教育是推进中国社会前进的巨大力量,是维护祖国统一和民族团结的强大动力,也是实现中华民族伟大复兴中国梦的力量源泉。从个体层面来说,爱国主义教育是树立正确人生观的重要形式。在社会多元文化的影响下,青年人容易受到社会上一些不良思潮的误导,从而偏离正确的轨道。学校需要充分发挥教育作用,将爱国主义精神贯穿于学校教育全过程。在新时代,传统的爱国主义教育难以与时俱进,为了适应新的时代特点和学生的心理特点,高校需要发展爱国主义教育的新形式和新内涵。而学生党支部是党与广大青年学生的联络站。建设高校思想政治教育,需要发挥学生党支部在大学生思想政治教育中的引领作用。其作为植根于青年学子中的一个组织,有利于加强党组织与青年学生的联系,有利于进行新时代下大学生爱国主义教育,也有利于凝聚广大青年学生的智慧和力量。通过理论学习层面以及实践层面的组织和策划,增加学生对接受爱国主义教育的积极性,培养出担当民族复兴大任的时代新人,是学生党支部"唱主角"的重要意义。

(二)学生党支部引领思想政治教育的必然要求

学生党支部作为高校最基层的党组织,与大学生联系最为密切,影响最为直接,是党联系广大青年学生的重要桥梁,承担着发展学生党员,开展大学生思想政治教育工作的重要职责。学生党支部通过社会主义、爱国主义、集体主义教育,使高校学生树立积极向上、稳定健康的观念和思想,有利于净化高校乃至社会风气,维护国家和社会的稳定和持续发展。作为党在高校的基层组织,学生党支部必然承担起其政治功能。学生党支部要在青年学生中坚持不懈地传播马克思主义科学理论,引导学生了解党的主张、学习党的精神,坚持党的理论、路线和方针政策,坚定信念,树立理想。青年学生要在学生党支部的带领下,坚定理想信念,坚守崇高的精神追求,做社会主义核心价值观的坚定信仰者、积极传播者、模范践行者。

三、 学生党支部在新时代爱国主义教育中"唱主角"的现状分析

为掌握目前上海高校学生党支部在新时代爱国主义教育中"唱主角"的实际情况,课题组在华东师范大学、复旦大学、同济大学、上海对外经贸大学、上海财经大学共五所高校的十个学生党支部开展了爱国主义教育活动的调研工作。

调研分为问卷调查和个别访谈两部分。问卷针对华东师范大学、复旦大学、上海海关学院、上海对外经贸大学、上海财经大学五所高校的学生党员进行抽样调查,共采集 82 名学生党员数据,其中本科生占 13.41%,硕士生占 84.15%,博士生占 2.44%;预备党员占 23.17%,正式党员占 76.83%;在党支部中担任职务的学生党员占 21.95%;学生党员平均党龄 1.94 岁。

(一) 主要做法及成效

在接受调研的学生中,18.29%的学生党员表示非常清楚国务院、教育部关于开展爱国主义教育活动的要求,48.78%的学生党员表示基本了解,26.83%的学生党员表示有所了解,6.1%的学生党员表示不大了解。针对在大学生群体中开展爱国主义教育活动的重要性而言,78.05%的学生党员表示非常重要,20.73%的学生党员表示比较重要,还有 1.22%的学生党员表示一般。

调研数据显示,高校学生党支部爱国主义教育活动开展顺利,86.59%认为党支部定期开展爱国主义教育活动,13.41%认为党支部偶尔开展。学生党支部开展的爱国主义教育活动形式多样,内容丰富,涵盖讲座报告、观影观展、经典阅读、征文比赛、演

讲朗诵、歌咏比赛、文创设计、参观走访、主题宣讲等形式,还有部分支部举办关于爱国主义教育相关的知识竞赛活动。

学生党员参与多种形式爱国主义教育活动的积极性高。18.29%的支部全员参加,68.29%的支部参与活动比例达到90%以上,13.41%的支部参与比例在70%—80%之间。在活动吸引力方面,26.83%的学生党员表示上述爱国主义教育活动的吸引力非常好,67.07%的学生党员表示比较好,仅6.1%的学生党员表示一般。经调查,多类爱国主义教育活动中,观影观展和参观走访最受学生党员的欢迎。

针对以上爱国主义教育活动的开展效果,课题组针对爱国情感提升、党员身份认同以及对支部的归属感展开调查,总体效果呈较好趋势。数据显示,50%的学生党员认为上述爱国主义教育活动对于增强党员爱国情感的效果非常好,46.34%认为效果比较好,3.66%认为效果一般。在增强党员身份认同的效果上,54.88%认为效果非常好,40.24%认为比较好,3.66%认为效果一般,而1.22%认为不太好。同时,52.44%的学生党员认为上述爱国主义教育活动对于增强党员对支部的归属感的效果非常好,40.24%认为比较好,7.32%认为效果一般。

(二) 学生党支部开展爱国主义教育活动时存在的问题及原因分析

当前学生党支部开展爱国主义教育活动情况较好,基本符合让党支部"唱主角"的要求,能够定期开展活动,但学习上级党组织文件不够深入,理论学习不足;受欢迎活动形式单一,党员参与积极性有待提升;活动后的交流分享较少,活动质量有待提高。上述问题主要存在以下三点原因。

1. 对党支部"唱主角"思想认识不足,支部履职能力一般

中共中央印发的《中国共产党支部工作条例(试行)》指出,党支部是党的基础组织,是党的组织体系的基本单元,是党在社会基层组织中的战斗堡垒,是党的全部工作和战斗力的基础。然而调查数据显示,90.24%的学生党员明确党支部"唱主角"的含义,仍有9.76%的学生党员对学生党支部"唱主角"的含义存在疑惑。学生党员对"唱主角"的要求不熟悉,不能在爱国主义教育活动中意识到党支部的"主角"身份。而在后期活动开展的调查情况显示,党支部成员和支部委员在爱国主义教育活动中主要发挥活动策划、活动执行、活动报道和人员组织的功能,但在思想引领以及对党支部政治功能的履行作用上发挥不到位。

学生党支部,尤其是支部支委,需要树立"主角"意识,找准学生党支部的定位和职责,除了提升党支部的组织力,还要注重学生党支部组织体系的建设,增强支部凝聚力、党员身份认同感,增强爱国情感的同时,还要注重党的政治引导、思想引领和群众组织。

2. 学生党支部外部资源不足,活动创意有限

党支部要"唱主角","舞台"设置很重要。目前受欢迎的爱国主义教育活动主要为观影观展和参观走访,虽然两者受到学生党员的欢迎,但同时也有54.88%的学生党员反应爱国主义教育活动的创意不足,对后期学生党员的参与积极性有所影响。但学生党员的资源有限,在一定程度上限制了学生党支部开展活动的创意发展。

调查中84.15%的学生反映,党支部开展爱国主义教育活动需要拓展校外资源,63.41%反映需要增加经费支持,62.2%反映需要联动校内资源。学生党支部要在工作、活动中"唱主角",需要必备的保障。一方面学生支委需要主动寻求学习资源和活动场地来开展组织生活。另一方面,上级党委需要提供经费保障和校外资源的有效联合,保障学生党支部活动的开展和学生党员的积极性。

3. 党支部活动缺少系统性设计

31.71%学生党员反映学院党委/指导老师全面指导党支部开展爱国主义教育活动,47.56%则是经常指导。在开展爱国主义教育活动时,虽然有学院党委的指导,但50%的学生党员反映活动缺乏针对性,大部分的爱国主义教育活动较为笼统,面向群体不止是大学生,需要增强个性指导。36.59%的学生反映开展相关活动需要加强顶层设计,对接优质的师资力量。

四、 加强学生党支部在新时代爱国主义教育中"唱主角"作用的路径

(一) 强化学生党支部的政治功能,树立新时代爱国主义教育中的主角意识

在新时代爱国主义教育中,学生党支部要牢固把握政治功能定位,树立"主角意识"。所谓政治功能,是指基层党组织在贯彻党的路线、方针、政策,保持党的先进性和纯洁性,领导本组织内党员履行党的义务、保障党的权利,发挥党组织战斗堡垒作用和党员先锋模范作用,确保党在基层执政基础坚实牢固等方面所应发挥的有力作用和重

要效能。习近平总书记在庆祝中国共产党成立 95 周年大会上的讲话中指出，"严肃党内政治生活是全面从严治党的基础。党要管党，首先要从党内政治生活管起；从严治党，首先要从党内政治生活严起。"高校学生党支部应当始终坚持把党的政治建设摆在首位，政治引领常抓不懈，加强和规范党内政治生活，提高党内政治生活质量。

学生党支部在自身建设上要保证在党内政治生活的严肃性，严格规范落实"三会一课"制度，牢固树立"四个意识"、坚决做到"四个服从"和"两个维护"的基础上，努力做到坚决贯彻党的理论、路线、方针、政策尤其是党的教育方针。同时，学生党支部要扩大思想政治建设的覆盖面，以党建带团建，引领青年理论大学习，把青年学生的思想统一到党中央的大政方针上来。组织青年学生学习习近平总书记系列重要讲话精神，开展红色教育，读原著、学原文、悟原理，列出专题学、联系实际学、融会贯通学，学出实效、悟出"新"得；在青年学生中开展社会主义核心价值观教育和理想信念教育，促使青年学生坚定理想信念、忠诚伟大事业、增强大局观念，实现"四个正确认识"。

（二）提升学生党支部的组织战斗力，增强新时代爱国主义教育中的主导能力

在党的十九大报告中，以习近平同志为核心的党中央进一步强调了基层党组织的战斗堡垒作用，"要以提升组织力为重点，突出政治功能，把企业、农村、机关、学校、科研院所、街道社区、社会组织等基层组织建设成宣传党的主张、贯彻党的决定、领导基层治理、团结动员群众、推动改革发展的坚强战斗堡垒。"说明了提升组织力对于基层党组织建设至关重要。基层党支部的组织力直接关系党的政治领导力、思想引领力、群众组织力和社会号召力。在新时代爱国主义教育中，学生党支部必须不断提升组织力，不断增强教育主导能力。学生党支部的"唱主角"范围不仅限于本支部范围内，更应该在支部所在班级、年级和专业里，这样才能体现学生党员在学生群体中的政治引领与示范作用。一是要加强培养学生党支部支委队伍。习近平总书记指出，要加强带头人队伍建设，确保基层党组织有资源、有能力为群众服务。党的十九大报告强调，要加强基层党组织带头人队伍建设，着力解决一些基层党组织弱化、虚化、边缘化问题。学生党支部支委是支部的"领头羊""排头雁"，在支部建设中发挥主要作用。要选优配强学生党支部书记，要加强对支委的培养教育，推动深层次培训，打造强有力的领导团队。学生党支部支委应当具备较高的政治素养、较强的组织能力，能够带领、指导学生党员和团员群众共同开展爱国主义教育。二是要开拓创新党支部活动形式。

学生党支部在爱国主义教育活动的设计上要紧密结合时代的特征和当代大学生的特点,形式丰富多样、生动活泼,包括音乐党课、阅读红色经典、宣讲初心故事、寻访上海红色文化、寻访所在高校和家乡红色历史、围绕爱国主义主题的舞台剧表演、演讲比赛、征文比赛、文创产品设计、短视频制作等等。学生党支部可以充分发挥专业特色,利用大学生暑期社会实践开展爱国主义教育;借助区域化党建联建平台,组织学生参与到具有学科特色的爱国主义教育实践活动中。三是要打造党支部品牌特色。学生党支部开展爱国主义教育活动,可充分结合学生专业特色和第二课堂的相关平台,将政治理论和专业知识相结合,将理论与实践相结合、将党建活动与学科专业特色相结合,将爱国主义教育与"不忘初心、牢记使命"主题教育相结合,将爱国主义教育与学党史、新中国史、改革开放史、社会主义发展史"四史"学习教育相结合,创立品牌、凝练特色,形成爱国主义教育的活动品牌。四是要建立"互联网+"宣传网。在互联网时代,学生党支部要充分利用互联网、新媒体和大数据技术,开展新时代大学生爱国主义教育,提高党建宣传的影响力和号召力。学生党支部要将时代特征与学生特征相融合,采用大学生喜闻乐见的形式,比如"B站"(哔哩哔哩,英文名称:bilibili,简称B站)、微信公众号、微博、QQ群等方式,传播党的思想理论精神。在"B站"的党建服务平台,可承载200多人的会议室每周定期举办各类党建活动。"B站"将内容、思想引领作为党建的核心,由此形成的"正能量场",大大激发了年轻人的爱国心和文化自信。学生党支部还可以充分利用学习强国APP,号召青年大学生通过学习强国APP学习国内外时政和优秀的图书电影资源。

(三) 加强入党积极分子培训教育

入党积极分子培训班是青年大学生的重要政治学习平台,是学生党支部与青年大学生联系的重要桥梁,其旨在加强大学生党的基本理论知识学习,提高理论水平,增强思想政治素养,树立共产主义伟大理想。

学生党支部可以通过入党积极分子培训班开展系统的爱国主义教育。入党积极分子培训教育的课程内容涵盖党史解读、理论学习、时事分析等多个方面,突出培养大学生家国情怀。以爱国主义教育基地为载体,加强大学生理想信念教育,组织学生参观学习爱国主义教育基地,例如龙华烈士陵园、上海革命历史纪念馆、钱学森图书馆等,帮助学生深入了解历史、了解革命先辈们的先进事迹,引导教育学生牢记历史、珍惜今天来之不易的和平幸福生活,感恩老一辈无产阶级革命家的无私奉献,学习他们的革命精神,坚定爱国爱党的理想信念。在教学培训中以演讲比赛、辩论赛、读书报告会等形式,组织学生主动学习党的书籍报刊,采访身边的革命前辈,激发学生学习热情,充分发挥学生主观能动性。

(四) 搭建二级党委保障平台

在学生党支部发挥"唱主角"作用的过程中,二级党委一定要起到中场线、核心引领的作用,在整个学院的活动构思、规划设计上要有顶层设计总体把关,但也要充分发挥各基层学生党支部的积极性和创造性,让他们结合各自的年级、专业特色去创造性地设计细化活动方案,从而让学院的整体活动呈现出主题鲜明、特色显著而又百花齐放的效果。学院党委还可以给予必要的平台搭建、校内外资源的联动拓展、经费的支持、更好的总结和展示成果的机会。

(华东师范大学课题组　庄　瑜　赵菲菲　李琳怡　方　媛

薛寅申　成一川　高冬琴　史　琳)

以问题为导向增强高校党建工作的创新性

本文的研究目的是结合新时代高校办学使命和人才培养要求，结合实践创新，研究如何充分发挥高校教师党支部在基层工作中"唱主角"的作用，使教师党支部充分发挥高校基层单位中的基础核心作用。主攻方向之一是通过实地个别访谈、调查座谈，了解高校教师党支部在基层工作中"唱不好主角"的原因；二是通过结合上海海洋大学教师党支部工作创新，探讨高校教师党支部在基层工作中怎么唱好主角。

一、高校教师党支部为什么要在基层工作中"唱主角"

（一）党支部性质决定

党支部是党的基础组织，是党组织开展工作的基本单元，是党在社会基层组织中的战斗堡垒，是党的全部工作和战斗力的基础，担负直接教育党员、管理党员、监督党员和组织群众、宣传群众、凝聚群众、服务群众的职责。教师党支部是教育、管理、监督和服务教师党员的基本单位，是把党的路线、方针、政策落实到高校基层的战斗堡垒，是党团结和联系广大教师的桥梁纽带，是办好中国特色社会主义大学的重要支撑，党的一切工作到支部决定了高校教师党支部必须在基层工作中"唱主角"。

（二）党支部建设的需要

党的十八大以来，以习近平同志为核心的党中央高度重视党支部建设，要求把全面从严治党落实到每个支部、每名党员，推动全党形成大抓基层、大抓支部的良好态势，取得明显成效。当前，推进伟大斗争、伟大工程、伟大事业、伟大梦想，必须贯彻落实新时代党的组织路线，把党支部建设放在更加突出的位置。2017年《中共教育部党

151

组关于加强新形势下高校教师党支部建设的意见》指出，推进高校教师党支部建设的制度化、规范化、科学化，不断提高党支部建设质量。加强教师党支部建设，发挥教师党支部在政治引领、规范组织生活、团结凝聚师生、促进学校中心工作方面的主体作用，高校教师党支部在基层工作中"唱主角"责无旁贷。

（三）高校立德树人的要求

习近平总书记指出，"高校立身之本在于立德树人"，这一论述深刻阐明了立德树人在高校工作中的核心地位。教师是立德树人的主要力量和根本依靠，落实高校立德树人要求，关键在于加强教师队伍建设。高校教师党支部作为党的基层组织，是践行立德树人根本任务的重要组织，高校教师党支部在基层工作中"唱主角"是落实立德树人根本任务的重要保障。

二、 影响高校教师党支部在基层工作中"唱主角"的主要因素

教育系统党组织的建设，在整个教育系统党的建设中具有特殊重要地位。各教师党支部在高校中很好地发挥了战斗堡垒作用，但也存在着一些影响党的核心作用发挥的问题。本课题通过对支部委员进行个别访谈和对支部党员进行调查座谈，了解到高校教师党支部在基层工作中"唱不好主角"的原因主要有如下几个方面。

（一）理论学习宣传教育不够

1. 思想上对政治理论学习的重视程度不够

高校教师党支部能够在学校学院党委的领导下，认真学习贯彻落实习近平新时代中国特色社会主义思想，但主动学习不足，理论学习的广度和深度有待提高，学习的热情和积极性还不够高，离走深走实还有一定距离。部分教师员工认为教学、科研是高校中心工作，把自己的主要精力放在提高教学、科研水平上，放在了学科、专业建设上。对政治理论学习缺乏足够的学习动力，一定程度上存在"重专业，轻政治"，"重教研，轻党建"的现象，导致理论学习深度和系统性不够。

2. 围绕中心工作开展宣传教育不足

由于教学科研和业务工作繁忙，在宣传思想工作上，高校教师能够落实上级布置

的任务,但是基本上是按照工作经验和感觉走,在落实上还不够细致系统,主动谋划工作的积极性需要加强。网络舆情研判和处置能力不足,抓住国家战略和学院中心工作开展宣传思想工作的劲头还不足。

3. 推进发展、破解难题的能力不足

十九大报告对高等教育、生态文明建设提出了新要求。面对新形势、新要求,党支部成员的理论水平还不够扎实,理论指导实践的能力需要提升。党支部在落实依法自主自律创新、促进实现内涵式发展上的思考和实践还很不够。支部工作方式方法显得落后,滞后于形势发展时代要求,有些高校在将支部建设与教学、科研、学科建设结合方面缺乏有效途径,学术组织和政治组织不能有机融合,支部建设找不准着力点,缺乏扎实基础。特别是对工作推进的复杂性和困难程度分析不够,对提高执行力的研究和分析不够深入、办法不多,在面对发展中存在的深层次矛盾和突出问题上缺少有效破解难题的系统性办法和举措,导致工作推动成效不明显不显著不理想。

(二) 从严治党主体责任落实有待加强

1. 践行全面从严治党的思想自觉和责任意识还存在不足

在实际工作中,党支部成员在落实委员分工职责的自觉性和责任感还不强。党支部能够按照上级要求抓工作,但很难做到两手都能抓得紧、抓得硬;对新形势下党的建设工作把握不够深厚,理解不够透彻;出现问题时快速反应能力和解决问题能力不够,运用党的基本理论解决工作中具体问题的水平有待进一步提高。

2. 党内政治生活不够严肃

重业务轻党建的思想还没有彻底转变,组织生活会形式主义现象仍然存在。部分基层党组织活动只是为了应付任务,浮于表面,形式单一,效果不明显,教师党员参与积极性不够,因科研活动有较多请假。组织生活会上书记讲得多,党员发言少;学习材料多,联系实际少;自我批评多,相互批评少;思想放不开,气氛不够浓,红红脸、出出汗还没成为常态,一团和气。

3. 意识形态工作方式方法有待创新

一是意识形态工作目标明确,但理论探索不深,方法创新不足。二是意识形态工作经验不够丰富,统筹部署科学性不强,基层延伸不够深入,工作效果有待提升。三是意识形态阵地建设还需不断完善,"两微一端"管理有待创新,促进学院特色文化品牌建设方面有待加强。

（三）全面落实党的教育方针方面仍要加强

1. 育人品质需要提升

立德树人根本任务要求教师们自觉弘扬主旋律，积极传递正能量，用真理的力量感召学生，以深厚的理论功底赢得学生，自觉做为学为人的表率，做让学生喜爱的人。在实践中，教师党支部在建立一支可信、可敬、可靠，乐为、敢为、有为的教师队伍方面发挥的作用还有待加强，发挥教师的积极性、主动性、创造性方面的策略还不够好，"三全育人"的氛围有待进一步提升，课程育人的抓手有待进一步提炼，各类课程和思政课同向同行的品质需要进一步提高。

2. 教师党支部引领力不强

教师党支部政治领导力、思想引领力、群众组织力、社会号召力不够强。"双带头人"的作用没有充分发挥。带动群众情况因支部情况而异，没有完全发挥引领群众的作用。教师党支部在改进和创新联系群众的途径上方法不够多渠道不够广，群众工作本领有待进一步提升，在如何把党的主张变为群众自觉行动上需要更多更好的方法。

3. 文化育人功能有待进一步彰显

一方面传统文化魅力彰显不够充分，育人过程中优秀传统文化融入不够多，对学生的吸引力不够强，民族自豪感和自信心的培养有待进一步提高。另一方面文化创新潜力还未显现，特色文化品牌还未凝聚成形，在育人过程中潜移默化、寓教于乐的作用显示度不突出。

三、 高校教师党支部在基层工作中怎么做好"唱主角"

本研究的创新之处在于结合本单位教师党支部建设情况，探讨在新时代背景下如何开展教师党支部在基层工作中"唱主角"的实践，把教师党支部基层工作抓实、抓细、抓落地，更有成效，把教师党支部建设成为宣传党的主张、贯彻党的决定、领导基层治理、团结动员群众、推动改革发展的坚强战斗堡垒。探讨接下来可以从聚焦思想建设强党性、聚焦组织建设强核心、聚焦作风建设强服务、聚焦内涵建设重品质、突出文化传承正导向几个方面开展实践创新。

（一）聚焦思想建设，强党性

1. 抓好思想武装，加强理论学习

按照"学懂、弄通、做实"的要求强化理论学习，掌握核心要义和思想精髓，统一思想，坚定信念，凝聚共识，促进工作。坚持支部集体学习和党员个人自学相结合，积极推进学习制度化、常态化，抓好支部书记、支部委员培训，促进政治理论水平和把握全局能力的进一步提升。

2. 严格落实"三会一课"制度

以开放式学习、互动式学习、研讨式学习、共享式学习等多种方式，运用人文行走、读书分享、知识竞赛、技能比赛、警示教育等多种手段，积极打造丰富多样的学习平台，力求把学习的出发点放在自我教育、自我完善、自我提高上。

3. 确保理论武装入脑入心

党支部要精心设置、统筹安排学习主题、学习形式和学习内容，并下发实施意见，以"四个抓住"深化思想引领内涵，促使支部委员自觉拧紧思想"总开关"，即抓住根本，坚定理想信念；抓住核心，强化群众观念；抓住关键，增强纪律规矩意识；抓住基础，提升道德修养。支部委员带头领学、议学、评学，进一步提升覆盖率、扩大影响力，把组织的力量和广大党员的主体作用融合在学习活动之中，确保理论武装入脑入心，并把学习的力量转化为思想的合力和工作的实力。

4. 严明政治纪律，严肃政治生活

落实四责协同工作机制，夯实意识形态、党建和党风廉政建设工作责任，推进全面从严治党。严格支部书记述职程序，加强对支部工作的检查指导，营造风清气正的良好政治生态，推进基层党建工作。支部党员强化学习调研，开展谈心谈话，严格对照检查，深入查摆问题，抓好整改落实。规范支部年底评议工作，坚持"团结-批评-团结"的方针，以高度负责的态度，用好批评与自我批评武器，检身改过，日进日新。

（二）聚焦组织建设，强核心

1. 加强党建联合块组建设

以学院学科专业特色为着力点，加强科研团队的合作协调，创新基层党建组团式发展模式，加强党建联合块组建设，为基层党组织提供展示特色、辐射优势、交流困惑、破解难题的平台，形成资源共享、共同服务教育发展的工作机制。

2. 探索党建联建的新模式

围绕服务国家战略和地方经济发展,积极探索党建联建的新模式,用更加开阔的视野谋划基层党的建设,加强统筹协调,整合组织资源,积极探索单位党建、行业党建和区域党建互联互动,提高党建整体效应。

3. 构建党建教育共同体实践模式

以"共谋规划,优化党建管理模式""共建平台,分享党建教育资源""共享成果,推动党建特色创新"为发展定位,围绕"新媒体与党建信息共建""新项目与学校交流合作""新课题与教育实践探索"三个维度,构建党建教育共同体实践模式。

4. 积极开展党建理论研究和党建宣传工作

努力开辟新的研究领域,并用研究成果指导基层党建工作,有效促进基层党组织党建宣传工作。积极研究新形势下教育系统党建工作面临的理论和实践问题,加强党的建设,加强基层学校党建研究,促使基层组织围绕中心开展党建工作,推动科学发展。

(三) 聚焦作风建设,强服务

1. 高举旗帜,引领基层工作

如何在新形势新任务面前,把党的基层组织建设成为团结带领广大群众贯彻党的路线方针政策,落实党的任务的战斗堡垒,是基层党支部义不容辞的光荣任务。党支部要聚焦思想政治教育,积极探索有效途径和方法,做深做实、突出重点,使培育和践行社会主义核心价值观成为支部党员生活与工作的不懈追求。

2. "一线工作法"服务教师

新时代赋予党支部新使命,教师党支部是联结学校学院党委与广大教职工的纽带,教师党员应充分利用自己在一线的优势,加大"一线工作法",深入实际、深入基层、深入群众,调查研究问题,及时有效化解问题和矛盾。"一线工作法",既让党员干部深入基层,贴近群众,又让这种温暖的服务为基层干部党员提供示范,身教重于言传,桃李不言下自成蹊。

3. 立德树人,引导学生成长

高校的基本使命和任务是人才培养,立德树人是高校教师的职责使命。高校教师党支部应通过各种活动,通过了解学生思想状况,指导学生学业,指导学生社会实践和科学实验工作,引导学生健康成长。

(四) 聚焦内涵建设,重品质

1. 信息化手段凝心聚力体现时代性

党建工作的关键是凝心聚力,思想发动,精神引领,而宣传、动员、组织、培训等都是重要手段,信息化网络对于这类工作而言具有很好的促进作用。教师党支部借助网络平台来催生和分享更加生动鲜活、更加富有教育内涵、更加能激发党员创造精神的信息资源。为适应信息社会发展的要求,构筑党员教育、管理和监督的新平台。通过开展工作回答、网上党校、经验交流等活动,通过互联网体现党建动态、党建理论及党的知识信息等资源与基层党组织共享,使基层党建信息网络建设再上一个新台阶。此外还可通过组建微信群,以互联网为载体,及时发布重要工作信息,分享学习资料,提供网络学习资源,宣传党建工作亮点和特色,体现党委工作的时代性。

2. 加强党员教育,优化党建管理模式

教师党支部强化职能发挥、内力生成、优势整合方面融合共生,探索新型的组织构想、机制构建和运作模式,指导基层党组织共谋党建规划,在优化党建管理中强调内容的丰富性和系统性,更注重其形式的多样性、实践性和创造性。教师党支部指导教职工政治学习,定期分析教职员工思想状况,通过宣传教育培训引导,进一步强化终身学习的理念,增强依法从教的意识,提升思想政治素养和业务水平,将教职员工的思想和行动统一到党中央的决策部署上来,更好地适应教育发展新常态。

3. 通过党建研究促进党建发展

紧紧依托上级党委,加大交流合作,与在党建理论、实践工作中有一定影响力和知名度的党建工作者共同探讨实践,引领基层党组织的党建研究。通过工作会议,研究基层学校党建研究参考课题和研究具体工作推进,开展专题或综合性的调查研究,组织和开展党建理论与实践研究活动,指导党建块组内学校党组织开展课题研究。组织和开展党建研究成果的征集、评选活动,编发党建研究成果、信息和有关资料。

(五) 突出文化传承,正导向

1. 坚持政治引领,提高思想政治教育成效

通过开展习近平新时代中国特色社会主义思想学习、"不忘初心、牢记使命"主题教育和"四史"教育和实践活动,坚定道路自信、理论自信、制度自信、文化自信。

2. 加强道德教育,倡导时代精神,弘扬社会主义核心价值观

既继承海大深厚独特的文化积淀和勤朴忠实的精神品质,又注重品德教育与专业教育相结合,配合学院举办生态环境学院月等一系列特色活动,实施"绿色人才"培养计划,全面推进立德树人、"三全育人"和课程思政工作,培育学生优秀人格。

3. 创建学习型组织,关注创新能力提升

充分发挥师生创新能力,注重以学科竞赛为龙头推动大学生创新能力培养体系科学化、制度化、规范化建设,积极组织学生参加全国大学生节能减排社会实践与科技竞赛、全国大学生生命科学竞赛等学科竞赛和全国高校环境类专业本科生优秀论文评比。

4. 重视社会实践,强调自然科学与人文社科的会通融合

教学科研紧紧围绕乡村振兴、生态文明建设、环境保护、海洋强国国家战略需求,突出实践性、应用型。在学生培养上,积极整合资源,引导大学生积极响应国家战略,带领大学生深入基层、深入农村,走进社会广阔天地,在社会实践中强化知农、爱农、兴农使命,厚植家国情怀,服务乡村发展,通过体验感受提升乡村振兴信心,培养环境意识、社会责任感和人文情怀,领会全面建设小康社会和实现民族伟大复兴的重大意义。

(上海海洋大学课题组　黄永莲　管卫兵　詹艳慧　彭自然　方晨光)

第三篇
生动实践

教职工党支部围绕本单位改革发展稳定等开展工作,落实立德树人根本任务,发挥教育管理监督党员和组织宣传凝聚服务师生员工的作用。

学生党支部应当加强思想政治引领,筑牢学生理想信念根基,引导学生刻苦学习、全面发展、健康成长。

——《中国共产党普通高等学校基层组织工作条例》

强化政治引领 服务学校中心工作

2018 年,《中国共产党支部工作条例(试行)》发布,这是我们党历史上第一部关于党支部工作的基础主干法规。其中重点提出"要让党支部在基层工作中唱主角",强调了基层党支部是党的建设事业的坚强堡垒。而对于高校而言,高校机关党支部在高校立德树人工作中承担着重要的使命,是高校进行办学治校活动的中枢和决策的重要组成部分,肩负着学校各项工作的策划、组织、服务、协调和落实的重要职责,因此理清高校机关党支部"唱主角"的有关问题具有重要的实践意义。

上海第二工业大学机关党委在多年的实践中,充分发挥机关党支部的作用,不断总结经验,用好机关党建资源,深入研究机关党支部"唱主角"的内涵、存在问题及对策等,通过调查研究、实践探索、调整机关党委设置,完善机关党支部"唱主角"的机制体制,充分发挥机关党支部"唱主角"作用,推动学校不断发展和进步。

一、 明确高校机关党支部"唱主角"的内涵

基层党支部是党的基础组织、党组织体系的基本单元、党组织开展工作的基本单元。中央组织部最新党内统计数据显示,截至 2019 年底,中国共产党党员总数为 9 191.4 万。其中,党的基层组织 468.1 万个。党的十八大以来,以习近平同志为核心的党中央高度重视党支部建设,提出一系列新思想新论述,为做好高校机关支部工作提供了根本遵循。

(一) 高校机关党支部"唱主角"的内涵分析

从高校层面看,我国高校是中国共产党领导下的中国特色社会主义高校。机关作为高校的中枢神经,是管理的中枢、决策的主体,承担着学校各项工作的策划、组织、服

务、指导、调节和执行的责任,对中央、上级及学校决策部署的贯彻执行和学校改革发展有着重要影响。明确高校机关党支部唱主角的内涵与标准是由高校机关所处的地位、职能范围及影响力决定的。

1. 高校机关在高校具有特殊地位,是代表学校掌握人权、财权、物权等重要权力的平台。

高校机关党建是机关履行职能的坚强政治保证,是高校基层党建工作的桥头堡、排头兵,有着很强的影响力、辐射力和示范引领力。因此,加强高校机关党建,是全面加强高校党的建设的重要抓手。抓好高校机关党建工作,强化责任意识、提升使命感,能为高校发展营造良好的政治氛围,为实现高校党建工作水平提升创造有利条件。

2. 高校机关工作内容覆盖范围比较广,工作内容比较多,条块涉及面也比较大。

机关职能部门和工作人员是学校党委重大决策部署的"宣传员""执行员""战斗员",在推动政策措施贯彻落实、对接上下与连通内外等方面发挥着重要作用。因此,加强高校机关党建,是深入推动高校事业发展的现实需要。通过找准机关党建工作与学校总体发展的结合点和切入点,积极探索新思路、新办法、新载体,使机关党建工作与学校中心工作在指导思想上相一致、在工作目标上相协调、在工作部署上相呼应,推动高校事业发展。

3. 高校机关党员领导干部集中,具有较强的影响力和感召力,具有示范和带动作用。

加强高校机关党建工作是建设高校高素质党员干部队伍的必然要求。通过加强高校机关党建思想建设、组织建设等,推进机关党员干部学习实践党的理论,坚决贯彻执行党的路线、方针、政策,坚持实事求是,勤奋工作,成为本机关广大党员干部的表率;通过加强机关党的作风建设和党风廉政建设,促进机关党员干部与教职工群众打成一片,倾听群众的呼声,听取群众的意见,能够更好地践行群众路线。总之,机关党建工作的成效如何,直接影响和决定党员干部队伍素质的高低。

2020年6月29日,总书记在中央政治局第二十一次集体学习时的重要讲话中指出:"基层党组织是贯彻落实党中央决策部署的'最后一公里',不能出现'断头路',要坚持大抓基层的鲜明导向,持续整顿软弱涣散基层党组织,有效实现党的组织和党的工作全覆盖,抓紧补齐基层党组织领导基层治理的各种短板,把各领域基层党组织建设成为实现党的领导的坚强战斗堡垒。"

因此,对于高校机关党支部来说,"唱主角"的内涵就是在学校党委的统一领导和指导下,加强机关支部建设,发挥机关党员先锋模范作用,做好本职工作,增强改革创新本领,提升机关服务效能,全面落实立德树人根本任务,发挥好支部的战斗堡垒作用。

(二) 高校机关党支部"唱主角"内涵表现

2020年,中共中央印发了《中国共产党党和国家机关基层组织工作条例》,对党和国家机关基层党组织质量建设提出了明确要求。高校承担着立德树人的重要使命,高校机关是高校办学治校的中枢和服务师生的平台,与国家机关承担的责任和使命不同,其重点工作在于增强机关党支部的组织力,强化政治功能,增强基层党组织的凝聚力和战斗力,其内涵表现在以下三个方面。

1. 强化组织力,教育管理党员

党支部作为基层党组织,担负着直接教育党员、管理党员、监督党员的职责,具体到高校机关党支部,其职责主要是支持本单位本部门行政负责人的工作,贯彻和宣传党的路线方针政策和上级党组织的决议,发挥党员先锋模范作用,发展、教育、管理、监督本单位本部门党员,定期召开组织生活会,开展批评与自我批评,在评优评先等方面把好政治关等制度建设方面的任务。组织是否有力量、党员的先锋模范作用发挥得是否好,都是机关党支部"唱主角"是否唱得好的重要体现。

2. 增强凝聚力,引导服务师生

高校机关在高校主体工作中主要提供策划、组织、服务、协调和落实等工作,因此机关党支部要牢固树立服务理念,做好服务高校科学发展和师生进步等方面的基础性工作,党支部"唱主角"是否唱得好,就看师生满意度是否高。

3. 增强战斗力,坚持立德树人

立德树人是高校的中心任务,也是高校党支部工作的中心和切入点,一切工作都要以立德树人为根本。机关党支部"唱主角"过程中,也要紧紧围绕这一中心工作,不断增强党支部的战斗力,提供高质量、高效率、创新性的工作,为高校立德树人工作履职尽责。

二、 探析当前高校机关党支部唱主角存在的主要问题

习近平总书记多次指出，要"让支部在基层工作中唱主角，成为团结群众的核心、教育党员的学校、攻坚克难的堡垒"。《中国共产党支部工作条例（试行）》发布后，对党支部的基本任务给予了明确规定，重点提出"要让党支部在基层工作中唱主角"，强调了基层党支部是党的建设事业的坚强堡垒，但当前高校机关党支部唱主角还存在较多需要改进的问题，通过对上海第二工业大学机关党支部的调研，具体表现在以下几个方面。

（一）思想上重视"唱主角"，但成效仍不理想

在机关党支部对党建工作的态度上，超过 93％的党员认为自己所在支部"唱主角"的总体是较好的。在所在支部对党员先锋模范作用、党支部战斗堡垒作用的重视程度上，100％认为是重视的，且均认为身边党员先锋模范作用发挥是明显好于普通职工的（98.41％）。但也存在影响机关党支部"唱主角"的因素，其中"唱主角"的意识、党支部的组织力、凝聚力和党支部书记的履职能力居首位。

（二）党建与业务工作缺乏深度融合，服务大局能力不强

主要问题在于党支部凝聚力战斗力不强、服务教职工和群众不到位、党建工作制度不健全等，一定程度上存在党建工作与业务工作"两张皮"的现象。不同党支部的工作特色不够鲜明、突出，党支部分类管理、分类评价的体系不够完善。不同党支部开展工作的侧重点、着力点尚不够精准、高效。

（三）党支部组织生活质量不高，创新意识不强

通过问卷调查发现，机关党支部党的组织生活主要是读文件报纸、参观考察、开展培训、安排工作和文娱活动等，反映了机关党支部在组织党员生活上的不同方式，基本属于较为传统的党支部组织活动方式，对于党员的吸引力不够。

(四)"一岗双责"落实不够,党支部监督能力不足

通过深入走访与深度访谈,受访者普遍反映在加强高校机关党支部的监督能力方面存在短板。在加强党员警示教育,切切实实把纪律挺在前面,严守政治纪律和政治规矩,严肃党内政治生活,严格落实机关党建工作责任制和"一岗双责"等方面存在弱化现象。

三、 完善高校机关党支部"唱主角"的对策

《中国共产党支部工作条例(试行)》(以下简称《条例》)明确指出:"各级党和国家机关中的党支部的重点任务是,围绕服务中心、建设队伍开展工作,发挥对党员的教育、管理、监督作用,协助本部门行政负责人完成任务、改进工作"。因此,结合近年来的工作实践,上海第二工业大学机关党委从"选曲、领唱、定调、唱功、搭台"等方面探索、完善机关党支部"唱主角"的机制体制,充分发挥机关党支部"唱主角"作用。

(一) 选好"唱曲",突出政治引领力的统领作用

《条例》开宗明义对基层党支部应当遵循的五项原则进行了说明,其中要"坚持把政治建设摆在首位"。基层党支部如何"唱好主角",政治引领力是统领,要强化基层党组织和党员"四个意识",坚定"四个自信",做到"四个服从",推动形成"两个坚决维护"的政治自觉,以党的政治建设为统领,着力深化理论武器,夯实基层基础,旗帜鲜明讲政治。

习近平总书记强调,要把立德树人的成效作为检验学校一切工作的根本标准,把立德树人内化到大学建设和管理各领域、各方面、各环节,做到以树人为核心,以立德为根本。对于高校机关党支部来说,强化政治引领力,就是要服务学校中心工作,落实立德树人的中心任务。机关党支部要充分发挥各职能部门功能,牢固树立服务师生的理念,为学校科学发展、教师发展进步、学生成长成才等提供基础性服务工作,帮助解决广大师生在学习、工作、生活中遇到的实际困难。

2020年秋季学期开学之际,在机关党委的统一部署下,各机关党支部积极开展党员迎新志愿服务活动,在校门口、在体育馆、在宿舍楼,党员志愿者统一佩戴党徽,积极

参加新生的接待和安排工作，为新生提供热情周到的服务。由于疫情防控需要，仅允许学生本人进入校园，为了减轻学生们搬运行李的负担，机关教工党员志愿者用自己的私家车担当校内短驳车，分担学生志愿者用小推车搬运行李的压力，打通校内"最后一公里"。一辆辆教师的私家车装载着满满的行李往返在校门口和宿舍楼之间。志愿者车队上鲜红的国旗、党旗迎风飘扬，穿梭在校园中忙而不乱，秩序井然，与学生志愿者的小推车形成了一道美丽的风景线。面对送别的家长，党员志愿者们说："家门到校门，家长来，校门到宿舍门，我们来！"看到这一幕，送行的学生家长打消了担忧，纷纷点赞。可以看到，强化机关党支部政治引领功能，服务学校中心工作，服务广大师生，让机关党支部"唱主角"唱得理直气壮，获得一片喝彩。

（二）配强"领唱"，强化组织力的根本作用

"火车跑得快，全靠车头带。"在基层党支部"唱主角"中，基层党支部书记的选拔和配备是核心。按照《条例》要求，"上级党组织应当结合不同领域实际，突出政治标准，按照组织程序，采取多种方式，选拔符合条件的优秀党员担任党支部书记""机关、国有企业、事业单位，党支部书记一般由本部门本单位主要负责人担任"。同时，"上级党组织应当经常对党支部书记、副书记和其他委员进行培训"，确保基层党支部书记配强配好，政治素养好，业务能力强，从而有效发挥"头雁效应"，积极主动带领基层党支部发挥好战斗堡垒作用，"唱好主角"。

2019年，为了更好发挥机关党支部的政治功能和战斗堡垒作用，在对兄弟高校机关党组织工作体质机制进行充分调研的基础上，上海第二工业大学形成了机关各党支部组织设置调整方案，对机关党支部结构进行优化。2020年，学校党委研究决定，撤销机关总支部委员会，成立中共上海第二工业大学机关委员会。机关党委对支部设置进行了优化调整。原有的9个支部，调整为21个支部。全面落实部门正职担任支部书记，推动党务工作和业务工作同部署、同落实。体制机制的优化，为机关各支部提升组织力提供了充足的发展空间，同时也对"如何发挥改革红利，进一步提高支部组织力"提出了新的要求。

在配强配齐党支部书记的基础上，要进一步整合各项教育培训资源，聚焦学习贯彻习近平新时代中国特色社会主义思想，加大对机关党支部书记的教育培训力度，如加强党章党规党纪、"四史"教育学习、党和国家各项大政方针、党务工作等方面的培

训,实现机关党支部书记培训常态化,提升机关党支部书记政治理论、党建引领中心工作等的能力素养,夯实机关党支部书记党务工作能力。尤其是在疫情防控新形势下,总结运用疫情防控经验,加强突发事件应急处理处置的培训,保证学校教学和其他工作顺利进行。

(三) 定准"音调",夯实业务支撑力的基础作用

2020 年 10 月 16 日,中央和国家机关工委印发《关于破解"两张皮"问题推动中央和国家机关党建和业务工作深度融合的意见》,就破解机关党建和业务工作"两张皮"的问题、推动中央和国家机关党建和业务工作深度融合提出了要求:"完善机关党建和业务工作融合发展机制""落实党支部书记原则上由本单位党员主要负责人担任的要求,实现党建、业务'一肩挑'"。

具体到实际工作中,就是要找准基层党支部服务、凝聚党员的着力点,使基层党支部"唱主角"的"调"不跑偏。其中,业务支撑力是基础,要把教育党员、管理党员、监督党员和发动群众的工作放在业务工作中去,以业务工作支撑支部建设,把管理党员和发动群众的成效放在业务工作和为民服务中检验,克服机关党建和业务工作"两张皮"的问题,坚实的业务支撑力让党支部"唱主角"唱得有的放矢、形神兼备。

上海第二工业大学自建校以来,始终坚持社会主义办学方向,落实立德树人根本任务,为国家建设输送了以全国劳动模范和优秀发明家包起帆、李斌等为代表的技术技能型人才 11 万余名,培养省部级以上劳动模范 137 位,被誉为"劳动模范的摇篮"。学校机关各党支部充分传承和挖掘优秀的劳模校友资源,通过举办校庆系列活动、校庆晚会、劳动教育月等活动和组织主题为"传承劳动精神,勇担育人使命"的教卫党委"伟大工程"示范党课,开发"红色移动课堂""四史"学习教育校史专栏等,充分挖掘学校劳模文化资源,传承劳模精神,以劳模精神勇担育人使命。

(四) 提高"唱功",提升工作创新力的关键作用

让党支部在基层工作中"唱主角",就要提高党支部的"唱功",要对不同职能的党支部分类指导,各显特色,让党支部书记会唱,唱在点子上,在组织建设、干部队伍、纪律建设、服务育人、群团建设等方面开拓创新,与时俱进,让党支部"唱主角"唱得有声有色,有板有眼。

上海是初心之地,红色之城,红色资源丰富。上海第二工业大学地处浦东,浦东开发陈列馆、川沙革命烈士纪念馆、黄炎培故居、张闻天故居、高桥古镇等都离学校不远。校党委结合疫情防控实际,充分发挥周边红色资源优势较为集中的优势,利用实地走访与线上参观相结合的方式,广泛开展红色文化学习教育,让主题党日"活"起来,引导全体机关党员、干部传承红色基因、牢记初心使命、勇于担当作为。

学校丰富中心组学习形式,组织校领导参观了浦东开发陈列馆、中共二大会址纪念馆、上海防控新冠肺炎疫情主题展、参观中国银行上海分行大厦等场所;各党支部也充分发挥区域化党建优势,分别赴新场古镇、唐镇、高桥古镇、吴泾镇红色大院等地开展"四史"现场学习,与社区开展党建联建。

(五) 搭好戏台,发挥考评激励力的保障作用

2020 年中央和国家机关工委出台的《关于破解"两张皮"问题推动中央和国家机关党建和业务工作深度融合的意见》明确指出:"有条件的部门,可推行机关党建工作和干部人事工作由同一名领导班子成员分管,促进机关党委与组织人事部门同向发力、形成合力。坚持机关党建和业务工作联动式评价,年度考核、任期考核和相关考核中,对机关党建和业务工作同总结、同述职、同考核、同评价,特别是要把机关党建推动本部门中心工作、促进各项任务完成情况作为重要内容。党员干部选拔任用、评优评先应当听取所在党支部、党小组意见。"

因此,对于基层党支部唱好主角,完善的考评激励评价体系是组织保障,要搭好"戏台",落实组织保障,让党支部书记愿意唱、放心唱。一方面,高校机关党委要进一步制定和出台人、财、务保障党建工作的支部规定,从经费、场所、资源等方面提供有力保障,落实"抓好党建是最大的政绩"这一理念。另一方面,高校机关党委可结合具体情况,围绕学校中心工作,开展"模范机关创建活动"等,结合学校实际,出台"模范机关"创建实施方案,列出具体、清晰和可操作的措施。同时,把模范机关创建的考评、机关作风评价、服务评价等与部门的年度考核评优评先、干部选拔挂钩,制定党建考核办法,实现考核范围全覆盖,有效的考核激励力让党支部"唱主角"唱得有甜头、有奔头、有盼头。

（上海第二工业大学课题组　杨顺莉　杨旭辉　陈　勇　张冬冬）

完善保障机制　推动党支部唱好主角

开展高校基层党组织在基层工作中"唱主角"的理论和实践研究是贯彻落实习近平总书记关于支部建设的重要精神和全国教育大会精神的重要举措,是保证党对高等教育坚强领导的重要举措,对提升高校育人能力有着非常重要的意义。

本文以上海交通大学化学化工学院党委的工作实践为例,梳理分析了高校教师党支部、高校机关服务党支部、高校学生党支部在基层党建工作中发挥"主角"作用的一些有益做法,并在此基础上,对于如何有力推动新时代高校基层党支部在基层工作中"唱主角",进行了总结和思考。

一、 高校基层党支部"唱主角"的重要意义

(一) 全面从严治党向高校基层延伸的需要

全面从严治党是党的十八大以来的重大战略部署,在这之后,党的建设不断向基层延伸。党的十九大强调加强基层组织建设。推动全面从严治党向基层延伸,最重要的就是加强党员队伍和基层党支部建设。高校基层党支部是落实党的教育育人方针和各项工作任务的基层堡垒。为提高高校基层党建质量,教育部党组相继印发了《普通高等学校学生党建工作标准》和《中共教育部党组关于加强新形势下高校教师党支部建设的意见》两份文件,着力推进全面从严治党向高校基层延伸。

(二) 发挥基层党支部战斗堡垒和党员先锋模范作用的需要

高校基层党支部是高校党建工作的前沿阵地,是团结带领师生员工贯彻党的路线方针政策、落实党的任务的战斗堡垒,是充分发挥党员先锋模范作用的必要条件。高

校基层党支部面向师生党员,承担着坚守办学方向、价值引领、政治意识培养等重大任务。同时高校基层党支部肩负着党的大政方针的上传下达,密切联系广大师生,及时向学校党委反映广大师生的诉求建议的桥梁作用。

(三) 推进高校综合改革争创一流的需要

习近平总书记在北京大学师生座谈会上指出:"全国高等院校要走在教育改革前列,紧紧围绕立德树人的根本任务,加快构建充满活力、富有效率、更加开放、有利于学校科学发展的体制机制,当好教育改革排头兵。"当前,高校在推进综合改革和双一流建设中,随着高校综合改革的不断深入,需要结合新的发展需要,着力加强高校基层党的建设工作。充分调动高校师生基层党支部的生动活力,依靠先进党员的引领带动作用,紧扣学科发展和教书育人的中心工作,助力"双一流"建设。

二、 上海交通大学化学化工学院党委推动党支部"唱主角"举措

上海交通大学化学化工学院党委以探索研究高校基层党支部在基层工作中"唱主角"的机制构建和作用发挥为工作主线,努力推进和落实高校基层党支部在基层工作中"唱主角"的工作要求,力求不断提升高校基层党建工作质量和实效。

上海交通大学化学化工学院党委下设5个教师党支部,1个机关党支部,1个退休教工党支部,16个学生党支部,为有效落实"让支部在基层工作中唱主角"的要求,化学化工学院党委围绕加强党支部能力和实效建设,针对不同党支部特点,通过建设支委队伍、围绕中心工作抓党建、加强支书和支部工作考核、"一支部一目标一方案"、给予党支部工作条件支持等多项工作举措,努力为党支部工作顺利高质量开展"搭好台",积极推进各党支部发挥好政治核心、引领和凝聚作用,力求让教师党支部、机关服务党支部以及学生党支部等不同类型的党支部都能"唱好主角",将党的建设工作充分体现到学院各项工作之中。

(一) 选好教工支部书记,配齐配强支委委员

注重学院各类型支部书记和支委队伍的选拔、培育和建设,抓好支部的按期换届工作,不断优化党支部干部队伍结构和素质,增强党支部战斗力、活力。特别在教师党

支部的换届工作中，以"三化"建设为目标，即支部书记和支委队伍实现的"年轻化""优质化"和"高层次人才化"，积极推进党支部支委队伍建设工作。依换届时的年龄统计，现任在职教工支部支委的平均年龄38.6岁，较前一届平均年龄降低10岁；"年轻化"虽是支委队伍建设目标之一，但不追求"一刀切"的"低龄化"，队伍建设中还注重支部书记和支委委员的"优质化"建设。教师党支部书记实现了业务和党建工作"双带头人"全覆盖，五位教师党支部书记全部由教学、科研一线的"骨干"担任，这五位教师党支书全部具有高级职称，均有较高的党建工作责任感和良好的群众基础，在基层党的建设工作发挥了积极的作用。学生党支部和机关党支部书记的配备也很重要，上海交通大学化学化工学院学生党支部书记全部由品学兼优的学生担任，在学生中具有极高的代表性和影响力；机关党支部书记由学院党政办主任担任，在该支部的党建工作中，极好地将党的建设工作融入到所在岗位的管理服务工作之中，使党的建设工作和管理服务工作同步提升。在最新的环节工作中，上海交通大学化学化工学院党委注重配齐配强支委委员，各支部设书记、组织委员（副书记）、纪委委员、宣传委员各一名，为支部工作开展配齐管理服务力量，其中教师支部选拔了一批年青的高层次人才担任支委委员，"四青"人才担任支委委员的比例近30％，通过支委工作的锻炼，使这批"海归"青年学者快速全面地成长起来。此外，为提高支部书记和支委委员的党建工作知识和能力，学院党委还定期组织安排各类党支部书记、支委成员参加党务工作培训，通过集中地学习讨论和交流增强党建工作意识和本领。

（二）在学院中心工作中，重视支书和支部的工作

在学院中心工作中，特别重视党支部书记的意见和建议，并注重依靠和发挥党支部的组织力量，使支部在基层党的建设工作"唱主角"与学院的中心建设工作相互促进。

规范学院党委会议议事细则，邀请教工支部书记列席学院党委（扩大）会议。学院党委（扩大）会议全面负责学院党的建设工作，履行政治责任，保证监督党的路线方针政策及上级党组织决定的贯彻执行，把握好教学科研管理等重大事项中的政治原则、政治立场、政治方向，在干部队伍和教师队伍建设中发挥主导作用，把好政治关。会议定期召开，议事内容主要包括党的建设、师德师风建设、意识形态、干部队伍和教师队伍建设等重要事项，并对学院发展规划、学科专业建设规划和重要改革举措、重要规章

制度的制定修订等重要事项进行政治把关,再提交学院党政联席会议讨论决定。教工党支部书记列席党委会议,可以及时了解学院党的建设工作和中心工作,并对相关工作发表意见和建议。

探索构建"课程思政"工作体系和第二课堂育人渠道,发挥党支部主体组织和引领作用。依托教师党支部的主题党日活动和党支部的组织引领,积极开展课程思政改革的研讨和实践,在教师党支部的组织协调和积极推进下上海交大化学化工学院本科生课程成功获批上海市高校"课程思政领航计划"。同时学院加强第二课堂育人渠道,通过学生党支部组织开展社会实践、企业走访、学术交流论坛等系列举措和活动,培养学生党员的学术志趣,营造良好的科研文化氛围,并引导学生要学以致用,学以报国,把学到的专业知识用到祖国最需要的地方去,与祖国同向同行。2017年—2020年本科学生党员继续深造率高达85%,博士生党员学术就业率达到70%,大量研究生党员继续深造,或赴重点行业和祖国中西部地区及基层单位就业。

在学院管理制度中,明确教工支部书记应担任学院人才引进、职称评审、教职工考核评优等多项重要工作的评审委员。教工党支部书记代表高校最基层的党组织,请他们对学院的队伍建设和其他重要决策进行政治把关,将让支部在基层工作中"唱主角"的要求落到实处;此外,在新冠疫情防控、意识形态把控以及安全稳定等其他多项关键性工作中,各项工作都主要依靠各党支部组织落实。

(三) 加强对支书和支部工作的考核与评比

出台工作规则,对党支书和党支部的工作提出具体要求。每年开展支部书记上党课评比,年底学院党委听取所有党支部书记的述职汇报,根据各支书和各支部的工作成效来讨论决定考核意见,并作为党支书和党支部工作推优评优的依据,同时研究先进党支部激励和后进党支部整顿工作。2019年化学化工学院党委还承担了上海市党建研究课题"关于高校二级党组织抓教工党支部建设的考核机制研究",该课题以从严治党为主旨,以加强基层党组织建设为目标,在对高校基层教工党支部的工作现状进行整理和分析的基础上,结合《中国共产党支部工作条例(试行)》的规范要求及高校基层党组织的实际情况,提出切合实际、便于操作的党支部书记和党支部考核方法,并在学院进行试行与完善。党支部书记和党支部年度考核工作逐渐成为"双带头人"党支部书记培育路径之一,也逐渐成为加强党支部建设的主要制度举措和有效工作抓手。

(四) 结合支部特点,围绕中心工作,落实"一支部一目标一方案"

上海交通大学化学化工学院党委下设 23 个党支部,其中包含有教师党支部、机关党支部、退休教工党支部和学生党支部四种不同的类型。针对不同的党支部构成特点,学院党委提出了"一支部一目标一方案"的支部工作计划,要求各支部结合各自特点,围绕中心抓党建,提出各支部的工作目标和工作方案,并纳入年底支部书记述职考核内容,该项举措取得了较好的效果。特举如下案例:

1. 教师党支部

化学系第一党支部是一支以有机化学方向为主的老中青结合、中青年为骨干的优秀教师党员队伍,该支部以坚持教学科研并重为工作抓手,在高端青年人才引进和培育工作中,发挥了积极的作用。在党支部的努力下,近年引进海外优秀青年学者 12 人,其中青年党员 11 人。在抗击"新冠"疫情中,该党支部主动作为,特邀樊春海院士进行了《新冠病毒相关的化学》的报告,提高了大家对新冠病毒的科研认知;支部还发挥专业特长,组织多个科研团队围绕"新冠"病毒防疫开展科研攻关。其中,张万斌教授科研团队开展的新冠病毒治疗新药开发研究取得了较大进展。

化学系第二党支部致力于做好教学工作,努力践行教书育人的初心。在"新冠"疫情中,该党支部积极响应学校停课不停学、不停教的要求,组织老师们开展了多次网络授课演练,坚持集体备课,努力通过网络平台把知识以最好的方式传递给学生。经过长期不懈的努力,该支部所属的大学化学教学团队荣获上海交通大学最高奖项——教书育人奖团队一等奖。在该党支部的组织领导下,1999 年《大学化学》教学团队正式成立,承担了全校范围的《大学化学》课程,2003 年该课程获评上海市精品课程,2008 年获批获评国家级精品课程,并在 2016、2019 年获校教学成果特等奖。这个温暖的集体非常注重对年轻教师的培养,老教师们把多年积累的教学经验、教学方法和教学课件分享给青年教师。如青年教师金鑫,在院士团队做科研,通过支部的协调加盟大化教学团队以后,积极投入,教学能力快速提高,2018 年金鑫获校青年教师教学竞赛二等奖,2019 年获一等奖,2020 年代表学校参加上海市教学竞赛,并取得了二等奖的好成绩。

2. 机关党支部

机关党支部结合岗位工作特点,注重打造"学习型、服务型、创新型、实干型"党支部,党支部制定了明确的工作方案。一是聚焦综合改革,以问题为导向抓整改、以思想为统领抓建设,以增效为目标抓落实,在提高机关活力、提升履职能力上下功夫;二是聚焦建章立制,调整工作架构、理顺岗位职责、完善工作机制,以制度约束工作规范,减少管理与沟通成本;三是聚焦服务效能,如设立安全门禁、安装热水器、清洗空调、划自行车停车线、设立快递柜、加强电梯安全警戒线等,加强学院精细化管理,提升师生服务体验,获得了师生的一致好评。通过一系列卓有成效的支部活动,不断增强学院机关活力和团队凝聚力,提高机关服务的效能,为学院发展建设保驾护航。

3. 学生党支部

16 个学生党支部主要围绕"价值引领,内外兼修"的育人理念,努力培养"勇于担当,甘于奉献"的学生党员队伍。在学生党支部工作中,注重结合学生成长规律,扎实推进"两学一做",定期结合时事热点开展主题党日活动,通过理论学习、交流分享、志愿服务等方式加强对学生党员的思想教育,践行"知行合一"的党建活动机制。本科生党支部是其中的代表性党支部,该支部 2019 年获得"全国样板党支部"的荣誉称号,结合支部实际,该支部开展了一系列特色活动,积极引导本科生党员"砥砺一等品质,成就一等人才"。例如,与西安交通大学南洋书院学生第二党支部结对共建,共同带领成员走访旧址,回顾历史、紧跟时代、展望未来,展现同为交大人的责任与担当;鼓励成员积极参加学院二级党校"名材班"并承担服务集体责任,提高支部成员领导力、创新精神和实践能力,增强党员社会责任感与家国情怀;充分利用校企优秀资源,与中国工程物理研究院、宁德时代、中国兵器工业第二〇四所等重点引导单位建立党建结对共建项目,带领成员了解行业前沿,感悟时代责任,实现就业引导等。

(五) 给予党支部工作条件支持,并形成制度、不断优化

专设党支部活动室,为各支部开展活动提供主题空间;建立学院党委委员与支部的"一对一"联系制度,为每个支部安排一名党委委员作为工作联系人,联系人定期参加所联系支部的活动,了解支部工作情况,对于支部工作中的难点进行及时的了解、汇报、研究和解决;适当减少双肩挑党支部书记的业务工作量和考核指标;为支部活动提供经费保障;在优秀党员,以及各类优秀教师、优秀学生评选中,将担任支委职务情况、参加支部活动情况、缴纳党费情况等作为评选推荐优秀的重要参考。

三、 关于高校基层党支部"唱主角"机制构建的总结与思考

结合新时代高校基层党建工作的新形势、新变化,高校基层党支部应在政治把关、业务主体、参与决策和选人用人上"唱主角",发挥好教书育人、科学研究、社会服务、开拓创新的先锋引领作用。基于上海交通大学化学化工学院党委关于让党支部"唱好主角"的工作实践,构建党支部"唱主角"机制,并能使党支部"唱好主角",可以从建强党支部支委队伍,与中心工作相结合、与师德师风建设相结合,提供软硬件相结合的激励保障条件等几方面工作着手。

(一) 抓好党支部支委队伍建设

高校基层党的建设工作的贯彻落实,以及党支部"唱主角"机制的实现都是由基层党支部书记和支委们具体推进的,党支部书记带领的支委队伍的政治素质、业务素质和工作投入程度是党支部的"主角"角色是否到位的至关重要因素。构建党支部"唱主角"的机制,首先要抓好党支部支委队伍建设,选对党支部书记,配齐配强支委委员,建设好支委队伍,依靠这支强有力的队伍开展高质量的党建工作,让党支部在基层工作中"唱好主角"。

(二) 坚持探索基层党建工作与中心工作相结合

高校的基层党支部工作和高校的行政基层组织是不同的,但是二者的根本目标、根本利益以及最终任务是一致的。高校党支部在开展工作的时候不能够脱离中心工作方向,要围绕中心工作开展党建工作,上海交通大学化学化工学院党委实施的"教工党支部书记参与学院重大决策和队伍建设"和"一支部一目标一方案"的做法就是结合各党支部的不同特点,把党建工作融入到中心工作中,并有力地促进中心工作。

总之,要改变以往那种只将党支部工作与党内问题或政治学习挂钩的简单做法,通过党支部的思想建设、组织建设和作风建设为本单位业务工作的提高和发展提供思想保证、组织保证和其他良好条件。要把党支部工作置于高校中心工作的总体布局中来考虑,从不同角度进入角色,进入中心,相互切磋,协调配合,齐心协力,共同走好一盘棋。要全面正确理解新的条件下党政职能的涵义,做到党政思路同心、目标同向、工作同步,有机结合,团结协调,相互促进。

（三）坚持探索基层党建与师德师风建设相结合

高校基层党建与高校师德师风建设具有内在关联性，二者可以在融合机理、协同路径方面建立融合推进机制。高校师德师风建设关系到校风学风的形成。例如，高校可以探索基层党建育人和师德规范融合机制，将党建育人和师德规范工作紧密结合同步落实、协同推进。可以通过建立和完善绩效、职称、岗位考核等协同机制，树立鲜明导向，改进教师评价体系，激励教师新时代新担当新作为。思考完善融合的监督考核机制。将师德师风建设情况纳入年度党组织书记抓基层党建述职评议考核测评内容，涉及教师切实利益的重要事项、重点工作，应征求教师党支部意见。党支部要加强对党员教师师德师风的定期考核，完善监督考核机制。要强化师德师风监督，引导教师党员追求道德高线、坚守师德底线，推动形成党员教师模范遵守师德规范、践行学术道德的良好风尚。

（四）提供完善融合的激励保障

高校应统筹资源和力量，完善机构，配强人员，搭建平台，加大经费投入力度，为高校基层党建"唱主角"创造良好条件。充分发挥职能部门高校党委教师工作部和师德师风建设委员会的作用，关心关爱教职工发展，及时回应教师重大关切，让他们干事有平台、发展有空间、待遇有保障。要充分运用好新时代多媒体平台，多形式、多渠道宣传展示基层党建融入师德师风建设的优秀成果和典型案例，发挥示范引领作用。上级党组织要加强与基层党支部和党员的沟通交流，善于发现不足和问题，不断加强党的建设工作思考、创新和探索，让支部和党员有更多的锻炼机会，培养"能唱主角"的能力，持续激发党支部的工作活力。

（五）坚持党支部工作的考核制度

在基层党的建设工作中，坚持以评促建的工作模式。通过对党支部书记和党支部的业绩考核，及时发现基层党建工作的不足，积极寻找差距和问题，以保证高校基层党的建设工作质量和水平不断提升。具体考核内容、目标和方式，应根据不同党支部特点，结合工作实际进行合理设定。例如，高校教师党支部大多数是建在学科上的，支部成员是由教师构成，支部工作的着眼点应与教书育人、科学研究的主体工作相结合；高校机关党支部的成员以职员、文员为主,支部工作的内容应围绕服务支撑学科建设展开;学生党支部主要是由学生党员组成,学生党支部的特点与教师党支部、机关党支部明显不同,支部工作主要围绕价值引领和政治素养培育展开。

（上海交通大学课题组　贾金平　阎文璠　沈　颖）

突出价值导向　创建党建品牌

党支部是党最基本的组织,是党全部工作和战斗力的基础。高校党支部是教育、管理、监督和服务党员的基本单位,是把党的路线方针政策落实到高校基层的战斗堡垒,是办好中国特色社会主义大学的重要支撑。近年来,中央对高校工作高度重视,高校党支部如何在高校工作中发挥战斗堡垒作用,在基层工作中"唱好主角",全面贯彻党的教育方针,推进教育事业高质量发展,完成好立德树人根本任务,培养中国特色社会主义合格建设者和可靠接班人,是新时代高校基层党建工作亟需探索解答的课题。习近平总书记强调,要把抓好党支部作为组织体系建设的基本内容,作为管党治党的基本任务,作为检验党建工作成效的基本标准,推动全党形成大抓基层、大抓支部的良好态势。只有抓好支部建设,"唱主角"才能有基础、有作为。

一、 上海财经大学商学院党支部建设的探索

上海财经大学商学院是以商科教育为主,涵盖本硕博,有 MBA、国际商务硕士等多个学位项目的二级学院,有在校生 4 000 余人,其中党员 300 余人。在 2018 年,由原商学院和原国际工商管理学院重组合并而成新商学院,目前横跨两个校区办公,整体上学院还处于合并初期从磨合到融合的过渡阶段,但是作为上海财经大学体量最大的学院,学校对学院的发展寄予厚望,学院也提出了"建设具有鲜明财经特色的世界一流商学院"的愿景目标。学院党委也在 2018 年成立,由于两院合并筹备时间较长,导致双方党政班子成员的变动也相对较大。重组后商学院党委的组织架构也发生了较大变化,整体上基础比较薄弱。经过近三年的建设,目前学院党委整体上进入了稳定发展期,支部建设也取得了显著的成效,涌现出"全国党建工作样板支部"一项,上海市教卫工作党委"党支部建设示范点"一项,两名支部书记获得校级"我心目中的好支书"提

名奖,两人获校级"党员先锋岗",以及其他奖励荣誉,有力发挥了战斗堡垒作用,党员的先锋模范作用也得以有效发挥,在基层工作中的"主角"越"唱"越好。

(一)商学院教工党支部建设面临的挑战

1. 支部书记经验不足

为落实"双带头人"教师支部书记培育的战略部署,学院党委成立之初,在学院党政班子还处于磨合期的过程中,支部书记也都同时进行了换届。多种因素导致了支部建设的起步遇到了挑战:一是新任的支部书记均为首次任职,对岗位的职责和要求理解不够准确;二是由于支部建设标准化、规范化的要求执行越来越到位,对支部书记自身的政治素养和党务工作能力的要求也越来越高;三是新任支部书记整体上比较年轻,距离学科带头人、资深教授尚有一定的差距,考虑到高校特有的崇尚学术的氛围,支部书记在支部党员中的个人影响力受到了限制。

2. 支部建设与业务工作融合不足

由于一方面学院和支部的整个班子和架构都是全新的,在支部建设的基础尚不够扎实的情况下,业务也处于较快的调整节奏;另一方面支部书记往往都是业务骨干,且均为兼职,容易混淆业务工作和党务工作两种工作不同的方式和要求,因此带来了支部建设与业务工作相脱节的问题。往往支部在疲于完成支部工作的过程中,难以考虑到业务发展的需要,使得"三会一课"、组织生活的内容和形式也比较单一,内容不充实,效果不显著,容易一定程度上出现形式主义,难以激发党员向心力,也难以对业务形成引领和支撑。在各项工作业绩的压力下,党员更倾向于将精力投入到业务工作,也导致了"重业务、轻党建"苗头的出现。

3. 组织保障系统性不足

学院重组之初,在人、财、物上均处于调整阶段,各项工作尚处于梳理规范规程中,难以对支部建设中的需求提供有效支撑。例如,支部工作评价指标不完善、激励措施不到位,党建工作干好干坏一个样,难以激发党员的进取心和创造力。再以场地为例,由于缺少专门的党员活动空间,党员开展活动或借用教室、或借用会议室、或借用休息室,由于支部"三会一课"、组织生活的规范化,对场地的需求也越来越大,在原本场地就不够宽裕的情况,很容易导致场地的冲突,影响活动的开展。久而久之,从严治党的要求、支部建设的规划就难免被打了折扣。

（二）商学院党委支部建设框架措施

商学院党委成立以来，深入贯彻新时代党的建设的总要求，全面贯彻落实党的教育方针，紧紧围绕立德树人根本任务，实施了"三大工程"，有力促进了支部建设。

1. 头雁工程抓书记

支部"唱主角"，"领唱"最关键。作为贯彻落实党中央、上级党组织贯彻部署的"最后一公里"的带头人，支部书记的"唱功"好不好，示范作用发挥的效果如何，对于支部"合唱"效果的发挥有着至关重要的影响。学院党委高度重视选好、育好、用好教师党支部书记这支队伍，积极探索符合学院实际、兼顾学科专业特点的教师支部书记培育机制。首先，在支部书记遴选上，注重选择政治素质高、学术能力强的教师担任，同时，为了支部书记能够更加专注于支部建设上质量、上品牌，同样重视支委的配备，加大在虽然不是专任教师，但是是学院行政管理工作的业务骨干中的遴选，和支部书记在能力优势上形成互补，推动支部建设各方面工作的均衡发展。其次，在支部书记的培育上，尤其注重支部书记党务和业务能力的双线提升，排解支部书记对开展党务工作影响业务工作的担心，一方面，选送支部书记参加相关培训，另一方面，为支部书记提供业务学习培训的机会。第三，在用好支部书记方面，一是让支部书记发挥示范带头作用；二是让支部书记发挥组织领导作用，支部的组织生活、主题党日，支部书记必定带头参加，积极发言，并主动承担党课任务；三是让支部书记发挥思想引领作用，通过上海财经大学特色党建品牌"书记谈心"系列，不仅学院党委书记经常和支部书记谈心谈话，交流思想和工作，支部书记也和支部党员和师生群众经常交流，及时了解师生关切，努力帮助师生干实事；四是让支部书记发挥建言献策作用，让支部书记列席学院党委会，对学院工作能够有更全局的把握，同时对党委会讨论的重要议题进行咨询建议。

2. 融合工程促结合

支部要"唱主角"，必须要有载体有抓手，只有将支部建设融入到学院工作的各个方面，才能将党的建设做实，真正发挥党建的效能，实现"围绕发展抓党建，抓好党建促发展"的目标。商学院结合自身情况，提出了三个方面的融合：一是与学校学院中心工作的融合，支部建设要顺利融入业务工作，必然要考虑到业务工作所具备的高校特色、学校特色、学院特色和学科特色，"将支部建在连上"就是需要将党的建设嵌入到业务工作发展的目标中，在业务工作最需要的地方，发挥攻坚克难的作用，从而将党建优势转化为业务优势,推动学院教育事业不断向前发展;二是与支部特色的融合,在与业务工作融合的过程中,同时需要考虑支部自身的特色、支部党员的特色,只有选对方向、人尽其用,才能发挥最大的效用;三是与统战群团工作的融合,以党建带群建、促统战,才能实现最大范围的凝心聚力,画出最大同心圆;四是与党员自身发展的融合,党员是支部中最根本的个体,支部的建设同时要考虑到党员自身在能力、经验、晋级方面的考虑,让党员在奉献的过程中也增强获得感,实现可持续的发展。

3. 护航工程强保障

为支部的战斗堡垒作用的有效发挥提供支持,搭好"舞台",保驾护航。商学院党委的支部建设保障体系主要包括三个部分:第一,制度保障。一是党委班子联系指导支部制度,党委班子经常到支部参加活动、指导工作、听取支部汇报、与支部书记开展谈心谈话活动,并到支部开展专题党课;二是支部书记工作例会制度,学院党委每个月组织支部书记工作会议,依托会议实现工作提示、记录检查、业务交流、培训指导四大功能;三是支部书记述职制度。学院每年组织支部书记考核,对于考核结果靠前的支部,进行绩效奖励,对考核结果靠后的支部,进行约谈并限期整改;四是评优宣传,学院党委积极挖掘支部建设的先进典型,向上级汇报,获得了"全国高校'两学一做'支部风采展示活动工作案例精品作品",两项案例入选全国高校基层党组织常态化疫情防控"四个一"行动项目"战疫故事汇"和"教育素材库",教工三支部书记王少飞入选上海财经大学"双带头人"教师党支部书记工作室等,近年来学院也每年组织"两优一先""优秀主题党日"和"优秀党群工作者"的评选宣传。第二,平台保障。一是学院党委鼓励支部党员在工作中冲锋在前,发挥先锋模范作用,并主动组织支部搭台,例如在疫情防控中,经学院倡议、支部牵头成立了行政管理人员党员为主体的"学翼"志愿者小队,他们在完成自身本职工作的同时,抽出时间,利用自己在教学、学生管理、信息技术等各方面的专长,协助授课教师开展教学准备、做好班级管理、熟悉信息系统等工作,为线上授课能够迅速达到预期目标提供了有力支撑。二是学院党委为支部书记党务能力的提升搭台,例如,了解到学生支部书记由于学制较短的原因更换较快,新上任的学生支部书记适应新岗位比较慢,学院党委牵头组织了"大手牵小手"的支部结对项目,安排教工支部与新生支部进行结对,促进师生共融共建,教学相长。再如由于了解到支部建设的相关文件比较繁杂,支部书记经常要花很多精力来查找,学院党委整理了支部工作中经常用的规章制度和文件模板,汇编成工作手册,作为支部工作的参考书,帮助他们找得着、用得上、查得快。三是学院党委注重以信息化助推支部建设的规范化，学院上线了智慧党建云平台，通过工作办理、通知公告、学习园地、规章制度四大模块的内容，为支部建设提供一站式服务平台，同时实现组织日常工作的智能化管理，为组织工作的高效开展提供支撑。四是学院党委将党建课题纳入到学院行政管理工作研究课题中，提升党务工作队伍的研究能力和专业能力；第三，是场地保障，商学院党员活动室是学校第一批"示范性党员活动室"，建成以来，成为主题党日、理论学习、党群活动的重要阵地，成为"党员活动之家、党群互动之家、党教融合之家"。

二、 商学院教工第三党支部在基层工作中"唱主角"的实践

商学院教工第三党支部现有党员 12 名，主要对接的是 MBA 教育项目。近年来，对标"七个有力"的要求，不断健全支部工作机制体制，创新党建品牌，拓展工作载体，发挥政治引领作用、规范组织生活、团结凝聚师生、促进中心工作发展。

1. 对标"七个有力"，强化提升支部组织力

（1）政治引领多措并举强化党员教育。支部坚持把坚定正确的政治方向放在党支部建设的首位，用习近平新时代中国特色社会主义思想武装头脑、指导实践、推动工作。坚持宣传执行党的路线方针政策和上级党组织的决议，自觉做到"两个维护"、坚定"四个自信"、增强"四个意识"。除了完成规定的理论学习任务，结合日常工作开展了"外事纪律""讲好'上财商学院故事'宣传品牌工作"、教学能力提升等主题党日；结合特色党建项目创建开展了"新时代企业家精神"主题党日等活动。注重"学习强国"平台的运用，要求支部党员每周学习达标，并在支部内举行了学习经验的交流。支部书记带头讲。结合校党代会学习，支部书记王少飞联合多名党代表共同开讲党课，带领支部党员从多个视角解读党代会报告；结合疫情防控，开展了支部战疫故事汇的党课；结合垃圾分类，开展了"垃圾分类从我做起"的党课。

（2）规范标准激励引导强化党员管理。支部重视高层次人才中的党员发展工作，在支部单位青年教师党员率达到 100％ 的情况下，加强在行政管理人员中的党员发展工作，每年均有教职工发展入党。支部每年通过线上线下结合的形式，对党员开展培训，并且协调并支持党员参加学院组织的各类培训以及学历提升项目，支持党员参加党建研究课题的申报。支部积极激励引导党员在教学科研生活中发挥先锋模范作用，

支部党员努力拼搏、勇于担当,近年来获得了较大成长,大多数党员已经成为学院在教学科研和行政管理上的先锋模范。支部教师代表戴国强多次获得国家级荣誉,被聘为上海财经大学"英贤学者";支部书记王少飞被评为"上海财经大学师德标兵",立项"上海财经大学'双带头人'工作室";支部党员或集体获得"校先进工作者""上海财经大学文明窗口""上海财经大学文明岗""上海财经大学优秀主题党日和组织生活案例评选"二等奖、三等奖、"上海财经大学党支部特色党建项目"等多项荣誉。

(3) 遵规守纪咬耳扯袖强化党员监督。严格用党章党规党纪规范党员行为,强化规章制度的宣传和学习,通过组织生活、主题党日、宣传海报、党员活动室等形式让制度走进党员,让党员了解制度,主动宣传遵守制度。加大重点领域、重要环节监督力度,支部牵头对相关部门工作中涉及的各项规章制度进行了系统梳理,并结合工作实际认真查找分析重点领域、重要环节反腐倡廉工作的关键点、风险点和薄弱之处,完善预警防范机制。及时规范召开组织生活会,严肃开展批评和自我批评,认真查摆和解决问题。

(4) 参与决策引领带动强化师生组织。支部积极落实组织师生行动,引领带动师生积极投入到立德树人中心工作中。支部书记积极列席党委会,参加党政联席会议,参与学院重要事项的讨论决策,并将学院决策部署及时传达到党员群众,凝聚党员群众共识,推动决策部署顺利实施。支部团结带领师生落实立德树人根本任务,不断提高人才培养质量:落实与学生支部"大手牵小手"结对联建,通过共同开展学习、科研和实践活动,促进学生支部党建水平和知识能力水平的共同提升;在支部单位重点开展的 MBA 教育领域,一方面不断加强思政课程和课程思政的协同推进,另一方面不断优化人才培养方案,创建期间在 2018 年、2020 年持续更新了培养方案,不断适应社会经济发展的需求;在国际交流与合作办公室,支部党员作为骨干成员积极推动学院的国际化工作,促进学院在各项国际排名中取得佳绩,学院顺利通过了 EQUIS 认证,MBA 项目在 2020 年《金融时报》排名中位列全球第 47 位、中国内地第 5 位,在 2019—2020 彭博(Bloomberg)最佳商学院亚太区排名中位列第 5 位;在抗击新冠疫情期间,组织党员参与校内外志愿者行动和捐款,保障了学院线上开学的顺利进行。

(5) 统一思想正向引导强化师生宣传。利用支部单位覆盖学院宣传工作的优势,强化阵地建设,及时学习传达上级党组织的决策部署,将师生思想统一到党中央的决策部署上来,并且积极发现身边典型,广泛宣传报道,发挥示范带动效应。在 MBA 学生培育方案中开设了"思想中国""艺术中国"等系列课程,讲好中国故事,培育家国情怀;结合"庆祝新中国成立 70 周年""不忘初心、牢记使命"主题教育活动开展了覆盖开学季、教师节、国庆节三大主题的外滩亮灯仪式,在文汇报专版报道《"感动·商学院"年度人物》,推出原创献礼国庆 MV"祖国不会忘记",举办"中华颂匡时魂"歌咏比赛;结合"四史"学习,组织师生开展了"四史"学习 vlog 展示活动、"我的'四史'学习故事"演讲比赛、自编自导自演校史情景剧《匡时魂》、"不忘初心、牢记使命"主题征文、"共商经典·一书一世界"读书分享活动、文商学社、组织宣传学院进博会志愿者等一系列活动,弘扬爱国精神,坚定初心使命;在抗击新冠疫情期间,开辟了"以智战疫""商学评疫""健康战疫"等多个板块,积极报道师生校友中的抗疫典型以及宣传科学防控的措施。

(6)思想引领价值塑造强化师生凝聚。实施"课程思政",将思想引领贯穿于立德树人的方方面面,引导教师不仅要在思想认识上形成全员育人的共识,也要在专业发展上具备有效育人的能力。通过学院教师教育发展中心开展课程思政培育课程,通过体验中国文化、提升创造力、处理课堂冲突等模块的学习,提升教师的授课能力;在学院开展了学术诚信讲座、学术规范讲座;开展了尊师重教和师德师风板画宣传。将社会主义核心价值观培育践行融入教学实践,课程中组织开展了历史博物馆参观,丰富学生对中国历史文化的理解;融入社会实践,组织开展了整合实践、创新创业大赛等活动;融入志愿服务,组织开展了面向乡村小学、扶贫项目、抗击疫情的募捐、面向自闭症儿童的志愿服务、面向进博会、校庆、运动会等活动的志愿者的活动。关心了解师生思想政治状况,建立了师生思想状况的预警机制。

(7)党群联动深入一线强化师生服务。坚持以支部党建带动单位群建,常态化做好联系,服务师生工作,积极开展慰问帮扶活动,丰富服务载体,注重服务实效。与工会、团组织、学联组织共同围绕参观学习、爱心扶助、生命健康、文体娱乐等方面,组织开展了集体生日会、匡时生命健康大讲堂、现场急救培训、名企行、志愿公益等各类活动,增强广大教职工的凝聚力和归属感,激发工作热情。发挥党员活动室的服务功能,为拓展教职工交流的空间提供场地支持。回应和协调好各类群体的诉求,凝聚师生共识、奋发图强,为推进实现学院的发展战略和目标奠定坚强的政治基础。开展板报和工作月报计划。

2. 立足自身特色，创品牌促发展

商学院教工第三支部在工作中紧盯立德树人根本任务，充分注重立足自身特色，发挥自身所长，不断创新工作品牌。

（1）与"两新组织"融合为特色的区域化党建。商学院教工第三党支部所在单位主要负责 MBA 教育项目的开展，其三分之二的学生来自"两新组织"，同时有三分之二的学生毕业后到"两新组织"工作，培育好 MBA 中的党员队伍，做好他们的育人工作，对于基层党建比较薄弱的"两新组织"能够起到通过关键少数实现事半功倍的效果，回答好习近平总书记提出的"为谁培养人"的根本问题。另一方面，MBA 项目以"知行合一"为培养导向，"两新组织"能够为学院的人才培养工作提供实践支持，回答好"怎么培养人"的根本问题。因此与"两新组织"融合为特色的区域化党建一直是支部党建工作的重点和品牌，并在融合过程中构建三个层次的工作平台，形成多项成果，有力支撑了学院中心工作的开展。一是学习平台，通过丰富的形式，促进双方的理论学习，坚定理想信念。例如与广中路街道共同参观了《不忘初心，牢记使命：伟大开端——中国共产党创建历史图片展》，并进行了联组学习。邀请广中路街道党建专家为学院分党校的学员讲授"国旗诞生的故事"，用身边的历史开展爱国教育。二是匡时平台，通过融知融智，以优势互补促进事业充分发展。学院邀请"两新组织"和街道的优秀代表来校担任"实践导师"和"党建辅导员"，充实实践育人、组织育人的力量。目前有 50 多位来自"两新企业"的代表担任在校生的"实践导师"，广中路街道党工委副书记受邀担任"党建辅导员"。商学院与高顿教育集团共同在云南开展了扶贫项目，学院为项目的顺利开展和能级提升提供实地调研和智力支持。三是公益平台，通过志愿活动，弘扬爱心，将践行社会主义核心价值观，做合格共产党员的目标融入其中。与关爱自闭症儿童的公益组织"彩虹笔"中心共同开展关爱活动，"彩虹笔"中心创始人也走上讲台做案例分享，MBA 学生再到公益组织开展调研，为公益组织运营中碰到的难题提供解决方案，实现教育与公益的互动，以商业的力量助力公益的发展。MBA 公益部牵头在校学生和学生所在单位共同开展了家庭困难学生资助、安业小学校服定制募捐、永安小学公益体验行等活动。

（2）军转干部转型发展与高校立德树人融合。军队转业干部培训是商学院响应国家号召，服务社会公益的一项重要举措，目前已进行了三期学员培训，累计参训 185人。教工三支部积极参与和推动该项目的设计和实施，并深入挖掘军转干部的政治优势、国防教育优势,利用军转干部在校培训期间的契机,探索实施"兼职辅导员"项目。通过军转干部与在校学生之间在第二课堂、征兵、军训、预备党员宣誓、党课团课等环节中,以讲座、座谈、咨询等多种形式开展互动活动,为军转干部优势的发挥提供平台。不少在校学生表示,通过与军转干部的交流,更深刻地体会到军人的崇高,以及军转干部为支持国家重大决策而表现出来的担当;同时该类活动也为军转干部了解年轻人,顺利融入新岗位提供了支撑。相关工作经验受到上海市军转办的多次表扬,并代表上海高校在全国军转干部进高校专项工作座谈会上作典型发言。

三、 党支部在高校基层工作中"唱主角"的启示

(一) 校院两级党组织的重视和投入示范作用巨大

虽然中共中央在发布《条例》的通知中要求各级党委要重视党支部、善抓党支部,要牢固树立"四个意识",切实把抓好党支部作为党的组织体系建设的基本内容、管党治党的基本任务、检验党建工作成效的基本标准,采取有力措施,推动《条例》落到实处、见到实效。但在实际工作中,由于每个高校、每个二级学院党组织所在单位的情况不一样,导致对支部建设的程度也不一样,投入也不一样。上海财经大学及其商学院的实践中,"书记抓、抓书记"是很重要的一项因素,学校发布了落实《意见》的实施方案,并且学校构建的党建三大品牌"书记谈心系列""区域化党建""智库党建"均高度立足并依赖支部的建设,因此校院都在支部建设中投入诸多。商学院在全校率先设立了学院的党委办公室,配备了专职组织员和党务秘书;学院党委书记每月都通过支部书记例会和支部书记面对面交流,指导工作开展;党委会每年也要多次讨论支部建设议题;将支部作为学院内设部门考量,从课题研究、人员培训、活动场地、考核激励上予以支持保障。正是这种以上率下的氛围,让"上热中温下冷"的高校党建生态中上层的热度能够更加顺畅地传到支部,让支部也逐步热起来。

(二) 支部"唱主角"是一项系统工程

一方面要有"领唱",有"合唱",支部自身的建设要加强,要围绕"七个有力"的建设要求,不断提升自身的组织力,为唱好合唱练好"唱功"。另一方面要有"舞台",支部开

展工作要有有效的抓手,这就是要和业务工作融合。在融合的过程中也要进行系统的谋划。一是理念上的融合,包括党政班子之间的理念要一致,干部个人自身在开展党务和业务工作的同时也要有融合的理念,才能实现"你就是我、我就是你"的目标;二是流程上的融合,党建工作要融入到业务工作中,首先既要熟悉党务也要熟悉业务,紧盯根本任务,结合实际情况,才能找到合适的契入点,形成有机的融合,而不是机械的结合;三是资源上的融合,包括各自优势的发挥和保障力量的融合;四是责任上的融合,强化支部的主体责任,完善支部考核机制,加强考评力度,用好考评结果,层层压实责任,激励支部书记愿干事,干成事。

(三) 发挥特色打造品牌是"唱响主角"的有力途径

特色鲜明的党建品牌是支部建设的旗帜,能够凸显支部的价值导向,指明工作的方向,凝聚合力,形成战力。一个成熟的、能够记得住、叫得响的党建品牌,就是一项支部建设战略举措的成功的象征。支部需要充分认识到创建党建品牌的重要性,形成品牌意识,做到结合业务工作,找准定位,系统谋划、精心组织、扎实实施。将党建品牌建设和管理作为支部工作的一部分,与支部日常工作同规划、同部署、同反馈,通过创建党建品牌的过程,激发党员的主体意识,让"合唱"的声音更加嘹亮。

(上海财经大学课题组　薛丽萍　王少飞　夏庆东)

发挥"头雁效应" 提高"合唱"水平

　　高校基层教工党支部,是高校党的重要基层组织,担负直接教育党员、管理党员、监督党员和组织群众、宣传群众、凝聚群众、服务群众的职责,处于学校的教学、科研和管理服务第一线,直接承担着贯彻落实党的路线方针政策和高校各项具体工作任务的责任,以及教书育人、立德树人、培养高素质人才的光荣使命;对高校办学方向以及"双一流"建设和内涵发展,具有重要的政治保障作用,是党的创造力、凝聚力、战斗力的重要体现,是高校党的全部工作和战斗力的重要基础。

　　十九大以来,中央明确要求党对教育事业的全面领导,高校党建工作得到很好的落实,特别高校教工党支部建设取得长足的进步,政治生活更加规范,党员的示范引领作用进一步发挥。但是如何进一步发挥党支部在立德树人、科学研究、社会服务、文化创新和传承的中心工作中"唱主角",充分发挥党支部的引领作用还有许多工作要做。

一、 教工党支部在新冠肺炎疫情防控工作中发挥"主角"作用的探索

　　2020 年初,新型冠状病毒在中国大地肆虐,因感染病毒罹患肺炎的患者日益增多。在党中央的部署下,全国各级单位立即采取了紧急防控措施。疫情就是命令,防控就是责任,时间就是生命。习近平总书记多次主持召开会议、发表重要讲话、作出重要指示:必须高度重视疫情,全力做好防控工作,要求各级党委和政府及有关部门把人民群众生命安全和身体健康放在第一位,采取切实有效措施,坚决遏制疫情蔓延势头,全国形成了全面动员、全面部署、全面加强疫情防控工作的局面。

　　本文以此次新冠肺炎防控工作为背景,梳理教工党支部在中心工作中发挥主导作用的实践和探索。有力提升党支部在基层工作中"唱主角"的地位,这就要求基层党支部"领唱"强起来,更好发挥"头雁效应";"舞台"搭建好,让支部形成"合唱"的良好态势

而真正发挥战斗堡垒作用;"唱功"提上去,支部发挥强大组织力,在新冠肺炎防控等各项基层工作中"会唱、能唱、敢唱"。从而真正实现在基层工作中"支部领唱,党员群众合唱"的有力局面,发出党的建设最强音、唱响党的建设主旋律。

(一)"领唱"强起来,更好发挥"头雁效应"

支部在基层工作中"唱主角","领唱"最关键。头雁勤,群雁就能高飞远翔;头雁惰,便会"万里寒云雁阵迟"。所以,选优配强基层党支部书记尤为重要,"领唱"强起来,才能更好发挥"头雁效应",让新冠肺炎疫情防控等各项基层工作得到有力贯彻落实。

(二)"舞台"搭建好,支部形成"合唱"的良好态势而真正发挥战斗堡垒作用

支部唱主角,舞台很重要。在这次新冠肺炎疫情防控工作中,东华大学材料科学与工程学院党委成立学院疫情防控工作小组,各个教工支部书记和学院领导班子成员共同成为小组成员,决策落实整个学院的各项工作。同时进一步整合资源,加强基层教工党支部的阵地建设、经费保障、组织设置,让教工党支部建设更有抓手、有章法、有力量,充分发挥党支部的战斗堡垒作用。"舞台"越宽广,支部的主角作用发挥得越好。

(三)"唱功"提上去,充分发挥支部的引领力、凝聚力和战斗力,从而在各项基层工作中"会唱、能唱、敢唱、合唱"

支部"唱主角",必须"唱功"好。这"唱功",就是严肃规范的党内政治生活。只有把"唱功"提上去,支部在基层工作中才有引领力、凝聚力和战斗力。严肃规范的党内政治生活是解决党内问题的"金钥匙",是党员锤炼党性的"大熔炉"。在新冠疫情防控期间,东华大学材料科学与工程学院党委面对新形势新情况,进一步指导教工党支部用好严肃党内政治生活这一重要法宝,从严从实开展"三会一课"等党内组织生活,结合教学科研工作探索"三会一课"的新形式,坚持思想性、科学性、知识性、实效性相统一,综合运用辅导报告、专题党课、参观调研、经验分享、研讨会、学术报告和讲座、党建知识问答、网络支部等多种形式开展支部学习活动,将教学科研主体工作与理论学习相结合。融入教学科研等中心工作开展主题党日活动,组织党员学习与岗位职责紧密相关的新知识、新技能,努力成为教学、科研等业务骨干,成为带领广大教职员工完成

工作任务、争创一流业绩的模范和榜样。规范开展支部党员党内学习教育制度,深入学习党章党规,深入学习党中央的各项最新理论、政策和文件精神。让党员在支部这个"大熔炉"中经受锻造,用理论与实践相结合的方式提升党员的先锋模范带头作用和党支部的战斗堡垒作用。

二、 新冠肺炎防控工作背景下教工党支部在基层工作中"唱主角"的经验

在新冠疫情防控工作背景下,东华大学材料科学与工程学院党委按照校党委和上级的要求,以党支部为基本战斗单位,"唱主角"统领整个基层组织的"新冠"疫情防控工作。关键时刻,党支部书记带领党员干部冲在第一线,不辞辛苦,完成上级布置的重要、紧迫的各项工作,取得了很好的效果,也得到了党员群众的认可,大家形成了共识:碰到问题问支部书记,碰到困难找党支部。

本文以此次新冠肺炎疫情防控工作为背景,系统分析学院党委和党支部的防控做法,梳理各党支部的工作成效,总结党支部在此次防控工作中的"唱主角"的工作经验。同时,调研学院党支部目前在其他基层业务工作中扮演的角色,深挖支部书记人选、运行机制、工作方法等各方面做法,将防控工作经验拓展到其他业务工作中去,寻找党支部在基层工作中"唱主角"的实现路径。

具体而言,就是聚焦"四力",探索实践教工党支部在新冠肺炎防控等各项基层工作中的"领唱""合唱""会唱""敢唱"等作用,真正提升党支部在基层工作中"唱主角"的地位,不断提高教工党支部的战斗堡垒作用。

(一) 突出政治功能,增强政治领导力,凸显教工党支部"领唱"作用

强化政治意识。把学习贯彻落实习近平在中央政治局常委会会议研究应对新型冠状病毒肺炎疫情工作时的讲话和习近平在统筹推进新冠肺炎疫情防控和经济社会发展工作部署会议上的讲话精神作为党支部当前各项工作的重中之重,确保党支部和全体党员站稳政治立场、把牢政治方向、坚持政治原则、坚守政治道路,时刻同以习近平总书记为核心的党中央保持高度一致。切实加强党对各领域的政治引领,不断凸显教工党支部的"领唱"作用。

(二) 夯实基层队伍,凝聚组织向心力,凸显教工党支部"合唱"作用

通过此次疫情防控的工作实践,党的基层组织是团结凝聚党员群众的战斗堡垒,要突出抓好队伍建设,凝聚组织向心力,激发党支部建设的内生动力。实施"头雁工程"。加强党支部班子建设特别是党支部书记队伍建设,重点推进"双带头人"党支部书记建设,成立后备干部人才库,逐一明确培养措施,做好跟踪锻炼。突出"一线导向"。坚持党的一切工作到支部,加强教工党支部建设,突出分类指导、精准施策,不断扩大先进支部增量,提升中间支部水平,整顿后进支部。健全完善党支部工作激励保障机制,推动工作重心下移、力量下沉、资金下投、资源下放。

(三) 围绕中心大局,锻造贯彻执行力,凸显教工党支部"会唱、能唱"作用

此次新冠疫情防控工作,贵在落实,重在执行。要加强执行力建设,使党支部建设融入中心、服务大局。弘扬担当作为精神。围绕新型冠状病毒肺炎疫情防控中心工作,成立党员志愿者服务队,设立党员先锋岗,引导党员亮身份、亮形象、亮作为,积极履职尽责,主动担当作为,发挥先锋模范作用,激发党建"生产力"。保持真抓实干作风。坚持一切从实际出发,按客观规律办事,力戒形式主义和官僚主义,精简各类会议和工作台账,避免过度"留痕",减少不必要的考核检查,把干部从无谓的事务中解脱出来,切实为党支部"减负松绑"。完善考核评价机制。转变考核方式,把对党支部工作的考核评价融入日常、抓在经常,以党员群众"满不满意、支不支持"作为评价的重要依据,力求考准考实。强化考核结果运用,奖优罚劣,彰显"崇尚实干、坚决执行"的鲜明导向。

(四) 强化宗旨意识,提升服务群众力,凸显教工党支部"敢唱"作用

党的基础在基层,根基在群众,要不断增强党支部服务群众的能力。传播社会"正能量"。围绕新型冠状病毒肺炎疫情防控工作大局,大力宣传防控工作中的模范人物和先进事迹,唱响主旋律,传播好声音,大力倡导和践行社会主义核心价值观,凝聚思想共识,汇聚精神力量。当好基层"主心骨"。强化党支部核心地位,发挥基层群众性自治组织基础作用,引导各类组织参与新型冠状病毒肺炎疫情防控和服务,营造共建共治共享的防控服务格局,发挥党支部纽带作用。增强群众"获得感"。建设服务型基

层党支部,广泛搭建服务平台、创新服务载体,针对学校和学院中心工作,开展多样化、精细化服务。认真落实党中央的各项防控政策,着力解决师生生产生活中的困难,切实维护师生利益,真正使党支部建设体现党性、连接民心。

"一盘棋做谋划,一出戏唱到底"。在全国党建一盘棋的大背景下,高校教工党支部要在各项基层工作中"会唱、能唱、敢唱、会唱",要有"板凳坐得十年冷的学习精神、不怕辛苦磨破鞋的工作热情",秉持内化于心的信念坚守、外化于行的职业操守、有为有位的胸怀、为校争光的豪迈,超越传统党建工作路径模式,在新形势、新情况、新任务面前勇于探索、善于发现、长于分析,致力于探究党建工作与各项基层工作更加紧密联系的契合点,进而以党建引领各项中心工作再上新台阶。

(东华大学课题组　戴　蓉　任鹏贞　余森森)

练好"唱功" 推动党建与中心工作深度融合

高校党支部是高校党的组织系统的基本细胞,是党联系师生的桥梁和纽带,是高校党委全部工作和战斗力的基础。如何面对高等教育改革与发展的新形势、新任务和新挑战,富有成效地加强党支部建设,推动高校工作迈上新台阶,这是高校基层党组织和全体党员必须思考和回答的问题。

一、基本情况

上海大学材料学院党委自 2016 年起,实行"总支设在学科上,支部建在方向上"的纵向基层党组织设置模式,构建了岗位化的"党委-学院、总支-国重、支部-方向"的完整的领导与执行组织体系,在组织建设上保障了党在学科建设和育人中的政治核心作用。2016 年 12 月上海大学材料学院特殊钢精炼党支部成立,该支部现有党员 25 名,其中博士学历教师 23 名,教育部长江学者 2 名,国家杰青 1 名,国家千百万人才 1 名,国家千人 1 名,国家青年千人 1 名,上海市东方学者 2 名,青年东方学者 2 名,曙光学者 3 名,启明星人才计划 5 名,浦江学者 2 名,晨光学者 1 名,扬帆计划 2 名。

党支部书记玄伟东在 2017 年被选派参加教育部举办的首届"全国高校基层党支部书记示范班",其中每个高校代表仅 1 名;2018 年荣获上海大学材料学院优秀党务工作者并在学院党支部书记抓党建工作述职评议考核工作中获得"优秀";2019 年 7 月作为上海大学"双带头人"示范教师党支部书记赴井冈山干部教育学院进行党性教育学习;还在"上海大学——华东政法大学教工党支部书记经验交流会"上做交流报告。

该党支部曾获得 2018 年上海大学材料学院先进基层党组织;2018 年上海大学"党支部建设示范点",全校仅 8 个支部获得;2019 年上海市教卫工作党委"攀登"计划

"上海高校党建工作样板支部"创建,全校仅 1 个支部获得;2019 年上海市"党支部建设示范点"。除此之外,支部所在科研团队也获得了优异的成绩,2015 年获上海市技术发明一等奖、教育部自然科学二等奖、教育部科技进步二等奖;2017 年实现重大技术成果"高强高导铜合金制备技术"转让;2018 年荣获上海市"工人先锋号",全校仅 2 个团队获得;承担代表性的国家级重点项目并先后多次受到国家及上海市领导关心,俞正声、韩正、徐匡迪、李强等国家和上海市领导都曾到实验室走访调研。

特殊钢精炼党支部是学院里最为典型的"以科研团队"为主的教职工支部。支部以服务国家重大战略为目标,以践行高等教育使命为己任,具有非常鲜明的特点:知名学者带队的凝聚力、教育与科研模范带头的向心力、高产高质的创造力、努力拼搏的战斗力。

每一个党支部只有在基层工作中"唱好主角",充分发挥战斗堡垒作用,才能筑牢党的执政根基。在学校党委、学院党委和国重党总支的领导下,支部全面学习贯彻习近平新时代中国特色社会主义思想和党的十九大精神,以"七个有力"为标准,深入推进"两学一做"学习教育常态化、制度化,强化政治功能、组织功能、凝聚功能、服务功能,以政治建设为首,以制度建设为基,以作用发挥为要,完善支部唱主角的保障机制,调动支部党员唱主角的积极性,在实现大学的使命和功能中有效发挥了基层党组织战斗堡垒作用和党员先锋模范作用,取得了优异成绩。

二、 具体探索

为了更好地发挥党员在基层党建工作中的先锋模范作用,探索党支部建设规律,保证监督党的教育方针贯彻落实,巩固马克思主义在高校意识形态领域的指导地位,加强思想政治引领,筑牢学生理想信念根基,落实立德树人根本任务,保证教学科研管理各项任务完成,特殊钢精炼党支部从实践层面极大地拓展和丰富了基层党建科学化内涵,为高校党支部在基层工作中"唱主角"做出了积极探索。具体如下:

(一) 筑牢理想信念根基,落实立德树人根本任务

特殊钢精炼党支部书记把支部工作与学科建设和团队建设有机结合,把筑牢理想信念根基、落实立德树人根本任务贯穿教学科研全过程,增强了党建工作的实效。

1. 支部贯彻党的教育方针，围绕培养创新型人才，把支部建在学科上，把高校党建基本要求与青年教师、学生党员的专业发展需求结合起来，把党的活动与学术研究、教书育人融为一体，实现了党建工作与教学科研、人才培养的有效衔接和良性互动。例如支部积极开展创新的比武论坛活动，通过研究生党员宣讲，社区学院大一新生评审的方式，实现推动研究生党员积极学习、提升研究生党员参与活动的积极性以及宣传引领大一新生共同进步的目的。

2. 支部充分发挥党建带动团队建设作用，不断强化支部书记和支委责任。支部领导班子要切实承担好党的政治建设主体责任，把加强党的政治建设各方面工作抓紧、抓实、抓好；要自觉增强"四个意识"，坚定"四个自信"，坚决做到"两个维护"，用习近平新时代中国特色社会主义思想武装自己，更加自觉地为实现新时代党的历史使命不懈奋斗；要着力组织开展教职工思想政治学习，提高广大教职工党员的思想政治素质，为科研团队建设再立新功。具体做法如下：支部定期组织支部书记和支委外出学习培训。支部书记玄伟东在 2019. 7. 12—16 日参加上海大学第 29 期中青班与"双带头人"示范教师党支部书记班，在 2019. 11. 25—30 日参加 2019 年上海市党支部建设示范工作培训班。支部骨干力量也积极参加上海大学第一期"我与书记面对面"座谈会暨第六期"教师沙龙"与上海大学第十四期教工党支部书记沙龙等系列活动。支部努力以建设学习型团队为抓手，借助学习强国、业务交流、科学研究等平台不断提升支部成员的党性以及专业素养，力争使每个支部成员都具备勇于承担大事的能力。

3. 支部开展科技扶贫活动，通过结合学科、团队资源，利用支部优势实施脱贫攻坚，以国家重大战略需求为导向，推动项目对接、人才对接，一方面加强产学研合作，服务地方经济社会发展；另一方面让学生把论文写在祖国的大地上，在真刀真枪的战场上锤炼真本事。

(二)"两学一做""三会一课"等基本唱功常态化、制度化

该支部以"两学一做"学习教育为契机，将理论学习、"三会一课"主题教育、组织生活会、民主评议党员等制度固化下来，形成每个月、每个季度、每年的党员教育时间表、路线图，将支部活动纳入常规化、制度化轨道，强化组织的功能，促进组织的政治生活规范化。

1. 为了不断推动支部建设内容和方式、方法的改革和创新，有效提升党课的理论

深度及学习效果,支部扎实努力推进"三会一课"的学习,严格落实"三会一课"等基本制度。支部确定支部大会每月一次,支部委员会每半月一次,保持支部活动出席率在80％以上,并请支部书记、支部委员、学院领导、学校领导以及外请专家讲党课,积极开展党员教育,完善党员管理,落实党员监督。对于不参加的党员采用怀柔战术,通过个人谈心、将组织生活会调整到后进党员的空余时间来劝导、鼓励、监督党员参加组织活动。基于此,支部在2019年获市、校、院3级党建课题7项;支部3名成员获"学习强国"学习标兵。

此外,支部还通过多次开展"主题党日"品牌化活动来建设示范性党支部,以党员先锋模范为榜样,充分培养、挖掘、宣传党员先锋模范作用,建立党员示范岗,形成示范性效应。支部以支委班子建设为重点,注重发挥基层党员的先锋模范作用,让每个党员负责联系几个群众,通过以点带面,提升党的威信,增强党组织的凝聚力和向心力,提高班子的政治思想素质和党建专业知识水平。例如,支部在2019年4月召开"中共中央关于加强党的政治建设的意见"主题会议来深入学习、强化意识;2019年6月开展"庆七一,追寻红色足迹——嘉兴南湖"主题党日活动;2019年7月举办学科特色——校企党支部共建活动。通过以上活动支部取得了以下成绩:2019年成功获批上海市党支部建设示范点(教卫系统仅10个);建立了学校"双带头人"示范支部书记群,并定期交流"三会一课"创新方式;邀请了学校示范支部书记张小贝、马君、王宁、贾利军等来我支部讲授党课;拟与马克思主义学院支部共建,由邱仁富副院长牵头。

2. 支部严格规范主题教育开展工作,要求务必做到"八个1":学校党委对党支部书记进行1次全覆盖培训;二级党组织对党支部书记进行1次专项培训;党支部书记要讲1次专题党课,或者向所在支部党员报告1次个人学习体会;1次检视整改,找到差距和不足,一条一条列出问题,一项一项整改到位;1次主题党日;组织开展1次志愿服务活动;为身边师生至少办1件实事好事;主题教育结束前,过1次专题组织生活会。

3. 支部每年年底都会召开民主评议大会,并保持会议席率在90％以上,通过支部党员的自我总结与批评,促进支部的完善与发展,落实组织政治生活的规范化。注重民主评议会的质量,不走形式,不走过场,真正做到有整改有落实有监督。

(三) 围绕中心工作,促先锋堡垒奋进有为

围绕中心、服务大局是支部党建工作的根本任务。该党支部始终坚持把支部建设与学校和部门中心工作、重点工作相结合,围绕提高教育教学质量和人才培养质量等工作开展党的活动,根据业务需要设计党建工作载体,促进党建工作与业务工作"两不误、两提高"。

对此,支部开展的具体活动如下。

1. 围绕中心、服务大局,助推党建业务双提升

支部党建工作显著提升,获市、校、院3级党建课题7项,分别是:上海市攀登计划样板支部项目(市级)、上海市党支部建设示范点项目(市级)、基层党建特色品牌创建研究项目(校级)、党支部对标"七个有力"的实践探索项目(校级)、基层党支部组织生活有效性路径探索项目(院级)、基层党建特色品牌创建研究项目(院级)以及教工党支部党建活动室建设方案立项项目(院级)。教工党员积极加入到党建课题的研究中来,发挥研究人员的专长,以研究促党建,以党建项目促进党建认知。

2. 守初心,担使命,勇攀科技高峰

支部紧紧围绕高校教师科学研究的中心工作,支部党员与科研团队紧密融合、抱团取暖、团队作战。在学科带头人的带领下,支部党员对待工作认真负责,老师们常常工作到晚上10点,周末2天均在学校工作。大家脚踏实地、踏实肯干、任劳任怨、不计较个人得失的干劲儿取得了丰硕的成果:该支部2020年获国家级、省部级科研项目立项10项。2007—2018年,支部共发表SCI论文257篇;2019年共发表SCI论文65篇(其中高水平论文1篇,一区20篇)。同时,该支部还在根据专业优势,积极参与到科普宣传、科技扶贫的工作中。

3. 共建学习,推动党建与中心工作深度融合

支部与业务相关方频繁开展支部共建活动。例如,该支部与中冶赛迪上海工程技术有限公司第一党支部开展共建学习,双方根据各自中心工作的特殊和优势,围绕着连铸方面的业务需求和相关技术进行了汇报,会后进行了充分的交流和探讨,为双方党员的深入交流搭建了一个非常好的平台。双方表示出强烈的合作意愿,并初步达成了合作意向。共建学习,不仅是"四史"联动学习的一次探索,也是"围绕中心抓党建,抓好党建促中心,检验党建看发展"的有效结合,更加深化了校企合作,实现党的建设

与中心工作的双赢,在建设世界一流、特色鲜明的综合性研究型大学中贡献材料人的力量。

总而言之,支部通过党建工作与中心工作的深度融合,有效推动了中心工作的发展,也进一步激发了党建工作的活力。

(四) 创新支部活动,坚定党员理想信念

支部要牢固树立党的一切工作到支部的鲜明导向,把党的路线方针政策和决策部署落实到支部、把从严教育管理监督党员落实到支部、把思想政治工作和群众工作落实到支部,保证教学科研管理各项任务完成。在坚持组织生活对党员的教育主题不变的前提下,支部在组织活动时,力求形式灵活多样、富有实效,探索立体化、互动式、信息化的工作平台。支部对"三会一课"中的"党课"形式进行了积极探索,创新推出"一支部一品牌"活动;此外,支部还对"主题党日活动"进行了改革创新,推出学科特色——校企党支部共建系列活动。

1. "一支部一品牌"活动

支部要在党建工作中牢固树立一个理念,用有力的党的建设引领支部文化,使这一理念成为党建工作的灵魂和指导思想,要充分发挥党支部和广大党员在提升支部软实力中的凝聚推动作用。支部树立品牌的目的是对内增强凝聚力,发挥党组织的号召、示范和导向作用,用共同的文化吸引人;对外提高美誉度,发挥党建培育支部文化的良好氛围,不断提高核心竞争力,最大化彰显品牌核心价值,提高外部影响力。材料学院特殊钢精炼党支部通过开展"一支部一品牌"的活动让党课"新"起来,在每一次组织生活会结束之前,都以学习《习近平总书记用典——平"语"近人》的方式,提升支部的文化自信,通过支部全体党员共同阅读、一同解析,深刻领会习总书记诗词内涵的方式深化理论学习。

2. 学科特色——校企党支部共建活动

为深入贯彻落实习近平总书记重要讲话精神,深入推进"四史"学习教育,2020年7月6日,材料学院省部共建高品质特殊钢冶金与制备国家重点实验室特殊钢精炼党支部赴中冶赛迪上海工程技术有限公司进行交流学习,并与中冶赛迪上海工程技术有限公司第一党支部结对共建。双方围绕着党支部制度建设、功能定位、特色主题党日、"四史"学习等方面的计划和取得的成绩进行了深入的交流和探讨,双方支部书记表

示,一定要学习好对方的优势、强化交流、取长补短、相互学习、相互提升、共同提升党支部的功能定位,有效激发和发挥党员的模范先锋作用。支部共建活动为校企联动找到了一个有利的契机,有利于加深校企的互信,加强校企的合作。

3. 多样化主题活动

该支部的支委班子充分发挥组织作用,主题活动开展前进行深入调研。主题活动根据时事政治、上海大学的发展需求、上海大学的红色基因并结合自身专业特点进行设计。2019 年 9 月,全体党员集体学习《习近平关于"不忘初心、牢记使命"重要论述选编》;2019 年 10 月开展"高水平大学建设——不忘初心追卓越、牢记使命创一流"主题党日;2019 年 11 月开展"强化理想信念——参观上海大学溯园"、钱伟长纪念展以及"志愿服务——中学生走进上大,党员在行动";2019 年 12 月开展"不忘初心、牢记使命"专题组织生活会;2020 年 10 月开展"博学四史,励志创新,赓续红色基因,不忘初心使命"团建活动。

此外,支部还以新媒体为载体和平台,不断丰富学习内容,创新学习形式。通过在院、系微信公众号中设置党建专区、建设党支部微信群组等方式,将党员日常学习材料、微视频等学习内容及时推送到党员个体,支部的工作由线下为主转变为线下线上相结合,力求实现微支部上促两学、朋友圈里立先锋、微党课上树信仰、微论坛上见真知。

三、 经验启示

当前,推进伟大斗争、伟大工程、伟大事业、伟大梦想,必须要把党支部建设放在更加突出的位置。总书记也多次指出要"让支部在基层工作中'唱主角',成为团结群众的核心、教育党员的学校、攻坚克难的堡垒"。因此,各级党组织必须牢固"一切工作到支部"导向,着力提升组织力,强化政治功能,全面提高党支部建设质量,从而有效激活党的肌体"神经末梢"和"毛细血管",真正让党支部在基层工作中"唱主角"。对于如何唱好"主角",我们基于上述案例经验给出以下四点建议:

(一)党支部要把党建工作与青年教师和学生党员成长成才相结合,筑牢学生理想信念根基,落实立德树人根本任务,较好地发挥党组织和党员先进性作用,做好高校基层党建工作,培养和造就一批政治素质好、学术水平高的复合型创新人才队伍。

（二）党支部要将党建工作融入中心工作，找对工作的着力点，使党建工作的内容更切实际、形式更加多样，针对性和实效性显著增强，因为这不仅可以扎实有效地推进中心工作，还可以进一步激发党建工作的活力。此外在具体工作中，支部务必要做到中心环节要抓准，关键环节要抓紧，保证教学科研管理各项任务的完成。

（三）党支部要重视开展党员活动。在繁忙的教学、科研工作中，党支部应该时刻把党员的思想政治教育工作放在首位，加强思想政治引领，支部党员大会要结合实验室的实际工作或学校及院里的实际工作开展讨论学习，进行党员的思想教育，保证做到学习内容不空洞，不乏味。

（四）党支部要充分发挥党支部书记在抓基层党建工作中的关键作用。该党支部能够取得优异的成绩跟党支部书记本人的激情密不可分，更难能可贵的是，该党支部书记年龄在 35 岁左右，是非常有潜力的一位支部书记。在对其他多位支部书记的访谈中，我们也发现，党支部书记是"唱主角"的重要"领唱"，起到决定性作用。加强高校党支部书记队伍建设，是发挥党支部战斗堡垒作用的关键所在，是提高党建科学化水平的首要任务。党支部书记作为所在党支部的领头人，其自身素养、工作能力都对支部建设起着重要作用。支部只有不断加强高校党支部书记队伍建设，在选拔、培育、指导、激励、关怀等各个环节不断总结反思，才能建立一支政治素质过硬、工作业绩优秀、作风形象优良的党支部书记队伍，为高校事业的发展提供不竭的动力和保障。

（上海大学课题组　王　宁　熊励　李树刚　王　灿）

建强战斗堡垒　唱响立德树人主旋律

　　党的十九大对党的建设提出了新任务和新要求，为全面加强基层党组织建设指明了方向、提供了遵循。习近平总书记强调，要把立德树人的成效作为检验学校一切工作的根本标准，把立德树人内化到大学建设和管理各领域、各方面、各环节，做到以树人为核心，以立德为根本。高校基层党组织作为党在高校全部工作和战斗力的基础，关系学科建设、人才培养、师资队伍、科学研究、社会服务等各项事业发展。

　　党的基层组织是确保党的路线方针政策和决策部署贯彻落实的基础。党支部是党组织中的基本单元，在高校党组织结构中处于"终端"位置，是联系师生、服务师生的桥梁和纽带，是保证党的方针、政策、路线、任务落地生根的具体执行者。只有抓好党支部的建设，才能充分发挥党在学校的政治优势，基层党建的各项任务才能落到实处。

　　本课题以上海开放大学公共管理学院党总支为研究对象，经过半年多的调研、访谈及梳理、总结，探索党支部在基层工作中"唱主角"实践，发挥党支部在基层工作中的战斗堡垒作用。

一、 党支部在基层工作中"唱主角"的内涵及架构

（一）基层工作范畴

　　上海开放大学的基层工作可以概括为：立德树人是根本任务、教学提升是立身之基、服务一切学习者是发展之源。

　　基层工作应以党建为引领，领导基层治理，团结凝聚师生；以立德树人为根本任务，推动改革发展，努力提升教学水平和质量，为开放教育学习者提供学习服务支持。

（二）党支部"唱主角"的内涵

党支部"唱主角"，一要树立"主责意识"，练就过硬"唱功"，落实党建主责，注重党的组织体系建设，培育以支部书记为代表的优秀党建工作者"领唱"，将全面从严治党落到实处，规范"三会一课"，提升党支部组织力，不断增强党的政治引导力、思想引领力、群众组织力；二要树立"内涵意识"，把握引领事业发展的主基调，唱响立德树人的主旋律，找准教师党支部和学工党支部发挥作用的切入点和着力点，引领教师做好立德树人、教育教学、招生推广等工作，凝聚学生积极主动学习、关心学生成长、解决学生困难；三要树立"战线意识"，构建师生党支部协同战线，教师党支部间相互促进，与学工党支部间相互配合，搭建工作机制和政策保障舞台，形成多点协同宣传贯彻党的主张的"联唱"局面。

（三）党支部"唱主角"的架构

党支部"唱主角"应构建点线协同的架构。在点上研究加强支部内部建设，培育优秀党支部书记，规范党支部各项工作，形成推进基层工作的战斗堡垒；在线上研究形成教师党支部和学工党支部间协同的组织力，构建引领立德树人、推动改革发展的纵深战线。

二、 上海开放大学公共管理学院党支部的实践

本课题研究基于公共管理学院党总支各党支部的建设发展，重点研究实践如何选优配强党支部书记，培育有强大号召力的"领唱者"，发挥领头雁作用；规范党支部"三会一课"和党内政治生活，深入开展全面从严治党，形成引领基层群众的过硬"唱功"，把支部建设成推进基层工作的桥头堡。

（一）构筑战斗堡垒，培育优秀领唱，练就过硬唱功

1. 选优配强党支部书记，培育有强大号召力的"领唱者"

（1）严格程序、顺利换届。根据学校党委的部署，2019年底，总支严格按照选举的各项程序进行换届工作，特别注意做好教师党支部书记"双带头人"培育工作，把政治

素养好、专业能力强的年轻人、专业带头人选到支部书记岗位上,按期顺利完成支部和总支换届选举的工作。

(2)明确责任、强化落实。强化支部书记第一责任人的作用,督促支部对党员进行有质量的学习教育,确保各支部开展主题教育、"四史"学习教育、组织生活、主题党日活动的组织领导工作坚强有力。主题教育工作中,各支部都制定了详细的工作计划,细化到每周的学习任务、教育方案、调查研究方案、志愿者活动方案等,以表格化、清单化的方式明确任务书、时间表和路线图,对表推进,保证了工作的质量和成效。新冠肺炎疫情期间,各支部能够迅速响应号召,落实防疫规定,收集学院师生抗疫事迹,做好宣传教育工作。在"四史"学习教育活动中,各支部都能够做到规定动作认真完成,自选动作各有特色,学习教育活动有序推进。

(3)悉心指导、解决问题。总支层面每月举行一次党总支和支部书记会议,了解情况,部署工作,督促检查,解决问题,认真谋划,悉心指导各支部开展"不忘初心、牢记使命"主题教育活动;部署并落实抗疫各项工作,通过主题教育、"四史"学习教育和主题党日活动引导党员进一步坚定理想信念,不忘入党初心。支部层面针对个别系出现的劳务费违规发放问题,能够及时召开组织生活会,通过学习《新时代上海高校教师十项行为准则》,深入剖析问题、解决问题。

2. 规范支部建设,练就发挥政治引导力、思想引领力、群众组织力的过硬"唱功"

(1)深入学习,把党员教育融入日常。总支、支部两级层面根据校党委部署,开展了主题教育、抗击新冠肺炎疫情先进事迹学习教育、"四史"学习教育等学习教育活动。党员轮训、组织生活、主题党日活动等都有序开展。每个月最后一个周五下午,是教职工集中的政治理论学习时间,对落实保障各类学习提供了基础。

(2)悉心指导,各支部积极开展主题教育和主题党日。总支层面认真谋划、悉心指导各支部开展"不忘初心、牢记使命"主题教育活动和"四史"学习教育,3个支部的集中学习教育活动均能保质保量完成。通过主题教育和主题党日活动引导党员进一步坚定理想信念,不忘入党初心。

(3)加强管理,教育引导党员自觉履行义务。总支对党员参加组织生活的考勤和请假做了进一步规范,各支部严格遵照执行。各支部党员按时交纳党费。

3. 全面从严治党,通过党风廉政建设和党内监督建立硬气的"桥头堡"

(1)严明党的政治纪律和政治规矩。以习近平新时代中国特色社会主义思想为指导,深入学习贯彻党的十九大精神,增强"四个意识",坚定"四个自信",坚决维护党中央权威和机制领导,认真贯彻落实上级的决策部署。

(2) 贯彻执行中央八项规定精神和实施细则。认真贯彻执行中央八项规定精神和实施细则,认真学习并坚决执行《上海开放大学落实推进二级单位党风廉政建设责任制的实施细则》,认真做好上海开放大学党风廉政建设责任制纪实工作手册的记录工作。

(3) 加强对权力运行的制约和监督。严格执行各项财经纪律和制度,认真做好总支范围内重点领域和关键环节的监管工作。各支部纪检监察员,认真按照校纪委工作要求完成监察任务。认真开展党风廉政建设责任制纪实工作。

(二) 凝练工作内涵,动员师生力量,唱响立德树人主旋律

本课题通过公共管理学院党总支的实践,重点研究教师和学工党支部发挥作用的切入点和着力点,即如何引领教师做好立德树人、教育教学、招生推广工作,如何引导学生积极主动学习、关心学生成长、解决学生困难,如何推进专业建设和提升教学水平,如何做好开大特色的管理型教师。

1. "三圈"结合,发挥基层党组织对学生思想政治工作的主导作用

(1)"内圈"聚焦第一课堂育人主渠道,狠抓思想政治理论教育教学改革,推动习近平新时代中国特色社会主义思想入脑入心。我们狠抓教师队伍建设,不断加强师德师风建设,加强教师育德意识、育德能力的培养。如在学期初召开了开放大学全系统思政师资培训会,面向全系统思政课程教师,共计二百余人次;展开网上网下教学一体化培训,邀请超星技术服务人员进行现场辅导。学院成立了思政课程建设小组,以党建为引领、选优配强思政教师,明确了课程的教学要求、资源的建设途径、系统的师资培训等具体工作任务。保证了思政课程的教学在开大系统全面实施,开启了学校思政教学新局面。

(2)"中圈"聚焦素质教育第二课堂、网络育人第三课堂,实现三大课堂联动育人。精心组织学生参加"筑梦开大献礼祖国"系统学生红歌会,积极排练、精诚合作,最终开大总校学院联合队获得了一等奖的好成绩;还组织学生参加"不忘初心,牢记使命"上海开放大学庆祝新中国成立70周年知识竞赛,六名同学斩获一等奖、二等奖和优胜奖。在课程资源建设方面,学院进一步强化"内容供给",充分利用超星、国家开放大学

学习平台等资源,打造了覆盖上海开放大学全系统的网络思政教育资源生态圈。

(3)"外圈"聚焦整合社会资源、提升教师育人能力。为贯彻落实全国高校思想政治工作会议精神,大力推进课程思政改革和创新,切实提高我校教师全方位育人水平,总支在宪法宣传周邀请郝铁川教授为全系统思政教师做"关于一国两制与香港基本法形势政策报告会",邀请复旦大学、同济大学名师开设学科科研讲座,进一步拓展教师科研视野,提升教师教书育人能力。

2. 聚焦师德师风,引领开展教职工思想政治工作

(1)加强师德师风建设。总支层面定时召开了教职工全院大会,强化教师纪律约束的教育和宣传;支部层面也通过支部生活、学习交流等形式开展师德师风的研讨和教育。

(2)落实教职工政治理论学习制度。总支认真贯彻校党委关于教职工政治学习的规定,研究制定贯彻落实的举措。根据党总支的决定,教职工政治学习的内容由支部书记负责安排,以政治理论为主,规定的学习内容为先,可以结合专业特点,要求把学习时间用好、用足、用实,同时也明确学习的组织工作由系主任负责协调。学院坚持每月一次教职工政治学习。

(3)有针对性地开展教职工思想政治工作。针对少数教职工违规发放劳务费、按时退回但有思想包袱的情况,我们逐一找相关教师个别谈话和教育,解决思想问题。

(4)教育引导广大教师争做"四有"好老师。学院教师干事创业的精气神饱满。2019年,有28人次获得各类奖项,其中张弛等3位青年教师获学校"青教赛"一等奖,陈翠华等5位老师被评为"心目中的好老师",沈文莉等十多位教师在开大在线课程资源、全国高教组微课大赛、各类学生创新及实践项目指导、北京优秀学位论文指导等评比中获奖,王晓楠被国家开放大学评为"青年学术新秀"。

3. 服务主责主业,教工党支部促进专业优化改造

(1)安管系、家政系支部推进城市公共安全管理专业建设提升。城市公共安全管理专业是上海开放大学2012年开设的首个本科专业。根据上海超大型城市发展需要和提高城市治理现代化水平的需要,针对超大城市各类公共安全事件层出不穷的突出问题,该专业此次改造,对专业人才培养方案进一步进行优化,增设了"城市管理""社区管理""大客流风险管理"三个模块。专业优化以解决公共安全管理实际问题为导向设置教学内容,以提升基层安全管理队伍实践能力为核心开展教学工作,以便利学生

"时时能学、处处可学"为宗旨提供学习支持服务,深入贯彻"人民城市人民建,人民城市为人民"重要理念的深刻内涵和重大意义。

(2)法律与行政系党支部引领新专业建设。行政管理、社会工作两个新专业的建设及评估工作量巨大。在专业建设及专业评估中,党员教师充分发挥先锋模范作用,保质保量完成了各项工作任务。党员教师始终将师德修养和敬业精神放在第一位,深入贯彻学校"为了一切学习者,一切为了学习者"的办学宗旨,不但能够耐心细致地完成常规教学工作,还利用休息时间不辞辛劳地为学生提供多种在线学习支持服务。同时顺应上海的发展,努力探索创新人才培养模式,积极拓展合作办学。

(三)构建广泛战线,搭建发展舞台,点线协同联唱

本课题通过公共管理学院党总支的实践,从优化党支部设置、建立支部工作交流机制和资金、政策保障机制等方面研究如何搭建"舞台",使教师党支部之间相互促进,与学工党支部之间相互配合,搭建工作机制和政策保障,形成多点协同宣传贯彻党的主张的"轮唱""联唱"局面,提升学院治理水平。

1. 构建党建引领制度"舞台",提升基层现代化治理水平

(1)加强领导班子和工作制度建设,确保基层党组织引领质量。学院党总支制定了《公共管理学院党建工作主体责任清单、任务清单和制度清单》,坚持把政治建设放在首位,进一步明确工作职责。制定了《公共管理学院领导班子联系党支部制度》,着力加强学院领导班子建设;逐步完善党组织会议、党政联席会议和党群工作例会等制度,力争健全党组织的日常运行机制。同时,坚决落实好党支部书记集中轮训工作,积极搭建党务工作交流平台。2019年,学院参加各类支部书记及支委培训7人次。

(2)探索党群工作联动运作机制,以党建引领、促进群建。学院党总支坚持党群工作例会制度,在各党支部的带领下,工会组织围绕学院中心工作,积极开展各种有益活动,在保障教职工权益、参与民主决策和民主管理,营造和谐氛围、调动教职工积极性、增强学院凝聚力等方面发挥了不可或缺的作用。以参政议政为窗口,积极推进民主管理,激发员工责任感。以维护权益为中心,热心服务办实事,增加职工获得感。以组织活动为抓手,主动奉献创和谐,增强教师归属感。以推优工作为助力,立足岗位树标杆,提升教工荣誉感。

2. 确保师生健康安全,学工办支部引领推进疫情防控工作

(1) 构建高效沟通桥梁。新冠肺炎疫情期间,学工办支部牵头建立了学院与学生之间的沟通桥梁,将信息传达到位。迅速建立防疫工作群,指导辅导员建立班级联络群,保证能及时联系到 800 多名在籍学生。通过学院公众号发布疫情防控知识和相关工作通知,传递学院动态,并通过辅导员对学生参与防疫工作的情况进行排摸,报道学生在防疫第一线的事迹,让学院、学校、上海开大系统全体师生了解学生的优秀事迹。如《社区卫士——李芳》《元宵佳节战疫情》等。组建了疫区(湖北地区)同学微信群。疫情爆发期间,学院有 7 位同学滞留在湖北地区,学工办支部特别建立了湖北同学交流群,将学院的关心传递给同学,并对同学进行心理疏导。

(2) 建立每日申报制度。汇报学生所在区域及健康状况。首先向学生告知学校的政策,要求学生向辅导员汇报每日情况,再由辅导员报学院办公室统一汇总向学校申报。与教工党支部一起开展教职工健康信息、入校信息日日报。组织开展"平安问候"的活动,学院教职员工每日在工作群签到报平安。

(3) 配备防疫物品做好健康防护。学工办支部花了近 1 个月时间,通过线上线下各种资源先后为学院购买口罩、酒精消毒湿纸巾、酒精消毒片、免洗洗手液、医用 PVC 检查手套等防疫物品,调配发放给学院的每一位教职员工和辅导员,为复工复学做好健康防护准备。

(4) 有序推进常规工作。根据开大学历教育部安排的工作,通过微信公众号、微信群、QQ 群、邮件、电话等多种方式通知及指导辅导员按步骤、按流程、按时间节点完成。

3. 聚焦实践育人,教工党支部以党建引领校外实践基地建设

积极融入城市基层党建工作格局。深化单位党建与区域党建互联互补互动机制,积极推动学院党组织更加主动融入区域化党建格局。学院 19 位老师进入五角场街道社区党校师资库,提供了 51 门党课目录。法政系支部深入开展社区共建、服务基层群众活动,继续与杨浦区殷行街道市光一村第一居民区党总支建立结对共建关系,形成了党建特色项目,获得校党委表彰。发动全院教职员工参加对方"睦邻慈善超市社区义活动",学院共有 32 人捐献全新物品 103 件,为营造"进博会"的良好社会氛围贡献了力量。

三、 党支部在基层工作中"唱主角"的思考

两个教师党支部在基层工作中"唱主角",要发挥政治把关作用,教育和引导开放教育教师在线上、线下的课堂教学活动、论坛讲座等活动中充分发挥政治引领作用,坚持正确的政治立场、政治方向、政治原则,持续推进师德师风和工作作风建设,关心了解教师们的思想政治状况,及时回应教师的重大关切,防止各类错误思想和文化侵蚀,着力引导广大教师言传身教,努力成为"四有好老师",当好"四个引路人",使教师党支部成为教育党员的学校、团结群众的核心、攻坚克难的堡垒,"唱好主角"。

学工办党支部在基层工作中"唱主角",把握开放教育学生的特点和学习规律,创新工作方式,鼓励多专业联合、同师生结合、跨年级整合等方法开展各类党建活动。在基层工作中,密切关注开放教育学生的学习动态、思想状况,做好对班级辅导员工作的支持服务,及时回应和反馈学生的重大关切、切实践行"一切为了学习者、为了一切学习者"的开放大学办学宗旨。

本课题的研究注重"点线结合、架构和内涵并重",不仅从单个党支部的角度研究如何加强支部内部建设,发挥支部战斗堡垒作用,成为基层工作的主角;还进一步从公共管理学院总支引导三个支部协同的角度,研究如何发挥基层党组织作用,构筑推动改革发展战线,弘扬立德树人"主旋律"。

（上海开放大学课题组　冯佩蓉　屈晓宜　刘　翔　张　晨）

附录篇

中共中央政治局召开会议在审议《关于加强基层治理体系和治理能力现代化建设的意见》时强调，要加强党对基层治理的领导，将基层党组织的政治优势、组织优势转化为治理效能。要加强基层政权治理能力建设，健全党组织领导的自治、法治、德治相结合的基层治理体系。

全国部分村、社区、国企中的党支部坚持在基层工作中练好唱功唱好主角

党支部如何在基层工作中"唱主角"？按照《中国共产党支部工作条例（试行）》明确规定的党支部基本任务和不同类型党支部的重点任务，各级党组织在贯彻落实中紧密结合实际，在实践中积极探索党支部如何在基层工作中唱好主角。根据《人民日报》等有关媒体的报道，上海市教卫党委系统党建研究会秘书处对全国部分村、社区和国企中的党支部在基层工作中唱主角，特别在练好唱功、唱好主角、唱响主旋律方面的有效做法和相关研究成果进行整理，以便更好地推进基层党组织建设，不断夯实党长期执政的组织基础。

一、 支部要有组织力必须练好"唱功"

以 18 枚"红手印"拉开中国农村改革大幕的安徽省凤阳县小岗村，曾经是"泥巴门，泥巴床，泥巴囤里没有粮"的贫穷村，如今发展成了美丽的新农村。据村党委第一书记李锦柱介绍，2020 年 4 月小岗村成立了党性教育馆，村党委专门组织"两委"班子与"大包干"带头人等 20 余名党员干部开展"大讨论"，回顾历史，聚焦发展。每个人都要回答好一个问题：小岗要振兴、我该怎么办？党委广泛征求大家的意见建议，并在此基础上制定小岗村乡村振兴方案。福建仙游县鲤城街道木兰社区党支部定期开展主题党日活动，找到了教育管理党员的有效办法。每月 15 日，社区党员都自觉坚持来参加主题党日活动。在一个个主题党日活动记录本里记录着中央和省里政策怎样落地、民生疾瘩怎么解开等问题的重要答案。依托主题党日活动，木兰社区汇聚起强劲的发展动能，这一做法在木兰社区已坚持了 28 年，成为社区党员政治生活的"生物钟"。福建龙岩市新罗区西安社区党委书记章联生在"学习强国"手机客户端福建学习平台开

设的网络直播党课栏目《"章"口就来》广受关注。"困难困难,困在家里就难;出路出路,走出去就有路……"每期 15 分钟,用顺口溜、歇后语、山歌民谣等群众语言,宣传红色文化、解读大政方针、交流工作方法。他风趣幽默的语言风格和善讲顺口溜的特长优势,在基层党员、干部中广受欢迎。安徽肥西县紫蓬山旅游开发区李陵村曾被定为软弱涣散党组织,原来的支部班子不齐,组织生活也不规范。据程国山书记介绍,党支部找准了支部存在的薄弱环节,抓实"三会一课",激发支部精气神。现在,他们每周都组织学习,既学党的理论,也学农技知识,而且从支部抓起,先学深学透,再结合党员群众需求,办各类讲座。打开"李陵村智慧党建"的微信小程序,只要简单注册,就能在线学习党务知识、参加考试,解决了流动党员的学习难问题。

农村如此,高校医院国企也不例外。全国经济综合竞争力研究中心福建师范大学分中心党支部,是一个建在科研团队上的党支部。据支部书记黄茂兴教授介绍,支部的"三会一课"坚持得十分自觉,有效带动了学风"升级"。为了开展好"不忘初心、牢记使命"第二批主题教育,当时支部召开了组织生活会,大家结合实际展开讨论,决定赴福建龙岩进行主题党日活动,重温历史。大家还决定把如何切实完成中央苏区、革命老区脱贫奔小康的路径设计和机制建设作为支部调研的重点课题,提升了党员干部守初心、担使命的自觉性。内蒙古锡林郭勒盟中心医院内分泌科宣教室,"每日一讲"健康知识课堂准点开课。把课堂办到病房的刘淑君,是内分泌科护士长,也是护理系统第一党支部书记。为了更好发挥支部作用,她将主题党日活动与业务培训相结合,将健康课堂办到了社区卫生院。在福州新店外环东段项目登云隧道施工现场,工地上远远就能望见一面党旗飘扬在隧道口上方。市城乡建设发展有限公司新店外环东段项目联合党支部把"支部建在项目上",设立"党员先锋岗",在项目关键岗位、重难点工点创建"青年突击队",充分发挥党员先锋模范作用。支部里 19 名党员个个是突击能手,项目开工 4 个月,就顺利进洞施工……项目能保质保量顺利推进,离不开支部强劲的组织力。

二、 唱好主角必须带领党员群众"合唱""齐唱"

福建龙岩市新罗区小池镇培斜村,地处山区、交通不便,曾是贫困村,如今是远近闻名的"福建第一淘宝村",涌动着蓬勃的发展活力。据村支书华锦介绍,正是网络把村民和外面的世界联结在一起。近几年来,培斜村主动顺应潮流,结合产业特点大力发展竹器加工、茶业种植、乡村旅游等。2018年,全村社会总产值近3.2亿元,已变身"造血型"示范村。龙岩市委常委、组织部长魏东对此评价说"培斜有出路,关键在支部。"。内蒙古和林格尔县台格斗村的云鹏书记在到任后规划村庄布局,协调企业入驻,带动农户搞起农家乐,很快将支部一班人拧成一股绳,把党员群众紧紧聚合在一起。福建莆田市城厢区华亭镇涧口中心村通过探索成立中心村党委,在相邻的几个村确定一个强村,以强村为中心成立党委,实行统一办公、统一协调、统一决策等制度,不仅在经济方面发挥了以强带弱的作用,而且在培养农村基层干部方面,起到"传帮带"的作用。安徽合肥市包河区太湖新村社区,绿树成荫、环境整洁。小区党支部自发成立"邻里守望志愿服务队",服务和联系群众。社区党建引领群众自治,人人都参与到小区的治理中,共建共享和美家园。内蒙古锡林郭勒盟锡林浩特市爱民社区卫生服务站里,整齐摆放着覆盖全社区居民的健康档案,小病不出社区已成现实。办事服务大厅7个服务窗口都有工作人员正在高效地为居民办理社保等事项。在这个有着1万多人的社区里,社区党委直管党员有上百名。随着技术的发展,各支部在社区服务中,也融进了更多的"互联网+"元素。打开爱民社区微信公众号,除了"书记信箱"里的留言,还有党建之窗、二手信息、房屋租赁等栏目,其实就是一个微缩版的掌上党群服务中心。

国有企业中的党支部如何在基层工作中唱主角?据有关研究成果提出,对国有企业的基层党支部来说,按照《条例》的要求,除了保证监督党和国家方针政策的贯彻执行,围绕企业生产经营开展工作,按规定参与企业重大问题的决策外,应重点在服务改革发展、凝聚职工群众、建设企业文化、创造一流业绩上下功夫。支部建在生产经营、为民服务的一线上,服务改革发展。党在国企一线有了组织载体,基层工作特别是为民服务成了有组织的行动。国有企业中的党员服务队、党员先锋岗等以组织形态出现的先进典型成了支部严肃组织生活的实践载体,教育党员、管理党员、监督党员的成效可以在业务工作和为民服务中检验,真正做到"以企业改革发展成果检验党组织的工作和战斗力",从而使支部建设与业务工作互促共进。党支部应鼓励党员亮出身份,在创先争优中锻炼党性、凝聚职工群众。企业中的党员服务队、党员先锋岗等都以"第一身份"命名,为民服务工作亮出身份,同时也会给普通党员深刻的启示,就是要始终心中有党、心中有责,并在日常工作中把先进性体现出来。国有企业的基层党支部,要通过组织、宣传、凝聚身边的职工群众,整合各方力量,立足本职岗位,以组织行为开展为民服务工作。建设先进企业文化,创一流业绩。国有企业基层党支部理应成为创先争优、培育先进、培养干部的沃土,形成以党建文化带动企业文化的良好氛围。

不同类型的党支部在基层工作中要唱好主角,必须明确重点任务,使党支部工作有清晰的落脚点,在组织群众、宣传群众、凝聚群众、服务群众中用心用情用力,充分发挥党员的示范引领作用,带领群众一起唱响主旋律,真正把党支部建设成为在基层组织中的坚强战斗堡垒。

(王雅婷)

华东师范大学经济与管理学部党委引领支部在基层工作中"唱主角"

要让高校教师党支部在基层工作中发挥"唱主角"作用应从两个方面"双轮驱动"：一方面需要党支部自身树立主角意识、苦练"唱功"，另一方面还需要上级党组织尤其是院系党委为党支部"唱主角"搭建平台、提供保障。华东师范大学经济与管理学部党委（以下简称"学部党委"）通过搭"舞台"、育"领唱"、强"唱功"等重点举措，让教师党支部在基层工作中"唱主角"，着力把教师党支部书记队伍建设成为党建和业务双融合、双促进的中坚骨干力量，把教师党支部建设成为促进新时代高校事业发展的坚强战斗堡垒。

一、搭"舞台"，围绕"五个到位"发挥学部党委引领支持作用

（一）牢固树立一切工作到支部的鲜明导向

2018 年，中共中央印发的《中国共产党支部工作条例（试行）》提出了高校党支部的重点任务，为全面加强教师党支部建设提供了基本遵循，为教师党支部"唱好主角"提供了制度依据。

学部党委认真学习并遵照执行《条例》要求，牢固树立党的一切工作到支部的鲜明导向；把党支部建设作为最重要的基本建设，明确教师党支部在基层工作中"唱主角"的功能定位；学部党委会议每年至少专题研究一次教师党支部建设工作；学部党委书记及党委委员定点联系教师党支部，落实"双重组织生活"制度，经常性参与并指导支部建设；定期召开教工党支部书记例会，及时传达党的路线方针政策和决策部署。

（二）提供资源条件保障推动教师党支部建设

1. 加大资源投入，解决创建难点。下拨党建工作经费，支持教师党支部创新探索。学部党委依托理科大楼等办公空间，为教师党支部提供充裕的办公场地和会议场所，保障研讨、讲座、论坛等活动顺利开展。发挥专职组织员作用，对教师党支部进行党务工作指导服务，帮助教师党支部完善工作目标、任务、措施。搭建教师党支部之间的校内外交流合作平台，举办教师党支部建设学习交流会，作为共同发起单位，与13家兄弟高校经管学院、金融机构共同打造全国高校院系党组织间的交流平台。积极牵线搭桥，鼓励引领教师党支部发挥专业优势，融入区域化党建格局，在联建共建中提升党建工作水平，服务地方经济社会发展。

2. 加强条件保障，培育工作品牌。选优配强教师党支部书记及支委班子，以老带新、形成梯队；设立党建研究课题，调动党建专家力量，支持支部不断提炼理论成果和实践经验；激励先进典型，对工作实绩突出的先进党支部、优秀党员及党务工作者进行表彰奖励；保障教师党支部书记及支委享受工作量核算、津贴补贴待遇，并在人才选育晋升、绩效评定激励方面，将教师党支部的工作经历作为重要参考条件；注重以点带面，依托校内外宣传平台，利用多种交流展示方式，及时将教师党支部建设的优秀经验辐射推广。

二、育"领唱"，注重"双带头人"培育和综合能力提升

1. 成立"书记工作室"，建设"主角阵地"。经济与管理学部党委于2018年12月成立4个以党支部书记名字命名的"双带头人"教师党支部书记工作室，为"双带头人"引领带动教师党员投身学科建设、教学科研、社会服务等基层工作，推动教师党支部发挥"唱主角"作用提供有力支撑。学部党委制定"双带头人"教师党支部书记工作室建设要求并启动工作室建设项目申报工作，培育有成效、有特色的党建工作品牌。以开展学校"党建工作创新创优"重点项目为契机，通过组织领导、"双带头人"培育、激励保障等举措，探索"双带头人"教师党支部书记工作室建设的长效机制。

2. 多措并举，构建和完善"双带头人"教师党支部书记培育机制。实现教师党支部书记"双带头人"全覆盖。加强"双带头人"教育培训，保障"双带头人"参加学校党支

部书记轮训及学部党委理论中心组学习,推荐"双带头人"参加上海市高校教师党支部书记"双带头人"培训示范班学习,鼓励"双带头人"开展课程思政,其中2位在学校课程思政教学设计研讨与征集活动中获奖。落实"双带头人"政治、经济、个人发展等方面的激励保障,邀请教师党支部书记列席院系党委会扩大会议、党委理论中心组学习,保障其参与学院重要事项讨论决策,在人才引进、教育教学、科研管理等重大事项中发挥政治把关作用;将支部书记工作经历作为学校选拔任用、专业技术职务(职称)评定的重要参考;保障书记及支委享受津贴补贴待遇,将工作量计入课时费按月发放。开展理论研究和实践探索,学部党委与"双带头人"共同开展《构建和完善教师党支部书记"双带头人"培育机制研究》,该项目获2019年学校党建研究成果一等奖。

3. 选优配强教师党支部班子,搭建党支部书记及支委双向提升平台。选优配强教师党支部班子,把热爱党务工作、教学科研能力突出的青年骨干教师党员选配为党支部委员,加强支委对教师党支部书记的支撑作用。加强支委及后备力量教育培训,激发支部班子活力。支持教师党支部书记及支委班子全面发展,在职称评定、职务晋升、评优评先等方面优先考虑"双带头人";支持鼓励"双带头人"担任对应的行政或学术职务,畅通发展通道。推荐教师党支部书记及支委赴校内外挂职锻炼;支持教师党支部书记参与学院对外合作共建事宜;支持教师党员指导学生科创并在"挑战杯"、案例大赛等国家级、省部级比赛中获得佳绩;支持教师党支部书记参加上海市高校青年教师教学竞赛。

三、 强"唱功",以提升组织力为重点加强教师党支部建设

(一) 苦练内功,加强教师党支部标准化、规范化建设

1. 优化教师党支部设置。按期完成换届,按照学部内的教学科研单位设置党支部;探索依托交叉学科平台、中外合作办学机构等创新党支部设置,设立师生联合党支部;在教师党员超过30人的教师党支部设置党小组,推动教师党支部和党的工作全面覆盖。

2. 指导教师党支部规范开展组织生活。每学期初下发组织生活安排要点,指导教师党支部制定工作计划及供学校层面观摩交流的主题党日和组织生活设计方案,做

到党支部活动年度有计划、季度有安排、每月有主题;学部党委书记、委员深入教师党支部,指导督促开展形式多样、内容丰富的组织生活;建立主题党日和组织生活观摩交流常态化机制,组织开展支部间、院系间党建经验交流;编制教师党支部工作手册,指导党支部规范开展"三会一课",规范填写党支部工作记录本等。

3. 落实落细年度党支部书记抓党建述职评议制度。每年年底开展教师党支部书记抓党建工作述职评议考核,以"七个有力"为党支部考核评价标准,突出党建和业务工作双促进、共发展,对教师党支部书记工作及支部建设情况进行严格考核评议,将党支部建设落到实处。强化考核结果运用,将考核结果作为评先评优、干部选拔的重要依据。对评议结果好的教师党支部书记进行表彰激励,对评议结果差的进行约谈教育。

(二) 引领合唱,团结凝聚师生党员群众做好基层工作

1. 发挥样板支部的示范带动作用。学部统计学院教工党支部入选第二批"全国党建工作样板支部"培育创建单位,获评学校"示范党支部"。学部党委通过开展经验交流、案例展示等方式,发挥学部样板支部"样板田""示范区"的辐射带动效应,对标全国党建工作样板支部要求,加强教师党支部建设,全面提升教师党支部的组织力。

2. 发挥"双带头人"的头雁效应及党员先锋模范作用。学部党委教育引导"双带头人"及教师党员主动亮明身份,在日常教学科研学习生活中立先进标尺、树先锋形象,服务学部改革发展大局。重视在学术骨干、学科带头人、拔尖领军人才和优秀留学归国人员中发展党员,学部党委书记、委员、教师党支部书记定期与他们谈心谈话、沟通交流,先后发展2名青年骨干教师成为中共预备党员,另有1名青年骨干教师成为入党积极分子。团结凝聚教学科研能力突出的党员群众积极投身学科建设、教学科研工作,真正做到党建与业务的同向发力、双向提升,真正让教师党支部在高校基层工作中"唱主角"。

(张艳虹　王　莹)

上海海事大学管理科学系教工党支部坚持围绕中心工作唱好主角

上海海事大学管理科学系教工党支部深入贯彻落实习近平新时代中国特色社会主义思想和党的十九大精神,深刻学习领会全国教育大会、全国高校思想政治工作会议、学校思想政治理论课教师座谈会精神,深入开展"不忘初心、牢记使命"主题教育,按照新时代党的建设总要求,以政治建设为统领,以质量攻坚为动力,以提升组织力为重点,全面提高了党支部建设质量,充分发挥党支部战斗堡垒作用。2019年6月和12月,支部先后入选上海市教卫工作党委高校党组织"攀登"计划样板支部和教育部第二批"新时代高校党建示范创建和质量创优工作"全国党建工作样板支部培育创建名单。此外,还于2019年6月和2020年7月分别荣获学院党委"弘扬高尚师德、坚守学术诚信,贯彻落实十九大精神"和"不忘初心,牢记使命"主题教育"先进党支部"荣誉称号。

一、关键举措

(一) 严格落实"三会一课"制度,确保党员教育常态化

支部深入推进"两学一做"学习教育常态化、制度化,严格规范落实"三会一课"制度,进一步突出政治引领作用,扎实有效强化党员教育,着力提升党支部的组织力,全面发挥战斗堡垒作用。

(二) 切实引导亮出党员身份,充分发挥党员先锋模范作用

支部全体党员担任入党积极分子和发挥对象的联系人;开展"铭记入党纪念日,入党初心永不忘"主题党日;积极参加学校青年教工理想信念专题培训班,努力成为"四

有好老师";设立党员先锋岗,树立先锋形象。

(三)严格开展民主评议党员,监督党员履行义务规范行为

严格用党章党规党纪规范党员行为;落实谈心谈话制度,定期向学院党委报告支部工作;严格开展民主评议党员大会,严肃开展批评和自我批评,认真查摆和解决问题。

(四)组建党员突击队攻坚克难,引领带动教师投入中心工作

引领带动师生投入专业建设和学科发展等中心工作,参加学院"十四五"规划重要指标研讨;围绕管理科学一流本科专业建设"双万计划"申报、全国第五轮管理科学与工程学科自评估工作组建党员突击队。

(五)深入挖掘身边典型人物事迹,营造争当先进的深厚氛围

组织开展习近平新时代中国特色社会主义思想学习教育,深入挖掘身边典型,报送并通过审核,发布在全国高校思想政治工作网、学院橱窗等平台,以及通过"海边听党声"微信公众号进行推送,充分发挥示范带动作用。

(六)深入提炼专业课程思政元素,有机融入教学和科研项目

支部教育引导党员、任课教师深入挖掘提炼各门课程中蕴含的思想政治教育元素,多门课程入选 2019 年"上海高校课程思政领航计划";把思想价值引领贯穿支部党员参与申报的国家社科基金重大招标课题研究过程;定期召开支部与学生代表"谈管论经"期中师生座谈会。

(七)健全困难师生关心帮扶机制,参与校园疫情防控等志愿服务

创新构建本科生导师制度,支部党员均担任本科生导师;开展临港新片区清洁海滩志愿者服务;连续三批次参与校园疫情防控志愿服务,协助门卫做好进校人员身份核验、测量体温、人员和车辆疏导等工作。

二、 保障措施

（一）学院党委加强支部书记队伍建设，有效提升支部书记履职能力

为不断提升教师党支部书记做好新形势下高校基层党建工作和思想政治工作的能力和水平，学院党委对履职的支部书记进行专题培训指导，还积极推荐支部书记参加上级组织的各类相关培训，如推荐参加上海市属高校教工党支部书记示范班、上海市哲学社会科学教学科研骨干研修班等。2018年，推荐管理科学系教工党支部书记参加了教育部依托国家教育行政学院面向全国高校基层教师党支部书记开展的为期2个月的"学习贯彻党的十九大精神"专题网络培训。学院党委还重视支部书记的述职交流工作，在此基础上进行评优评先，并在学院党员大会上隆重表彰先进基层党支部和优秀党务工作者等，树立先进标杆。

（二）学院党委推动支部负责人交叉任职，发挥支部的政治核心作用

为充分发挥党组织"把方向、管大局、保落实"的政治核心作用，强化党支部在学院发展中的引导、促进作用，选拔党性强、业务精，肯奉献的同志担任支部书记和支委等，同时聘任这些同志担任系主任、专业主任等职务，履行双重职责。如在2019年10月学院的系部、中心负责人聘任决定中，管理科学系教工党支部书记再次担任管理科学系主任，支部宣传委员和组织委员分别担任电子商务和管理科学专业主任。

（三）学院党委认真制定各项实施方案，切实提高支部党员政治站位

新时代高校教工党支部在基层工作中"唱主角"就是要始终坚持政治建设摆在首位，学院党委认真制定各项学习活动的实施方案，部署每个环节步骤，及时召开党委扩大会议，重视各项工作的落实、检查、总结，确保支部各项活动有序开展。例如，学院党委认真制定《"不忘初心、牢记使命"主题教育工作安排》《学习贯彻党的十九届四中全会精神学习计划》《关于开展党史、新中国史、改革开放史、社会主义发展史学习教育的工作方案》《关于进一步做好"学习强国"在线学习的通知》等强化政治理论学习的文件和工作方案，通过加强学习，各支部党员进一步提高了政治站位，切实增强"四个意识"、坚定"四个自信"，把牢政治方向、站稳政治立场、坚持政治原则、坚定政治道路。

（四）学院党委构建扩大会议和联系制度，充分发挥支部的主体作用

定期召开党委扩大会议，要求全体教工支部书记参加会议，传达上级党委会议精神，通报学校学院的重要工作。支部书记及时知晓学校学院改革发展的大事，有利于支部书记更顺利地开展各项支部活动。学院党委还制定了班子成员跟各支部和各系部的联系制度，要求班子成员参加支部和系部的重要工作，包括民主评议党员活动、主题活动等，支持支部书记开展工作。

（五）学院党委积极鼓励支部共建结对，努力形成共同发展工作格局

学院鼓励各支部通过共建，努力形成资源共享、优势互补、共同发展的工作格局。例如，2018 年 10 月学院党委和上海社科院经济所开展党建工作交流活动，借着这个活动平台，管理科学系教工党支部与经济所第二党支部举行了支部共建结对签约仪式。两年来，结对双方除了互相学习交流党建工作经验外，每年还合作举办"滴水湖社科论坛"，为双方的青年学者提供了学术交流的平台，通过党建共建，取得了推动学科建设、专业发展、教师进步的效果。

（六）学院党委高度重视党建课题研究，有效提升基层党建科学化水平

加强党建课题研究是进一步推动基层党组织党建工作、提升党建科学化水平的重要举措，学院党委鼓励指导支部积极申报各级各类的党建课题。以管理科学系教工党支部为例，2018 年申报的课题《突出政治功能，着力提升基层党组织组织力研究》获得了市教卫党委系统党建研究会课题立项。通过认真研究，该课题成果还荣获 2019 年度上海市教卫党委系统党建研究会高校专委会党建研究课题优秀成果三等奖；2020 年申报的课题《新时代高校党支部在基层工作中"唱主角"的实践研究》获得市教卫党委系统党建研究会课题立项，目前正认真组织开展相应研究，通过聚焦重点以期获得较高的成果质量。

三、 主要成效

（一）深入落实立德树人根本任务，加快建设国家级一流本科专业

管理科学系教工党支部充分发挥党员先锋模范作用，教育引导教师党员努力成为

"四有好老师""四个引路人"和"四个相统一"的表率,在日常教学科研生活中亮出党员身份、立起先进标尺、树立先锋形象。2020 年 10 月支部组织党员教师撰写的管理科学申报方案入选学校推荐 2020 年度教育部一流本科专业建设"双万计划"专业。此外,2019 年支部还组织党员教师撰写供应链管理本科专业申报方案并获教育部批准,负责第三届"云丰杯"全国逆向物流设计大赛暨逆向物流高峰论坛的筹备工作和学术支持工作。

(二) 发挥"课程思政"育人功能,推进上海高校市级重点课程建设

管理科学系教工党支部积极通过思想引领和价值观塑造有机融入教师教学科研、学生学习生活,不仅教育引导支部党员、任课教师深入挖掘提炼各门课程中蕴含的思想政治教育元素,发挥"课程思政"育人功能,还把思想价值引领贯穿支部党员、单位教师论文选题、科研立项、教学改革等工作中,把社会主义核心价值观培育践行贯穿师生专业课实践教学、社会实践活动、创新创业教育等过程,增强思想引领和价值观塑造的实效性。如2019 年支部党员先后荣获上海海事大学第二届课程思政教学竞赛优秀奖、首届上海海事大学本科微课教学比赛二等奖以及 2020 年度上海高校市级重点课程项目。

(三) 坚持以党的政治建设为统领,全面提升了系部中心工作水平

管理科学系教工党支部积极引领带动师生投入中心工作,参与本单位重要事项讨论决策,提升了师生思想政治工作的针对性和亲和力,最大限度地把师生组织起来,引领带动师生积极投身学校改革发展、维护学校和谐稳定,团结带领广大教师落实立德树人根本任务,不断提高人才培养质量。2019 年支部组织党员教师参与教育部高等学校管理科学与工程类专业教学指导委员会质量保障与认证工作组会议、上海高校"管理科学与工程"国际青年学者论坛并承担管理科学与工程分论坛的主持工作。2019 年 12 月,管理科学系荣获 2019 年度上海海事大学先进科室荣誉称号。

(杨丽萍)

上海交通大学化学化工学院本科生党支部加强思想引领唱响主旋律

上海交通大学化学化工学院本科学生党支部共有党员 9 人，其中正式党员 3 人，预备党员 6 人，发展对象以及入党积极分子四十余人。该党支部全面贯彻落实新时代基层党建工作总要求，围绕"价值引领，内外兼修"的育人理念，结合自身成长规律，扎实推进"两学一做"，践行"知行合一"的党建工作机制，逐步形成全链条、全覆盖的学生党建工作体系。

通过系列举措，该党支部逐渐建设成为能引领、能担当、能奉献的学生党支部，较好地发挥了在基层工作中"唱主角"的作用。该支部曾多次获校级"先进学生党支部"等荣誉；支部成员成绩优良，近 80% 同志专业排名前 50%；奖学金覆盖率近 100%；支部成员多次参加国家级市级比赛，为院校争光添彩；2019 年该支部获评全国学生样板党支部。

一、 支部基层工作中"唱主角"的工作举措

（一）领唱强，优选支部书记

作为主持党支部全面工作的领头人，本科学生党支部书记的素质能力会直接影响党组织战斗力和基层组织工作成效。因此，为推动建设新时代本科基层党建工作的新担当、新作为、新气象，本科学生支委会严格遵循《中国共产党支部工作条例（试行）》中对于党支部书记素质和能力的要求，综合考量候选人理论基础、思想建设、任职履历以及群众意见，通过民主选举、优中选优的方式选举产生党支部书记，从而不断提升支部建设活力，促进支部优化建设。

党支部书记充分发挥先锋模范作用,以点带面,在思想、学习、生活等多方面引领保障支部成员的成长,将"榜样的力量"充分辐射到支部的每个角落。在思想上,党支部书记作为支部建设方向的掌舵者,应注重支部成员思想建设,夯实成员理论基础,把好支部建设政治方向,规范支部思想建设。在学习上,党支部书记充分贯彻落实"学在交大"的学风建设,引导支部成员培养学科兴趣,传承学院科研精修的学科风尚,树立"青春入化,与国同向"的志愿理想。在生活中,党支部书记作为支部建设的组织者,除了在制度思想上严格要求支部成员外,还在生活中践行"全心全意为人民服务"的宗旨,用细致入微的服务理念、无私奉献的服务精神、真诚高尚的人格魅力和温暖人心的亲和力,发挥榜样示范和凝聚人心的作用,实现对成员的引领导向。

在高标准的严格要求下,历届本科党支书学业成绩名列前茅,能力素质全面发展,多名党支书获得上海市优秀毕业生、校优秀毕业生、优秀党支部书记等荣誉称号,在各大赛事、奖学金评比中均收获佳绩。在支部书记的引领下,本科学生党支部所有党员均在学校、学院、班级等各级学生组织中担任学生骨干工作,支部建设蒸蒸日上。

(二) 舞台亮,多路径落实保障措施

标准化、规范化建设。为贯彻落实"全面从严治党"的战略部署,本科学生党支部在支委会的带领下,不断加强支部标准化建设,严格规范支部制度建设,致力于建设"事事有人管、人人有专责、处处见规范"的基层党建组织。为完善党员量化考核,支部在原有考核表的基础上,从思想品德、学习情况、社会工作及民主评议等四个维度进一步讨论优化考核体系,给支部党员划定底线,同时也给党员指明努力方向。在学院党委的指导下,2020 年本科学生党支部委员会参与编写了《上海交通大学化学化工学院党员管理条例》以及《上海交通大学化学化工学院发展党员材料填写审核指南》,将日常的党建工作经验总结凝练为党建制度规范,强化了支部日常规范建设。支部通过定期举行"双评双议双公开"民主生活会,组织党员查找自身不足,认真检视自身及支部存在的问题,剖析主观思想和制度机制方面的原因,并提出改进举措,从而不断修正支部成员成长道路,提升支部建设水平,牢固树立成员"不忘初心、牢记使命"的思想意识。

组织建制到位。本科生党支部委员会设置健全、运转顺畅,支部定期召开支委会议,研究各阶段工作任务,总结工作经验,制定工作计划,保证支部党建工作顺利开展。

支委会定期面向全体支部同学召开主题党日活动等,收集群众意见需求,尽全力做到"需求皆可反馈,反馈皆可落实"。针对本科生党支部流动快的特点,结合党员发展周期,支部在高年级成立了党小组,并安排高年级党员同学担任低年级学生的入党联系人,通过不断健全完善支部的组织结构,让支部每一位成员都有效承担起各项责任和义务。在党小组的动员组织下,支部队伍不断扩大,支部建设与管理日益完善。充分运用互联网,通过智慧党建等系统,把党务公开、三会一课、党费收缴、组织关系接转等工作纳入平台管理,线上线下同步开展支部规范建设。

保证党建资源投入。学院党委专门制定了《化学化工学院学生党团经费申请使用办法》,为学生党支部提供充足的资金支持;整合校友资源,成立"名材班领袖精英培训营",设立专项经费开展活动,提高党员的领导力、组织能力、沟通能力。学院建设党员之家、宿舍楼栋建设党团活动室,为学生支部的民主生活会、联合党日活动提供场所和设备保障。

落实党建工作体制。院党委统筹指导学生党建工作,学院设有专职党建指导教师,配备党建辅导员,学院党委委员与学生支部结对指导工作。学院党委委员定期与学生党员、支委成员进行谈心谈话,了解学生党员的思想动态,引领启发学生党员树立正确的人生观、价值观;学院党委定期召开学生党建工作会议,总结并部署阶段性的党建工作,对优秀的党支部以及学生党员进行表彰;支持本科生党支部与西安交通大学南洋书院学生第二党支部建立党建结对共建项目,联合组织交大西迁精神主题党日活动;邀请院士、教授与学生党员座谈,启迪学术精神,树立价值追求。学院成立了学生党建研究会,为学生党支部建设提供理论支撑和组织保障。

建设党建宣传新媒体平台。本科学生党支部充分利用社交网络平台,对接学院党建研究会成立了新媒体平台运营工作组,创立"化院聚能量"微信公众号,定期发布党日活动介绍、优秀党员事迹等文稿,目前已推送20余篇,总计阅读量近5 000人次;采编学院办学先贤、优秀校友、教师、党员同学事迹并结合时事制作价值引领推送,例如疫情期间制作"花园'战疫'日记"系列推送近20篇,分享思想、学习、科研等方面的优秀经验,成为学院宣传党建文化工作的重要平台。

制作党建示范建设专题片。为创新党建工作方式,分享党建工作经验,增强党建工作效益,本科学生党支部准备结合时事,整合学院办学先贤、优秀校友、教师、党员同学事迹,配合学院党建研究会精心筹备《化院发展,党建先行》系列党建示范建设专题宣传片的录制。影片将从"健全制度""培养队伍""理论学习""实践引导"等多角度展示本科学生党支部在党建工作方面的新思路、新举措、新成效,为学院及学校其他党支部建设提供经验。目前支部已完成事迹整合并形成拍摄脚本,即将进入录制阶段。

(三)唱功好,丰富组织生活

本科学生党支部不断优化组织架构,完善规范化管理,充分对接本科生需求,大力发展优秀学生入党,综合制定工作任务及计划,以高标准开展支部生活,把握正确政治方向,严格落实"三会一课",不断创新支部组织生活,积极探索知行合一党建活动模式,将理论学习、红色教育、志愿服务、实践调研融会贯通于主题党日中。结合时事热点组织支部活动,在关键节点开展仪式教育,加强对学生党员的思想教育;开展支部交流分享会,营造支部内相互学习、取长补短的良好风尚,充分发挥朋辈教育,助力支部成员能力培养。

同时注重创新主题党日活动,加强党组织与基层群众的联系与影响,充分发挥党员的辐射带头与榜样示范作用。如开展重点企业参观、参观红色景点等活动时,开放报名,鼓励普通群众以及积极分子加入主题党日活动,感受党的丰富的组织生活;举办"化院开放日"活动,为新生与优秀党员搭建交流平台,以优秀学长学姐的经验为新生的大学生活答疑解惑,同时为新生留下党组织与党员的"第一印象"。通过深入群众的互动,形成支部带头、群众参与、支部服务、群众获益的良好示范。

而且以党建工作带动团建工作,号召支部党员引领班团建设,成立学业分享中心,打造服务型党支部。

(四)唱响"主旋律",加强思想引领

支部坚持以习近平新时代中国特色社会主义思想和党的十九大精神为指导,结合交大"四位一体"育人理念,注重支部成员思想价值引领,加强仪式教育,培养学生家国情怀,同时严把党员发展入口,加强红色基因培育工作,针对新生,开展"入党导航"鼓励递交入党申请书,为党组织吸纳新鲜血液,同时开展"21天习惯养成计划",通过打卡与奖励机制,鼓励新生在大学生活之始养称良好的阅读、自习和体锻的习惯;入学后,开展"名材班"等特色二级党校,集合学院、学校、企业、社会等多方资源,加强素质

拓展,知行合一,全面发展;针对毕业生,进行远航教育党课,开展最后一次党组织生活会,鼓励党员同志砥砺一等品格、成一等人才,将思想价值引领贯穿始终。

二、 本科学生党支部"唱主角"工作成效

(一) 成员思想正,家国情怀深厚

支部一直注重加强成员思想价值引领,以"阅读红色经典、追寻红色足迹"为抓手,以"与祖国同向同行"为价值引领主线,以考核机制为保障,加强党员党性修养,创建红色书屋,加强理论水平,组织红色景点参观、红色演讲比赛等活动,厚植家国情怀,帮助学生树立远大志向。

(二) 组织架构优,组织生活丰富

支部坚持以规范化建设为抓手,不断完善组织结构,形成以支委为核心的全面组织管理体系,高效组织人数较多的本科学生党支部,形成支部全员步调一致,思想先进的局面。在活动开展方面,充分发挥支委以及支部成员的创新思维能力与主观能动性,掌握党组织生活的主动权,加强党员的归属感与主人翁意识,并且丰富组织生活的形式,调动党员参与的积极性。

(三) 教育体系全,成员能力突出

在支部建设过程中,思想引领与实践引导并行并重,党建工作体系覆盖"从入学到毕业"的全过程,致力于形成"启航、领航、远航"的全周期党员教育体系。良好的教育体系提升了支部成员的综合能力,支部先进典型事迹不断涌现,曾多次获得校级"先进学生党支部"等荣誉称号,支部成员成绩优异,继续深造率高达85%,大量学生获得三好学生、优秀毕业生等荣誉称号。

(四) 引领带头强,示范作用显著

支部成员能力突出,在班级、学院及学校各级学生组织中担任要职,以优秀的党员形象活跃在校园中,身体力行地发挥党的模范带头作用。同时支部对接党建研究会,

通过"榜样的力量"微信专栏加强先进事迹宣传工作,报道身边的优秀党员,以自身发展经验和故事,启发读者的思考,对全体学生起到了良好的示范引领作用,收获了学院同学的好评。

（阎文璠　梁　晶）

公立医院内设机构党支部在基层工作中"唱主角"的实践研究

党的十八大以来,以习近平同志为核心的党中央高度重视党支部建设,提出一系列新思想、新要求,强调党的一切工作到支部,党的一切工作靠支部。习近平总书记指出:要大力加强党支部建设,让党支部在基层工作中"唱主角",发挥主体作用,成为团结群众的核心、教育党员的学校、攻坚克难的堡垒。公立医院内设机构党支部(以下简称"内设党支部")是党在医院的最基层组织,是党在医院的工作和战斗力的基础。加强公立医院内设党支部建设,让内设党支部在医院基层工作中"唱主角",落实新时代卫生行业党建工作的目标任务,是新形势下加强公立医院党的建设的迫切需求,也是建设让患者放心、让人民满意的公立医院的重要课题。

一、 公立医院内设党支部在基层工作中"唱主角"的重要意义

(一) 是贯彻落实《中国共产党支部工作条例(试行)》,全面加强新时代党支部建设的必然要求

《中国共产党支部工作条例(试行)》以党章为根本遵循,明确了党支部的功能定位和职责,同时提出了事业单位中党支部的重点任务:"保证监督改革发展正确方向,参与重要决策,服务人才成长,促进事业发展"。这为党支部在基层工作中"唱好主角"提供了制度依据。因此,要根据卫生行业特点,让公立医院内设党支部找准发挥作用的切入点和着力点,不断提升党支部的组织力,充分发挥主体作用,在医院基层工作中"唱好主角",保证党的方针政策在医院贯彻落实,巩固党在医院的执政基础,促进卫生事业健康发展。

（二）是加强公立医院党的建设，促进公立医院高质量发展的内在需求

公立医院是医疗卫生服务体系的主体，是守护人民群众生命健康的主阵地，是党联系人民、服务群众的重要窗口。为切实加强党对公立医院的领导，2018 年中共中央办公厅、国家卫健委党组、上海市委办公厅先后下发关于加强公立医院党的建设工作的意见和实施办法，明确了新时期公立医院党建工作的方向和要求。在深化医药卫生体制改革的大背景下，要不断提升公立医院基层党建工作水平，让公立医院内设党支部在基层工作中"唱好主角"。要将党建引领融入到医院基层工作中，组织好党员，团结好群众，把党的政治优势和组织优势转化为推动医院高质量发展的强大力量，建设好让患者放心、让人民满意的现代化医院。

（三）是推动解决实际问题，促进基层党建工作科学规范的现实需要

习近平总书记强调：基层是党的执政之基、力量之源。只有基层党组织坚强有力，党员发挥应有作用，党的根基才能牢固，党才能有战斗力。但在实际工作中，公立医院内设党支部一定程度上或多或少还存在着作用发挥不全面、不均衡，党组织活动与医院工作融合不够，不能适应新形势、新发展、新要求等问题。基于这一现状，本课题立足实际、坚持问题导向，通过调查研究，寻找出公立医院内设党支部在基层工作中唱主角过程中的亮点、重点、难点、堵点，并对实践探索经验进行总结归纳，有针对性地提出对策建议，以期进一步激发党支部内生动力，提升党支部组织力，更好地发挥党支部的战斗堡垒作用，推动公立医院基层党建工作更加系统、科学、规范、有力。

二、 公立医院内设党支部在基层工作中"唱主角"的现状及存在问题

课题组通过发放调查问卷、开展深度访谈等方法调查分析当前公立医院内设党支部在医院基层工作中"唱主角"的现状及存在问题。调查问卷发放对象主要为浦东新区卫生健康工作党委所属各二三级医院的专职党务干部、内设党支部书记和支委、普通党员，以及部分群众代表。同时，对部分驻区市属三级医院、外区区属公立医院的专职党务干部、内设党支部书记和支委发放了调查问卷，共回收有效问卷 1 329 份。此

外,深度访谈包括党建专家、区属公立医院党委(党总支)书记、内设党支部书记、专职党务干部等,共计 50 人。

(一) 思想认识方面

课题组根据公立医院的职责,在调查问卷中将内设党支部工作目标细化为四个方面:一是宣传党的主张、贯彻党的决定,在医教研等基层工作中发挥政治引领作用;二是党的组织生活规范,教育、管理、监督党员有力,党员在基层工作中充分发挥先锋模范作用;三是围绕中心,服务大局,参与本科室/部门的重大决策,推动党组织活动与医院工作有机融合;四是做好组织、宣传、服务,团结凝聚医院职工,为医院改革发展汇聚力量。调查问卷显示,95%以上被调查者认为公立医院内设支部在基层工作中发挥"唱主角"作用应包括以上四方面内容;然而访谈中却发现,无论是单位党组织书记,还是内设支部书记,对内设党支部在医院基层工作中"唱主角"的认识还存在一定局限,主要表现为:(1)对新形势下加强公立医院基层党建工作的重要性和紧迫性认识不足、思考不深,大多仍停留于维持工作现状,工作不够积极主动,缺乏创新意识;(2)部分受访对象认为公立医院内设党支部在基层工作中"唱主角"的条件还不成熟,工作开展有难度,工作中有畏难情绪;(3)对内设党支部在医院基层工作中唱主角的把握不够准确,在实际工作推进中缺乏让党支部"唱好主角"的有效举措。

(二) 作用发挥方面

课题组将党支部工作目标划分为四个方面,分别为发挥政治引领作用、教育引导党员发挥先锋模范作用、参与重大决策促进中心工作和团结凝聚群众。调查问卷显示,各类调查对象对支部工作的整体评价较高,但在参与重大决策促进中心工作方面发挥的作用明显低于其他三个方面,这与新时代基层党建工作的新要求有一定的差距。在深度访谈过程中,不少支部书记也提到了这一点,认为目前内设党支部的工作内容还是以党建基础工作为主,党建工作与业务工作"两张皮"的现象依然存在,内设支部参与科室管理、学科建设、人才培养等公立医院基层工作相对较少,约 1/3 党支部书记表示未参与过所在科室重大事项的讨论与决策,3/4 党支部书记表示未参与支部所覆盖其他科室的重大事项的讨论与决策。

(三) 党支部设置方面

调查显示,公立医院能够按照应建尽建的原则,确保党组织覆盖到医院所属科室、部门及各类群体,并将党支部人数控制在 50 人以内。目前公立医院内设党支部一般按照学科或学科群划分设置,但受医院规模及党员人数影响,部分医院存在一个党支部覆盖多个独立科室或部门的情况。以浦东新区为例,80%以上的公立医院内设党支部为一个党支部覆盖多个独立科室或部门。这种设置方式在覆盖科室或部门之间的业务关联度不紧密、党员分散度高的情况下,会给党支部工作开展带来一定的难度,一定程度上影响了党支部作用的发挥。

(四) 支委班子建设方面

对照加强公立医院党的建设相关要求,支部书记作为带领党支部发展的"领头雁",一般应当由内设机构党员主要负责人或负责人中的党员担任。目前,公立医院中符合"双带头人"要求的内设党支部书记配备还不全面。问卷调查显示,仅有 36%的被调查医院实现"双带头人"内设党支部书记全覆盖。经过近两年的建设,浦东新区115 个区属公立医院内设党支部中"双带头人"党支部书记占比为 60%,仍有很大的提升空间。课题组通过访谈了解到,医院中"双带头人"干部储备不足,部分内设机构党员负责人个人综合素质达不到党支部书记的要求,或者担任党支部书记的意愿不强,均在一定程度上影响了医院内设党支部"双带头人"党支部书记的配备。

党支部班子的履职尽责能力还需要进一步提升。在访谈中,很多支部书记均提到了希望通过学习,进一步提升党建工作能力。问卷调查也显示,在阻碍党支部书记、委员更好的履职的因素调查中,排在前四位的分别是:个人时间精力有限,占比 71.9%;党建工作经验不足,占比 67.5%;理论知识储备不足,占比 57.6%;思路、视野受限、缺少创新意识,占比 54.6%。这主要因为医院内设党支部书记、委员为专业技术人员,大多缺乏系统的党的理论基础和党建工作经验,且由于兼任行政工作、业务工作,个人时间精力有限等,支部书记往往对党建工作的研究不够深入,党建工作的视野不宽,客观上影响了党支部工作的发展和创新。

(五) 党支部自身建设方面

近年来,通过推进落实基层党建工作责任制,医院内设党支部自身建设得到不断加强,党支部的凝聚力和战斗力不断加强,调查问卷中对党支部党建工作现状满意度评价整体较好。但党组织生活不规范的现象仍然存在,调查问卷中显示,仍有约10.5％的被调查党支部未做到每月开展一次组织生活,约20％的被调查党支部对"三会一课"制度执行不到位。为此,党支部的组织力需要进一步提升。调查问卷显示,有约15％的被调查群众对党支部在党员发展、党员日常管理、党员先锋模范作用发挥,以及党支部组织、宣传、凝聚、服务群众方面的评价为一般及不太满意。在实际工作中,部分党支部对基层工作中的新情况、新问题不了解、不掌握,开展组织生活和党组织活动未能贴近党员群众的思想、工作、生活实际,难以引起党员群众的共鸣。党支部对党员日常管理监督缺乏有效手段,多以柔性管理为主,对党员形成不了刚性约束。部分党员党性不强,未能发挥党员的先锋模范作用,影响了党组织在群众中的形象。

(六) 工作举措方面

近年来,随着加强公立医院党的建设不断深入,医院党委对党支部工作的支持保障力度不断加强。调查问卷显示,75％的被调查医院建立了党建与业务双融合的工作机制及党支部工作考核评价机制,60％的被调查医院实行了对党支部书记、支委的绩效激励。但也存在以下问题,一是制度设计还不完善。公立医院内部实行的院科两级管理,为科室或部门主任负责制,在实际工作中,由于缺少党支部参与科室重大事项讨论与决策的制度设计,党支部往往在参与科室管理的工作内容和路径不清晰,缺乏有效抓手和平台,影响党支部作用的发挥。二是党支部考核评价的引导作用不明显。根据基层党建工作责任制的要求,医院党委每年对内设党支部书记开展述职考核评议。然而在考核评价指标设计中,体现党建与业务工作相融合的指标少,体现工作成效的指标少,不能充分体现对党支部唱主角的工作新要求,对党支部工作的导向性不强。三是对书记、支委按工作量落实绩效待遇方面还不到位。尚有部分医院未落实对书记、支委的绩效待遇。有些医院绩效待遇仅覆盖到书记,尚未覆盖到支委。在实行绩效待遇的医院,多以日常绩效每月固定发放,预留部分年终绩效经党支部年终考核评议后发放,支部之间差距不明显,体现不出绩效激励效果。

三、 公立医院内设党支部在基层工作中"唱主角"的实践探索

以浦东新区为例,近两年,浦东新区公立医院各级党组织根据加强公立医院党的建设工作要求,在有效提升基层党建工作水平、促进党支部作用发挥方面进行积极探索,课题组对实践探索经验、典型案例进行分析归纳,总结如下。

(一)加强顶层设计,落实制度保障

根据加强公立医院党的建设的要求,"党支部书记作为业务科室核心管理小组成员之一,参加科室重要事项的讨论与决策""对于党支部书记、副书记、委员,应按工作量落实绩效待遇"。部分医院党委结合医院实际,制定出台了《关于加强科室中心组建设的管理办法》《医院党支部参与科室管理工作的意见》等,明确党支部参与科室管理的工作目标、工作内容、工作形式和考核要求等,赋予党支部书记相应的责权,发挥支部书记在科室职称晋升、评优评先、绩效分配等重要工作中的作用,为党支部在医院基层工作中"唱好主角"搭建了平台。部分医院党委强化激励,制定落实党支部书记、委员工作量绩效待遇的实施方案,落实党支部书记和委员工作量绩效待遇,有效调动和激发党支部书记和委员的工作积极性。

(二)优化支部设置,加强带头人队伍建设

根据加强公立医院党的建设中"推进党组织和党的工作全覆盖"的要求,多家医院党委以换届选举为契机,优化支部设置,对党员人数多且较分散的内设党支部进行调整,探索以学科群划分支部设置。例如,上海市东方医院党委设置急危重症中心党支部、急救创伤中心党支部等,为促进党建工作和业务工作深度融合打好基础。上海市第七人民医院党委、浦东新区公利医院党委以换届选举为契机,按照"双带头人"标准选拔和配备新一届党支部书记,配齐配强党支部委员,进一步加强支委班子力量。加强"双带头人"党支部书记的人才储备和培育,将人才选拔关口前移,在人才引进时,加强对人才的政治把关;加强对科室负责人和业务骨干的政治吸纳;强化对党支部书记的综合能力提升,依托浦东新区卫生健康工作党委党校和医联体分党校,实现对内设党支部书记全覆盖培训。

(三) 精准发力,促进党建业务相融合

党支部在公立医院的基层工作中,围绕中心、服务大局,精准发力、积极实践,通过党建工作与业务工作有机融合,不断提升党支部的威信,不断增强党支部的组织力、凝聚力和战斗力。一是党支部在医院中心工作、重大任务、重要活动中充分发挥引领带动作用。尤其在今年的抗击新冠疫情战斗中,各党支部充分发挥了"一个支部就是一个堡垒,一名党员就是一面旗帜"的作用,勇于担当、不畏困难、冲锋在前,号召带领群众完成疫情防控各项任务。二是在结合岗位工作,在提升业务水平和服务质量上下功夫。党支部注重调动党员干部的积极性,提供平台资源,鼓励支持党员努力钻研专业技术,提高业务能力,在医疗服务、学科建设、科室发展中发挥"双重身份"模范带头作用,提升党支部的影响力。三是通过凸显学科特色、促进学科建设的支部品牌建设,形成党建与业务建设双促进、双发展的局面。项目设计与医疗实践相结合,发挥党支部的学科优势、发挥党员专业特长开展公益性服务项目、参与社会志愿服务,让党员在服务中感悟初心、强化担当,让党员在群众的认同中增强荣誉感和获得感,让党支部在为民服务中提升影响力和凝聚力。

四、 让公立医院内设党支部在基层工作中"唱主角"的对策建议

课题组根据《中国共产党支部工作条例(试行)》和新形势下加强公立医院党的建设的工作要求,针对公立医院内设党支部在基层工作中"唱主角"中存在的问题,在总结实践探索经验的基础上,提出以下对策建议。

(一) 提高认识,增强"唱主角"意识

思想是行动的先导,认识是行动的动力。医院各级党组织要进一步加强政治理论学习,统一思想,提高认识,坚持用习近平新时代中国特色社会主义思想武装头脑、指导实践、推动工作,确保加强公立医院党建的各项要求在医院落地生根、开花结果。医院党委要进一步提高抓基层党建意识,牢固树立一切工作到支部的鲜明导向,明确党支部在医院基层工作中角色定位、职责权限和工作要求,推动指导党支部在医院基层工作中发挥好政治引领、教育管理党员、团结凝聚群众、促进中心工作的作用,为贯彻

落实好党的卫生与健康工作方针和深化医药卫生体制改革政策,推动医院高质量发展打牢组织基础;围绕基层党建工作中的新情况、新问题和工作难点、堵点,开展党建课题研究,并提出有针对性的工作建议、对策。同时党支部自身要提高政治站位,增强唱主角意识,积极转变观念,努力适应基层党建工作的新形式新要求,实现新时期医院党支部建设的新作为。

(二) 优化队伍,提升"唱主角"能力

进一步选优配强党支部班子。内设党支部在医院基层工作中"唱好主角",带头人是关键。建立带头人队伍的选拔任用机制,注重选拔党性强、业务精、善作为的优秀人才进入党支部班子。同时加强优秀干部储备,健全把业务骨干培养成党员、把党员培养成医疗、管理骨干的"双培养"机制,通过人才吸纳、人才引进、人才培养等途径,多措并举,逐步解决"双带头人"党支部书记储备不足的问题。

加强对"双带头人"党支部书记的培养教育,把经常性教育与个性化培养相结合,丰富培育方式途径,注重理论培训与实践锻炼相结合,实现党务与业务联动提升。加强支委班子整体素质提升,建立常态化的培训机制,实现党支部班子成员培训全覆盖。以需求为导向,注重培训效果,运用理论学习、经验分享、案例分析、工作交流等多种形式,增强理论储备、激发工作热情、提升工作能力。建立健全党支部班子激励、淘汰机制,激发党员干部活力,提高班子的战斗力。

(三) 夯实基础,激发党组织活力

进一步优化支部设置。以利于支部工作开展、发挥作用为前提,根据医院的实际,综合考虑科室或部门工作的关联度和党员的覆盖面,合理设置党支部。党支部可根据党员的数量、分布情况及工作学习等实际需要划分若干党小组。合理控制党支部规模,对覆盖科室或部门广、党员数量多、分离度大的党支部进行调整,逐步实现党支部建在学科或学科群上、实验室、研究基地等平台上。在条件允许的情况下,通过医院科室或部门重新调整对支部设置进行优化。

规范党组织生活,丰富党组织活动,增强党组织活动实效,不断提升党支部的政治引领力、组织凝聚力和发展推动力。以"两学一做"学习教育常态化制度化为抓手,引导党员坚定理想信念,增强党性修养。规范执行"三会一课"、组织生活会、党员民主评

议、谈心谈话等党组织生活制度,结合党员思想和工作实际开展主题党日,推动组织生活经常、认真、严肃,不断增强党内政治生活的政治性、时代性、原则性、战斗性。根据不同时期工作任务的要求,积极探索创新党组织活动内容和方式。依托区域党建、医疗联合体党建联盟,立足学科(群)特色、发挥学科优势开展党建品牌(项目)创建。探索信息时代下党建工作的载体和方法,丰富"互联网+"线上学习内容,进一步提高基层党建工作的科技含量。

加强党员日常管理监督,将党员学习教育融入日常,抓在经常,注重将学习教育与职业操守相结合、考核评优与日常工作相结合。探索将党员日常管理与党员的岗位工作实绩、医德医风考评相关联,充分调动和发挥党员干部的主观能动性。重视党员发展,坚持把政治标准放在首位,进一步加大在高知、学科带头人、业务骨干中发展党员的力度。把工作重心前移,加强对递交入党申请书的职工的跟踪培养,争取把更多优秀知识分子吸引到党组织周围。

坚持党建工作与业务工作相融合。党建工作与业务工作紧密结合,是党建工作的出发点和落脚点;党建工作与业务工作相互促进,是推动党支部工作的强大动力。在实际工作中,党支部应以群众需求和医院工作中的突出问题为工作切入点,围绕促进医院改革发展、提升医疗服务开展活动。突出发挥政治优势与组织优势,宣传发动党员群众积极参与医院改革发展推进中的重点工作、重大活动,在突发公共卫生事件等急难危重任务中勇于担当、冲锋在前,在岗位工作中创先争优、建功立业;立足学科特色开展党员志愿者服务,拓展服务人群,拓宽服务形式,扩大学科影响力,促进业务发展;密切与群众联系,畅通渠道,倾听党员群众呼声,解决党员群众期盼,增进党组织的凝聚力与向心力。

(四) 健全机制,激发内生动力

结合医院实际,健全相关工作机制,激发党支部"唱主角"的内生动力,提高党支部工作的主动性、积极性和创造性。

建立完善党支部参与科室重大事项决策机制,明确党支部职责,确定议事决策范围和程序,规范议定事项执行与监督,让党支部在医院基层工作中"唱好主角"有章可循、有规可依,确保党支部作用的充分发挥。实行科室核心小组管理制度,党支部书记参与科室业务发展、人才引进、设备配备等重要事项及绩效分配、评先评优、职称晋升等与职工切身利益相关的重要事项的讨论,实行科学民主决策,增加工作合力,保障科室平稳运行发展。

建立完善党支部工作考核评价机制,推行党建工作与业务工作同部署、同推进、同考核。充分发挥考核的引导、规范和激励作用,科学合理制定考核指标,体现新时期公立医院党的建设的相关要求,突出衡量医院基层党建工作的成效,注重定性评价与定量评价相结合,兼顾基础工作与特色创新,有效促进医院基层党建工作水平的提升。注重日常考核与年终考核并重,加强对党支部日常工作的监督指导。强化考核成果运用,考核评议结果与党支部书记、支委的绩效分配直接挂钩,对先进党支部、优秀党支部书记进行表彰奖励,进一步激发党支部班子的工作热情,更好地履职尽责、发挥作用。对后进党支部党委要加强督促指导,落实整改。

(五) 落实工作保障,强化外部支撑

畅通沟通渠道。医院党委班子执行好党支部工作联系点制度,加强对内设党支部工作指导,开展调查研究,推动解决党支部工作的实际困难和问题。建立党支部书记定期例会制度或党务工作联系会议制度,定期传达贯彻上级工作精神,有计划地布置和落实医院党委的工作要求,提高党支部工作的全局性和计划性;加强党支部之间沟通和交流,发挥先进党支部的示范效应,促进基层党建水平的整体提升。

落实待遇保障。党支部书记参照医院中层进行管理,在政治待遇方面,党支部书记可以列席党委扩大会议、党委理论学习中心组学习,参与医院发展规划、重要议事规则制定、人才队伍建设等重大事项的讨论;在经济待遇方面,落实落细对党支部书记、委员的绩效待遇,将党建工作量体现在每月的绩效发放中。通过落实待遇保障,增强党支部书记和委员的职业荣誉感、获得感,充分调动和激发工作积极性。

落实经费保障。医院党委要为党支部开展活动,党员学习教育提供经费、场地、资源保障。医院党委将党建工作经费列入医院年度经费预算中,足额保障基层党建工作的开展,指导党支部合理规范党建经费使用。医院职能部门要加强对党支部工作的支持和配合。

营造工作氛围。党支部在医院基层工作中"唱主角",离不开行政领导的支持配合和群众的配合监督,医院党委要加强政策宣传和舆论引导,建立基层党建成果展示平

台,交流展示党建特色品牌(项目)、优秀组织生活(主题党日)案例以及创新活动形式等,同时选树先进典型,发挥示范效应,增强医务人员对党支部在医院基层工作中"唱主角"的认同,为党支部在医院基层工作中"唱好主角"营造良好的氛围。

(上海市浦东新区卫生健康委员会课题组

周徐红　许　靖　张　莉　李思讨　朱蔚怡)

后记

在奋力开启全面建设社会主义现代化国家新征程、以优异成绩庆祝建党 100 周年之际,我们编著的《高校党支部在基层工作中"唱主角"研究》正式出版了。作为编者,感到非常欣慰。这是上海高校党建研究工作者共同合作的课题成果,也是我们将最新的基层党建研究成果奉献社会的有益尝试。

让党支部在基层工作中"唱主角",是不断推进党的建设理论和实践创新的重大课题。作为研究成果出版并聚焦到高校党支部进行深入研究,具有很大的挑战性。参与研究的课题组都在认真学习党的十九大以来党中央和习近平总书记关于加强基层党组织建设的重要论述与有关文件精神的基础上,结合所在高校的特点和特色,既全面调研又深入研讨,既立足上海又着眼全国,既聚焦重点又凸显亮点,既破解难点又回应热点,在不到一年的时间里,从立项研究到完成结题,提交成果,倾注了大量心血,达到了预期目标,有的成果已获得上级有关部门的肯定和相应的奖项,体现了较好的实践价值和对实际工作的指导作用。值此,对大家的辛勤付出表示谢意。

在课题研究和本书选编过程中,我们得到了上海市教卫工作党委和上海市教卫党委系统党建研究会有关部门,华东师范大学党委组织部、经济与管理学部党委,以及华东师范大学出版社的大力支持,在此一并表示感谢。

本书由顾继虎、岳华主编,有关课题组人员已在文中注明。全书由张艳虹、王雅婷负责统稿,吴剑飞等同志参与了有关课题成果的选编,顾继虎修改并审定了全部书稿。尽管我们力求准确全面把握收入课题的内容,尽可能体现政治性、思想性、学术性和可读性的统一,但限于我们的水平与能力,加之时间较紧,难免有疏漏与不足之处,敬请广大读者赐教。

编者

2021 年 3 月